ÉVANGILE DE JEAN

« Spiritualités vivantes »
SÉRIE CHRISTIANISME

DU MÊME AUTEUR

Paroles du Mont Athos, Cerf, 1980 (traductions : allemand, italien, anglais, espagnol, polonais, norvégien, portugais, japonais, russe [samizdat]).

« La transmission de la connaissance dans le Christianisme », in *Civilisations et Transmission de la Connaissance,* éd. de l'Ouvert, 1984.

« Trois orientations majeures d'une psychothérapie initiatique » in *Graf Dürckheim-Maria Hippius, l'École de Todtmoos-Rütte,* éd. de l'Ouvert, 1984.

« La Rencontre de l'Inévitable dans le Christianisme », in *la Préparation à la mort,* éd. Prajna, 1985 et 1988.

« Psychothérapie initiatique dans le Christianisme : des Évangiles aux Pères du Désert », in *Médecines nouvelles-Psychologies transpersonnelles,* éd. de l'Ouvert, Albin Michel, 1986.

« Apophase et paternité dans le Christianisme ancien et dans l'Hésychasme », in *Maître spirituel-maître intérieur,* éd. de l'Ouvert, 1986.

L'Évangile de Thomas, Traduction et commentaires, Albin Michel, 1986.

« La méthode d'oraison hésychaste », in *La Méditation,* Question de, Albin Michel, 1986.

« Médecine et Présupposés anthropologiques », « Sept résonnances archétypales », in *Les Médecines, les psychologies, et leur image de l'homme,* éd. de l'Ouvert, 1987.

L'Art du Saule — Poèmes (avec exercices de Leonore Gottwald), éd. de l'Ouvert, 1987.

Le Cantique des cantiques, traduction et notes, suivies d' « échos » sur les interprétations bibliques de Marc Chagall. éd. de l'Ouvert, 1987.

« La prière de tous les sens », in *Prière,* Colloque de Sénanque, Albin Michel, 1987.

« Méditer ou l'art d'apprivoiser le buffle » (traduction des 10 tableaux de Kakouan), in *Pratiquer Zazen,* éd. de l'Ouvert, 1988.

« Jnana Yoga — La voie de la Connaissance », in *les Yogas — chemins de transformation,* éd. Hommes et groupes, Seveyrat, Paris, 1988.

« La contemplation dynamique ou Vision Énergie selon Maître Eckhart », in *Méditer et agir,* colloque de Sénanque, Albin Michel, 1988.

« Approche métaphysique et éthique du visage de l'homme », in *Visage — sens et contresens,* éd. Eshel, 1988.

« Pléroma et Kenosis — deux modes d'appréhension de l'Ouvert », in *Tradition et Modernité,* éd. l'Originel, 1988.

JEAN-YVES LELOUP

Évangile de Jean

Albin Michel

Collection « Spiritualités vivantes »
fondée par Jean Herbert
Nouvelles séries dirigées par
Marc de Smedt

22, rue Huyghens, 75014 Paris

ISBN : 2-226-03666-0
ISSN : 0755-1835

INTRODUCTION

Lire le texte : le souffle et la braise

Rabbi Nathan de Beit Govrin disait : « Il sied à l'humanité de parler quatre langues : le grec pour la poésie, le perse — d'autres disent l'araméen — pour les élégies, l'hébreu pour le dialogue, et le latin — *romi* (la langue occidentale) pour la guerre [1]... »

Dans l'Évangile de Jean, il y a du grec et il y a de l'hébreu, c'est dire que l'espace de la lettre y est ouvert pour la poésie et le dialogue, espace pour une pensée de l'Être sans oubli de l'Autre [2]. Sauf découverte de nouveaux manuscrits, pour le moment on ne peut le lire qu'en grec et ainsi il nous donne à voir et à contempler « le Verbe de Vie » ; mais les nombreux sémitismes du texte nous invitent aussi à l'écouter, le discuter, le « dialoguer »...

Y aurait-il dans l'Évangile de Jean une rencontre possible du penser grec et du penser sémite capable de renouveler le champ de l'herméneutique contemporaine ?

Paul Ricœur note à propos de Heidegger qu' « il lui

1. Yerouchalmi, Mequilah, chap. 1, halakha 9, cité par David Banon, *La lecture infinie,* Éd. Seuil, p. 186.

2. *Cf.* Jean-Yves Leloup, « Approche métaphysique et éthique du visage de l'homme », *Visage — sens et contresens,* éd. Eshel, 1988.

est parfois arrivé de penser à partir de l'Évangile et de la théologie chrétienne ; mais toujours en évitant le massif hébraïque, qui est l'étranger absolu par rapport au discours grec, il évite la pensée éthique avec ses dimensions de relations à l'autre et à la justice [...] et ne reconnaît pas sa différence radicale avec la pensée ontologique. Cette méconnaissance me semble parallèle à l'incapacité de Heidegger de faire le " pas en arrière " d'une manière qui pourrait permettre de penser adéquatement toutes les dimensions de la tradition occidentale.

La tâche de penser la tradition chrétienne par un " pas en arrière " n'exige-t-elle pas qu'on reconnaisse la dimension radicalement hébraique du Christianisme qui est d'abord enraciné dans le Judaïsme, et seulement après dans la tradition grecque[1] ? »

« Pas en arrière » ne veut pas dire nécessairement rétroversion du grec en hébreu comme le proposent certains[2], mais il s'agit de donner une traduction du texte qui respecte au moins la saveur sémite du grec johannique. Cela n'est pas fait pour en faciliter la lecture, c'est une invitation au lecteur pour qu'il approche son souffle de ces braises obscures et que — dans cet effort d'écoute qui est le premier pas du dialogue — elles lui révèlent leur poids de clarté et de chaleur.

> « Nos maîtres enseignent que toutes leurs paroles sont semblables à des braises (Avot. 2,10). [Pourquoi ? car] si tu appliques ton souffle à la braise, étouffée en apparence et ne renfermant qu'une seule étincelle, tu l'animeras en remuant et tu l'attiseras en soufflant. Et, plus tu souffleras, plus la flamme s'embra-

1. Paul Ricœur, « Note introductive », *Heidegger et la question de Dieu,* Paris, 1980, p. 19.

2. Notamment Bernard Dubourg, *L'Invention de Jésus — l'hébreu du Nouveau Testament,* Gallimard, 1987. *Cf.* également Claude Tresmontant et les critiques que ses travaux ont suscitées in Pierre Grelot, *Évangiles et tradition apostolique,* Cerf, 1984.

> sera, et plus le feu se propagera jusqu'à ce qu'il se transforme en foyer incandescent. Alors, tu pourras en profiter, t'éclairer à sa lueur ou te réchauffer auprès de son brasier [...] mais seulement à proximité, sans possibilité de t'en saisir [...] car, étant donné qu'elle est devenue ardente, il faut l'utiliser avec précaution, de peur d'être brûlé [...]. Même si leurs paroles nous semblent simples et sans envergure, en réalité, sous la force du marteau, elles se disséminent ; car, plus on triture et plus on examine méticuleusement ces paroles, plus nos yeux s'éclairent par l'éclat de leur vive lumière et plus on trouvera un contenu, comme nos maîtres disent (Avot. 5,22) : « Tourne là, et retourne là, car tout y est[1]... »

Rabbi Hayim de Volozhine nous rappelle ainsi quelle doit être la participation du lecteur pour que la flamme du Sens se manifeste dans le buisson épineux de la lettre, mais il nous rappelle également que plus on s'en approche, plus le Sens se révèle inaccessible ; et c'est là l'expérience que tout homme de désir peut vivre lorsqu'il se penche sur un « livre saint ». La parole n'y devient pas « objet de connaissance », « quelque chose à comprendre », mais épiphanie d'une Présence qui s'offre à une liberté sans rien aliéner de la sienne.

C'est d'ailleurs pour cela qu'on appelle ce livre un « livre saint », la sainteté[2] étant ce que garde d'irréductible une authentique Altérité.

L'Évangile de Jean est ainsi parole d'homme, mais aussi parole de Dieu ; elle appartient à un autre temps et à un autre espace, d'où son étrangeté ; mais elle

1. Rabbi Hayim de Volozhine, cité par E. Lévinas in *L'Au-delà du Verset,* Éd. de Minuit, 1982, p. 135.

2. « Quodès » — chose sainte — sainteté dérive d'une racine qui signifie : « couper — séparer ». Le saint, c'est l'autre, le Tout Autre.

appartient aussi à ce qui n'est pas du temps et de l'espace, d'où parfois cette radicale Altérité, sa « sainteté ». Si la traduction respecte l'étrangeté (la dimension historique et humaine du texte) et respecte aussi l'Altérité (la sainteté, l'inspiration du texte), on ne peut que s'étonner avec gratitude que ce texte soit encore lisible ! Mais d'une lisibilité non explicative, non idéologique... qui ne nous dispense pas de notre liberté d'interprétation.

L'Évangile de Jean ne nous donne pas seulement à penser, mais aussi à croire et à douter... mais peut-être plus encore à vivre, à pratiquer.

« Celui qui " fait " la vérité vient à la lumière », n'est-ce pas une invitation à ce que David Banon appelle dans *La lecture infinie :* « l'exégèsét(h)ique » ? — « L'homme étant plus le résultat de ses actes que la conséquence de ses idées[1]... »

Les « nœuds » ou les plaisirs de l'herméneute

Quand on a dit de s'approcher de l'Évangile de Jean comme d'un « foyer de braises », on n'a pas encore tout dit ; l'Évangile est aussi « un paquet de nœuds ». Selon l'expression lacanienne : « Le mot n'est pas signe, mais " nœuds " de signification[2]. »

Ces nœuds sont les amarres du texte, ils nous rattachent au Sens dans son inévitable polysémie : excès du signifié sur le signifiant,

> « un reste nécessairement non formulé de la pensée que le langage a laissé dans l'ombre, résidu qui en est l'essence elle-même, poussée hors de son secret ; mais commenter (ou traduire) suppose aussi que ce non-parler dort dans la parole, et que, par une surabondance

1. David Banon, *La lecture infinie,* Éd. Seuil, 1987.
2. Jacques Lacan, *Écrits,* Seuil, p. 166.

> propre au signifiant, on peut — en l'interrogeant — faire parler un contenu qui n'était pas explicitement signifié[1]. »

Le nœud est ainsi non une entrave, mais le lieu privilégié du dialogue, là où il est replacé dans la trame d'un contexte et dans l'ouverture d'un horizon :

> « Acquérir un horizon signifie toujours apprendre à voir au-delà de ce qui est près, trop près, non pour l'éviter du regard, mais pour le saisir, embrassé dans un ensemble plus vaste et dans des proportions plus justes[2]. »

Il est dit dans ce texte grec de l'Évangile quelque chose de plus que le grec ne peut contenir.

Cette alliance des horizons hellène et judaïque ne se prête pas facilement à penser. Dans l'histoire de l'exégèse récente, on a tout fait au contraire pour les opposer, soit on exagère son côté purement grec « chef-d'œuvre de syncrétisme », ou son côté purement sémite : *veritas hebraïca.*

A titre d'exemple, voici quelques jugements donnés par les exégètes durant ces cinquante dernières années :

> « L'Évangile de Jean est essentiellement hellénique ; il n'a rien de commun avec le judaïsme, il nous rattache à travers l'essénisme à Pythagore et même au druidisme[3]. »

> « Jean peut contenir quelques fragments d'une authentique tradition, mais dans l'ensemble, il s'agit de fiction[4]. »

1. Michel Foucault, *Naissance de la clinique,* P.U.F., 1963.
2. Hans Georg Gadamer, *Vérité et Méthode,* Seuil, 1976, p. 146.
3. Paul Le Cour, *L'Évangile ésotérique de St. Jean,* Dervy, 1983, p. 12.
4. Kirsopp Lake cité par A. M. Hunter, *St. Jean, témoin du Jésus de l'histoire,* Cerf, 1968, p. 9.

> « Ce que les chrétiens appellent le Nouveau Testament ne se compose que de livres grecs, c'est à des Grecs que sont écrites les Lettres de Paul ; c'est dans l'Asie grecque que s'élèvent les Sept Églises auxquelles l'Apocalypse est adressée.
>
> Tous les dogmes chrétiens ont été formulés en grec, dans des Conciles grecs [...].
>
> Quelle que soit la part du Judaïsme dans la révolution chrétienne, celle de l'hellénisme est beaucoup plus considérable. Les deux premiers Évangiles sont encore plus helléniques que les Lettres de Paul, le troisième et le Livre des Actes encore davantage ; quant au quatrième, il n'y reste plus rien pour ainsi dire du Judaïsme [1]. »

> « Derrière le Quatrième Évangile, il y a une tradition ancienne, différente de celle des autres Évangiles, et qui mérite une sérieuse attention. Elle contribue à notre connaissance des faits historiques concernant Jésus-Christ [2]. »

> « Le texte hébreu du Quatrième Évangile a été composé par un témoin oculaire, par quelqu'un qui a accompagné, vu et entendu le Seigneur, et qui l'a reçu, lors de la dernière nuit, dans sa propre maison à Jérusalem [3]. »

Entre le « texte de pure fiction » et le « récit du témoin oculaire », entre « l'écrit en grec » et « l'écrit en hébreu », il y a un espace pour de multiples nuances...

Rudolph Bultmann dégagera l'arrière-plan gnostique

1. Ernest Havet, *Le Christianisme et ses origines*, tome 1, p. 2.
2. C. H. Dodd, *La tradition historique du Quatrième Évangile*, 1963, pour la traduction française, Cerf, 1987.
3. Claude Tresmontant, *Évangile de Jean*, Œil, 1984, p. 554.

de l'Évangile, K. G. Kuhn de Heidelberg attirera le premier l'attention sur l'importance des manuscrits de la mer Morte pour sa juste compréhension. O. Cullmann continuera à propos de l'Évangile de Jean de soutenir sa thèse de l'enracinement du Christianisme primitif dans un Judaïsme palestinien marginal, etc.

Ces jugements parfois trop hâtivement posés ont au moins le mérite de nous montrer la richesse polysémique du texte.

Cela reste vrai également pour l'établissement de la date de composition de l'Évangile :

La découverte en 1920 du fragment de Rylands, papyrus égyptien comportant des passages du Quatrième Évangile et publié en 1935, prouve que celui-ci circulait en Égypte vers 130 après J.-C., et si l'on accorde le temps d'une génération au livre arrivant d'Éphèse pour être connu en Égypte, il ne doit pas avoir été écrit plus tard que cent ans après J.-C. La date qu'on lui attribuera variera selon que l'on sera ou non convaincu que Jean connaissait les Évangiles de Luc ou de Marc, après 90 ? avant 80 ?

Claude Tresmontant fait remarquer que le Quatrième Évangile ignore les persécutions déchaînées par les empereurs romains à partir de 64 ou 65 ; il ne connaît pas la mise à mort de Jacques en 62 ; pour lui, le texte aurait été écrit tout de suite après la mort de Jésus, « en hébreu, traduit du grec par celui qui parle de Jean comme du disciple bien-aimé, ce qu'il ne ferait pas de lui-même ». Pierre Grelot, dans *Évangiles et traditions apostoliques,* montre les faiblesses de cette thèse et semble préférer comme date possible de la rédaction de l'Évangile de Jean la fin du premier siècle[1].

La plupart des exégètes ne semble pouvoir penser que par « ou bien — ou bien » :

« ou bien », ces récits sont d'un témoin oculaire et sont donc historiquement vrais,

« ou bien », ces récits sont des constructions tardives,

1. Pierre Grelot, *Évangiles et tradition apostolique,* Cerf, 1984.

riches en enseignements théologiques, mais sans fondements historiques.

Le « nœud », n'est-ce pas justement ce qui tient ensemble l'histoire et la théologie, le fait brut et son interprétation ?

La divergence des opinions exégétiques pourrait nous conduire au doute ou au relativisme ambiant ; elle stimule au contraire notre réflexion. Comme le faisait remarquer le cardinal Newman : « De même que dix mille poneys ne font pas un cheval, dix mille difficultés ne font pas un doute. »

Apprivoiser un cheval sauvage demande plus de patience et de savoir-faire que de monter un âne ; il y a, dans l'approche des livres saints, une part d'aventure où on se trouve parfois « désarçonné », dans un brouillard de sables, long comme un désert, avant de retrouver quelques oasis de sens pour savourer de nouveau le « plaisir du texte »...

« Il est communément admis que lire, c'est décoder : des lettres, des mots, des sens, des structures, et cela est incontestable ; mais en accumulant les décodages, puisque la lecture est de droit infinie [...], le lecteur est pris dans un renversement dialectique : finalement, il ne décode pas, il sur-code ; il ne déchiffre pas, il produit, il entasse des langages, il se laisse infiniment et inlassablement traverser par eux : il est cette traversée [1]. »

Mais cette lecture de l'herméneute n'est pas seulement pour le « plaisir du texte », elle conduit vers l'ultime du plaisir qui est adoration. Si ce n'est l'adoration, c'est au moins l'émerveillement devant la Transcendance et l'Altérité du texte, car « ces textes ne se laissent nullement convertir en savoir, c'est-à-dire qu'ils défont l'adéquation totale ou parfaite entre la pensée et ce qu'elle pense. En fait, ils exigent une approche patiente et une lecture infinie [2] ».

L'Évangile n'est donc pas objet de connaissance

1. Roland Barthes, *Le Bruissement de la langue*, Seuil, 1984, p. 46.
2. David Banon, *op. cit.*, p. 251.

livrée à ma compréhension, c'est une « réserve inépuisable de significations [1] », d'où la responsabilité du lecteur qui n'est pas « passif » devant le texte, mais qui l'achève et l'accomplit jusque dans ses actes.

Comme le disaient les rabbins du Talmud de Jérusalem : « Ce n'est pas une parole vaine, et, si elle l'est, c'est à cause de vous, car vous n'avez pas fourni assez d'efforts pour qu'elle vous livre ses significations. Ceci afin de t'enseigner que celui qui s'y consacre corps et âme arrive à déceler le sens. »

La Transcendance ne se révèle que dans l'effort immanent de l'interprétation, l'Être se donne à penser dans le dialogue patient avec l'Autre.

L'Évangile de Jean est une « logophanie », une parole où se tiennent nouées dans la pluralité des significations le dévoilement de l'Être et la Présence de l'Autre.

Herméneutique et tradition

Le plaisir du texte n'est pas plaisir solitaire, il s'insère dans une Tradition. Il est dialogue avec Dieu, mais dialogue aussi avec ceux qui ont entendu Sa Parole, confrontation avec ce qu'ils en ont perçu. « Le comprendre doit être considéré moins comme une action de la subjectivité que comme une insertion dans le procès de la Tradition où se médiatisent constamment le passé et le présent [2]. »

Par ailleurs, l'Épître de saint Pierre rappelle avec force que : « Aucune prophétie d'Écriture n'est objet d'explication personnelle ; ce n'est pas d'une volonté humaine qu'est jamais venue une prophétie, c'est poussés par l'Esprit Saint que des hommes ont parlé de la part de Dieu. » Il s'agit donc de se placer dans le même Esprit, de s'en laisser inspirer, pour pouvoir lire et comprendre [3].

1. Umberto Eco, *L'Œuvre ouverte,* Seuil, 1965.
2. Hans Georg Gadamer, *op. cit.,* p. 121.
3. IIe Épître de saint Pierre : 1,20-21.

Cet Esprit est-il la propriété d'une Tradition particulière ? juive, chrétienne, orthodoxe, catholique romaine ?

Poser ainsi la question serait confondre tradition et institution ! Une Tradition peut être véhiculée ou conservée par une institution particulière, dans le dynamisme de fidélité et d'innovation qui la caractérise ; elle déborde néanmoins cette institution. Ce que dit David Banon à propos de la Tradition juive et de la Thora, nous pouvons aussi le penser à propos de la Tradition qui nous transmet l'Évangile : « La tradition ne consiste pas essentiellement en préservation ou en transmission d'un “ héritage ”. Ce n'est pas un boulet qu'on traînerait derrière soi. Elle n'est pas la transmission mécanique de modèles fixés une fois pour toutes, même si, à un regard inattentif, elle donne cette impression[1]... »

Pressentant le caractère de morbidité qu'évoque le terme d'héritage, les maîtres du Talmud n'hésiteront pas à jouer avec les mots du verset du Deutéronome : « C'est pour nous qu'il dicta la Thora à Moïse, héritage *(moracha)* de la Communauté de Jacob » (Deut. 33,4).

Ils lisent « méorassa » (fiancée) au lieu de « moracha » (héritage)[2]. La Thora, l'Évangile ne sont plus alors des « testaments », mais des « fiancées » ! : Écritures à étreindre, à danser. La Vérité qu'elles nous transmettent n'est pas une somme de concepts, mais une Présence irradiante, « quelqu'un » qui rencontre notre désir de sens et le résout en nous invitant de nouveau à une « aventure » : « Venez et voyez... » !

Ainsi, l'Évangile de Jean, c'est avant tout la rencontre de Jésus-Christ, le fiancé, « l'Époux » de la communauté qui nous transmet ses paroles... La Tradition dans laquelle nous pouvons lire l'Évangile, c'est la Tradition

1. *Cf.* David Banon, tout le beau chapitre de *La Lecture infinie* — « Le recours à la tradition », p. 63 à 115.

2. Talmud, Bavli, traité Pessahim 49b, *moracha,* dont la racine (Yod-Resh-Chine), vocalisée différemment et en déplaçant le point diacritique du chine (ch) de la droite vers la gauche, peut se lire *méorassa* (fiancée).

apostolique. En quoi cette Tradition se distingue-t-elle de la tradition juive ?

> « Dans le cas de la tradition juive, les matériaux transmis concernaient seulement les opinions, décisions juridiques et explications des Écritures fournies par les docteurs : ce sont elles qui constituaient la " tradition des anciens " (Mc 7, 3-9). La vie des mêmes docteurs n'entrait pas par elle-même dans le cadre des matériaux à mémoriser et à conserver. Des souvenirs ont certes survécu, sporadiquement, mais ils n'ont été généralement recueillis que plus tard, dans les Talmud de Jérusalem (IVe siècle) et de Babylone (Ve-VIe siècle) ou dans les midrashim contemporains...
>
> Dans le cas de Jésus, ses comportements, son expérience d'homme, le drame de sa vie (sa passion, sa mort, sa résurrection) n'étaient pas moins importants que ses paroles.
>
> Leur enregistrement dans les mémoires, puis la fixation des souvenirs correspondants étaient donc essentiels pour la foi elle-même. En outre, Jésus n'était pas seulement pour les chrétiens un personnage du passé, mais une présence actuelle...
>
> La compréhension de ses paroles, de sa vie, de sa personne devait s'approfondir au sein de de la tradition vivante, soit dans la mémorisation orale transmise par les " témoins oculaires " et leurs auditeurs, soit dans les premières fixations écrites [1]. »

Nous avons déjà remarqué que la différence entre la tradition juive et la tradition grecque des philosophes était dans son rapport au Texte, le Grec y cherchant le

1. Pierre Grelot, *op. cit.*, p. 79.

dévoilement de l'Être, le Sémite y allant à la Rencontre de l'Autre.

Dans la tradition chrétienne, un fait nouveau vient changer le rapport au Texte : l'Autre a pris un visage humain ; le dévoilement de l'Être se manifeste dans un « Je Suis » en acte de tendresse. Pour les Pères de l'Église comme pour la tradition apostolique, Jésus-Christ sera à la fois le sujet et l'objet des Écritures. D'une certaine façon, on peut dire qu'il en est l'exégèse (celui que l'Écriture révèle). Il en est au sens actif comme au sens passif : le LOGOS.

C'est Martin Heidegger qui faisait remarquer dans *Essais et Conférences* que Logos est à la fois « *légein* = énoncer » et « *légomenon* = ce qui est énoncé ».

Sans avoir recours à la philosophie, il suffirait de citer l'Évangile lui-même : « Scrutez les écritures, elles me rendent témoignage » (Jn 5,39).

Et encore : « Commençant par Moïse et parcourant tous les prophètes, il leur expliqua dans toutes les écritures ce qui Le concernait » (Luc 24, 25-55).

Cette référence permanente au Christ, cachée sous la lettre, n'exclut pas le lecteur et son interprétation. Au contraire — puisque ce qui a été vécu dans le Christ, doit aussi devenir vivant en chacun.

L'Évangile est non seulement révélation de Dieu, mais aussi — dans le même mouvement — révélation de l'homme.

Le dévoilement de l'Être rend à chaque être son poids particulier de Présence. La Révélation de l'Autre implique devant tout autre le devoir et le plaisir de l'aimer dans sa proximité et dans son inaccessible secret.

La lecture des Évangiles dans la tradition chrétienne est à la fois une contemplation et une action, les deux ne peuvent s'exclure. Origène[1] précise : « Il est nécessaire d'être chrétien par l'esprit et par le corps, et là où il faut annoncer l'Évangile corporel et dire ne rien savoir parmi les hommes que " Jésus-Christ et Jésus-Christ

1. Origène, *Commentaire sur St. Jean I,* Cerf, p. 71.

crucifié " (I Cor, 22), on doit le faire. Mais lorsqu'on les trouve instruits par l'Esprit, parlant des fruits (Col. 1,10) en Lui et désirant la sagesse céleste, il faut les faire participer au Verbe, revenir après l'Incarnation à ce qu'il « était au commencement vers Dieu » (Jn 1,2).

Nombreux seront les commentateurs de l'Évangile de Jean dans l'Église ; tous insisteront, comme Origène, sur la nécessité d'une transformation de l'intelligence par l'Esprit (le Pneuma) pour le comprendre dans ses profondeurs, car selon le niveau d'intelligence de chacun, l'Écriture différencie ses réponses. « A mesure que par la méditation des Écritures notre esprit se renouvelle, la force des Écritures commence elle aussi à se renouveler, et la beauté d'une signification plus sacrée se met à croître pour ainsi dire à la mesure de notre progrès[1]. »

La tradition chrétienne médiévale, à la suite des Pères, reviendra souvent sur cette ouverture progressive de l'intelligence dans les épaisseurs du Sens. Elle distinguera quatre niveaux d'interprétation de l'Écriture : niveau historique, allégorique, tropologique ou moral et anagogique. Ainsi, l'Évangile de Jean peut être lu comme un récit historique, nous racontant l'histoire admirable d'un homme appelé Jésus de Nazareth. On peut le lire aussi comme un récit symbolique où les actes et les paroles de Jésus sont à considérer avant tout pour leur portée théologique. On peut le lire encore comme un enseignement moral, les actes et les paroles du Christ nous montrant et nous enseignant « ce qu'il faut faire », la juste manière de vivre[2].

Ces niveaux d'interprétation ne s'excluent pas les uns les autres, de la même façon que dans le Christ ne s'excluent pas le corps, l'âme, la pensée et la divinité.

Cette méthode des « quatre sens » n'est pas sans

1. Jean Cassien, Coll. 14, CII.
2. *Cf.* Henri de Lubac, *Exégèse médiévale,* Paris, Aubier, 4 vol.

rappeler les voies de l'interprétation midrashique dans ce qu'on a appelé « le pardès[1] ».

> « On part du texte qu'on met à nu pour saisir le sens qui, croit-on, est à portée de la main. Cette signification obvie " se trouve dans le texte ". C'est le " pshat " : le sens simple, littéral, que le texte contient explicitement. Il suffit de le déshabiller pour s'en saisir.
>
> C'est ce que suggère l'étymologie de la racine " pshat ". Ce sens obvie peut prendre de l'extension, s'amplifier (" hitpashtoute "), s'étendre, tout en restant au même niveau.
>
> Mais, comme le texte peut parler " à mots couverts ", comme il peut autant montrer que dissimuler, il y a ensuite l'allusion, le clin d'œil, le " remèze ". Par une sorte de clignotement sémaphorique, le texte va suggérer une autre couche de sens. Cette suggestion peut nous égarer ou nous conduire vers une signification secondaire implicite, mais elle peut aussi renforcer la signification primaire, fondamentale.
>
> Puis vient le " drash ", racine qui a donné le " midrash ". C'est l'intention profonde du texte, sollicitée à partir du contexte, avec une expérience personnelle, le sentiment de l'inexprimable, du débordement du contenu sur le contenant. L'inexprimable lui-même, c'est le " sod " — le secret — qui, le circuit étant bouclé, devrait être restitué dans le " pshat "[2]. »

On peut penser également aux quatre étapes de la Lectio Divina chez les moines : lecture — méditation —

1. Constitué des lettres (pé — resh — dalet — samekh) qui vont servir d'initiales aux mots suivants : *pshat* (signification obvie), *remèze* (signification allusive), *drash* (signification « arrachée », recherchée, sollicitée) et *sod* (signification secrète).
2. David Banon, *op. cit.*, p. 205.

contemplation — assimilation. Ou encore aux quatre « Existenzialen[1] » de Karl Barth, attitudes fondamentales pour toute occupation théologique : émerveillement — émotion — engagement — foi, ces quatre termes étant à prendre dans une dialectique ascendante mais aussi descendante, car « n'avons-nous pas appris de Platon que la dialectique ascendante est la plus facile et que c'est sur le trajet de la dialectique descendante que le vrai philosophe se déclare[2] ? ».

Ainsi, la méditation de l'Évangile est-elle ce va-et-vient incessant de l'extérieur vers l'intérieur de la lettre, vers l'Esprit, du secret de l'homme vers le secret de Dieu, du mystère de mon être vers le Mystère de Jésus-Christ ?

Bossuet, en quelques lignes, résume assez bien ce que fut l'exégèse dans la tradition des « Pères » :

> « Il faut reconnaître que tout ce qui est le plus Vérité, pour ainsi parler, dans la religion chrétienne, est tout ensemble mystère et signe sacré.
>
> L'Incarnation de Jésus-Christ nous figure l'union parfaite que nous devons avoir avec la divinité dans la grâce et dans la gloire. Sa naissance et sa mort sont la figure de notre naissance et de notre mort spirituelles.
>
> Si, dans le mystère de l'Eucharistie, il daigne s'approcher de nos corps en sa propre chair et en son propre sang, par là il nous invite à l'union des esprits, et nous la figure ; enfin, jusqu'à ce que nous soyons venus à la pleine et manifeste Vérité qui nous rendra éternellement heureux, toute Vérité nous sera la figure d'une vérité plus intime[3]. »

1. K. Barth, traduction française : *Introduction à la théologie évangélique,* Éd. Labor et Fides.
2. Paul Ricœur, *La tâche de l'herméneutique,* p. 196.
3. Bossuet, *Hist. des variations I,* 4 n. 12.

L'auteur du Quatrième Évangile

Après avoir reconnu le Texte comme Foyer des Braises, Nœuds de significations, Tradition Vivante, Dévoilement d'une Présence, pouvons-nous dire quelque chose sur l'Auteur ou les auteurs de ce texte ?

On a avancé une solution radicale qui rendrait *a priori* superflues toutes les tentatives d'identification historique [1] : Jean, disciple bien-aimé, ne serait nullement une personnalité historique, mais davantage une figure symbolique, le symbole du disciple idéal.

A cela, on pourrait ajouter que le fait de voir dans le disciple bien-aimé un archétype ne nie pas obligatoirement l'incarnation historique de cet archétype. Jean peut incarner symboliquement « et » historiquement l'attitude du disciple bien-aimé.

D'autres ont vu en lui la personnification d'un groupe déterminé du Christianisme primitif. Pour Bultmann, il s'agit du Christianisme hellénistique, opposé au Judéo-Christianisme, représenté par la Mère de Jésus et Pierre. Pour A. Kragerud, du Christianisme prophétique en contraste avec l'institutionnel. Selon la manière dont on définit le caractère du groupe johannique, l'interprétation « collective » du disciple présente de légères variantes.

Auteur « symbole », auteur « collectif » ?

Que nous dit la Tradition à son sujet ?

Saint Irénée déclare que « Jean, le disciple du Seigneur, qui se pencha sur sa poitrine, écrivit lui-même l'Évangile, alors qu'il habitait Éphèse ».

Ce témoignage est confirmé par le Canon de Muratori, Polycrate d'Éphèse, Clément d'Alexandrie, Tertullien et Origène.

Irénée croyait que l'Évangile était l'œuvre de Jean l'Apôtre. Si son témoignage a été particulièrement

1. A. Jülicher, A. Loisy, M. Goguel...

retenu, c'est qu'enfant il avait entendu Polycarpe raconter ses relations avec Jean, le disciple du Seigneur.

Aussi, l'Église ancienne identifie le disciple bien-aimé à l'Apôtre Saint Jean, fils de Zébédée, en même temps qu'elle fait de lui l'auteur de l'Évangile.

« Peu de traditions antiques se présentent avec une telle continuité et une telle unanimité, si loin que nous puissions remonter. Cette tradition d'ailleurs est extrêmement discrète et si elle nous donne sur Saint Jean quelques détails, en harmonie avec la physionomie spirituelle de l'Évangile, elle ne dissipe pas pour autant le mystère qui l'environne [1]. »

Claude Tresmontant n'aime pas trop le mystère ; il cite une lettre de Polycrate, évêque d'Éphèse, au pape Victor (pape entre 189 et 198). Cette lettre nous a été partiellement conservée par Eusèbe de Césarée [2] :

> « C'est en Asie que reposent, que dorment du sommeil de la mort, que sont couchés avec leurs pères, des grands astres. Ils se relèveront au jour de la venue du Seigneur, au jour où Il viendra avec gloire des cieux, et qu'Il relèvera tous les saints ; Philippe, l'un des douze envoyés, qui est couché avec ses pères à Hiérapolis, et deux de ses filles, qui ont vieilli vierges ; et son autre fille qui a séjourné dans le Saint Esprit. Elle repose à Éphèse.
>
> Et puis, Iôannes, celui qui sur la poitrine du Seigneur s'est penché ; il est né *hiereus,* c'est-à-dire *kohen,* il a porté le pétalon [en hébreu *tzi hazahab*], le pétale d'or, sur lequel était écrit : “ Consacré à YHWH [3] ” ; il a été témoin [en grec *martus*] des événements, et il a enseigné, il a été *didaskalos.* Celui-ci, à Éphèse, est couché avec ses pères... »

1. Louis Bouyer, *Le Quatrième Évangile,* Éd. Casterman, p. 13.
2. *Cf.* Eusèbe de Césarée, *Histoire écclésiastique* V, XXIV.
3. *Cf.* Exode 28,36 ; 39,30 ; 29,6 — Lévitique 8,9.

Tresmontant commente ainsi cette lettre :

> « Ce document de Polycrate, évêque d'Éphèse, nous fournit un point de vue autour duquel s'ordonnent parfaitement tous les renseignements dont nous disposons, sur l'auteur du Quatrième Évangile. Il a probablement été disciple de Jean-Baptiste.
>
> Il a une maison à Jérusalem. C'est chez lui que le Seigneur a mangé la dernière Pâque. Il a cependant un calendrier qui n'est pas celui du groupe des Galiléens réunis autour du Seigneur.
>
> Son Évangile est centré sur Jérusalem.
>
> Il connaît le grand prêtre de cette année-là. Il peut entrer dans la maison du grand prêtre. Il peut donner des ordres à la servante qui garde la porte. Elle ne le met pas dehors, elle lui obéit. Il se cache, il cache son nom lorsque son Évangile est traduit de l'hébreu en grec, parce qu'il est menacé de mort. Il prend Mariam chez lui après la mort et la Résurrection du Seigneur. C'est de Mariam qu'il tient plusieurs renseignements, par exemple ce que le Seigneur a dit lors du festin de Qana en Galilée.
>
> Il était le disciple préféré du Seigneur parce qu'il était théologiquement le plus savant, et le plus apte à comprendre l'enseignement théologique de haute portée du Seigneur.
>
> Lui seul a conservé et transmis cet enseignement de haute portée donnée lors de la dernière nuit. Il hésite à entrer dans le tombeau, parce que cela est interdit à un prêtre. Il entre dans le tombeau parce que le Seigneur est Vivant.
>
> Tous les renseignements dont nous disposons par le texte lui-même du Quatrième

> Évangile confirment ce que nous dit Polycrate d'Éphèse dans sa lettre au pape Victor : Jean, l'auteur du document hébreu que nous appelons le Quatrième Évangile, était prêtre. Ce n'était pas un Galiléen analphabète ; c'était un Judéen savant, et même très savant [1]. »

Prêtre savant, pécheur des bords du Lac, fils de Marie, fils du tonnerre, vieillard aimant, prophète d'apocalypse, disciple bien-aimé, aigle-apôtre, théologien-évangéliste... innombrables sont les visages de Jean, et si — dans l'iconographie — on se plaît à le représenter sous l'image de l'aigle, c'est qu'il ne se laisse pas facilement saisir...

Certains, il est vrai, préfèrent se le représenter sous les traits de Janus :

> « Il y a identité entre Janus et Saint Jean. Nous en avons une preuve dans le fait que, chez les Romains, les collèges des patriciens célébraient, en l'honneur de Janus, les deux fêtes solsticiales, où se célèbrent aujourd'hui, les deux fêtes de la Saint-Jean d'Été et de la Saint-Jean d'Hiver (24 juin-27 décembre), les deux visages de Janus correspondent aux deux Saint Jean, le Baptiste sévère et l'Apôtre plein de douceur. Les constructeurs de cathédrales y ont fait figurer Janus. Il est représenté deux fois à la cathédrale de Chartres, tenant et coupant la galette des rois contenant la fève [2]. »

Le même auteur continue :

> « Un aspect de Ioan qui n'a jamais été envisagé, c'est de voir en lui le successeur du Dieu

1. Tresmontant, *op. cit.*, p. 552-553.
2. Paul Le Cour, *L'Évangile ésotérique de Jean*, p. 178, Dervy Livres, 1983.

de l'Atlantide, Poséidon (dont le nom signifie " formes nombreuses : *posos eidonis* ").

Poséidon fut en effet considéré comme le maître de la terre et Ioan l'est devenu.

Poséidon était le chef des chevaliers, de même Ioan.

Saint Jean est le patron des chevaliers. C'est à lui qu'ils se sont rattachés jadis et qu'ils devront se rattacher dans l'avenir. L'Ordre du Temple était johannite et célébrait chaque année la Fête de Saint Jean.

Jean est donc le successeur de Poséidon qui fut le patron des chevaliers romains...

Ioan, en tant que successeur de Poséidon et chef des chevaliers, devra donc présider à la formation d'une nouvelle chevalerie initiée, car il est en même temps le successeur de Gé-Déméter, l'alter ego féminin de Poséidon, qui présidait au mystère d'Éleusis et qui était la " mère des dieux ", c'est-à-dire des initiés[1]. »

Poséidon-Déméter, autant de visages de Jean que ne laissait pas pressentir le texte hébreu de l'Évangile... (ni le texte grec d'ailleurs).

Il y a aussi Jean-Agni, Jean-Ganimède, le porte-graal, etc. La puissance archétypale de Jean est telle que peuvent se projeter sur lui les représentations les plus diverses et les plus contradictoires...

Si nous considérons maintenant le témoignage de l'Évangile lui-même, la langue de celui qui parle, nous voyons que le grec de l'auteur contient sans contredit des sémitismes ; que l'arrière-fond de l'Évangile est fondamentalement juif ; que l'exactitude de la topographie indique un auteur qui a connu personnellement le sud de la Palestine ; que l'auteur avait accès à une tradition primitive, indépendante de celle des synoptiques, probablement araméenne, et reflétant la conjonc-

1. Paul le Cour, *ibid.*, p. 191.

ture politique du pays avant le commencement de la guerre contre les Romains.

Ces faits encouragent certainement à rechercher un lien avec le « saint vieillard » de la Tradition…

Il est dit par ailleurs dans l'Évangile pour tel ou tel fait qu'il provient par tradition d'un témoin oculaire [1].

Il est traditionnel et il n'est pas anti-scientifique de penser que Jean l'Apôtre ait pu être la source de l'Ancienne Tradition qui alimente l'Évangile. Au sens où il est « autorité » qui la soutient, il en est « l'Auteur ».

Aujourd'hui, auteur et écrivain signifient la même chose. Dans la Bible, un écrivain dont les disciples poursuivent les travaux se les voit attribuer, même après sa mort. Le livre d'Isaïe en est un excellent exemple.

Quoiqu'il en soit : l'Évangile de Jean est l'Évangile de celui que la Tradition appelle : le théologien. Le théologien est pour les Anciens à la fois un gnostique et un mystique, celui qui adhère avec toute son intelligence et son affectivité au déploiement de l'Être et à ce qui transcende ce déploiement, Présence d'une Altérité que ni l'intellect ni le cœur ne sauraient contenir, l'Être-Autre qui sans cesse comble et creuse le Désir…

> « La voix de l'aigle mystique retentit aux oreilles de l'Église. Puissent nos sens, du dehors, en recueillir le son fugitif, et notre esprit, au-dedans de nous, en pénétrer la signification durable ! Voix de l'oiseau de haut vol, non de celui qui planerait au-dessus de l'air matériel […] mais de celui qui — par les ailes rapides d'une profonde théologie — les regards d'une lumineuse et haute contemplation — s'élève au-dessus de toute « théorie », au-delà de toutes les choses qui sont et de celles qui ne sont pas […].

1. *Cf.* Jn 19,34 — Jn 21,24.

C'est ainsi que, dans son vol, Saint Jean le Théologien non seulement s'élève au-dessus de ce qui peut être saisi par l'intelligence et être signifié par la parole, mais est transporté au cœur même des réalités qui surpassent toute intelligence et toute signification[1]. »

La traduction

Consciente des eaux mêlées du grec et de l'hébreu, notre traduction ne devait néanmoins pas devenir un mélange d'hébreu, de grec, d'araméen accommodés au français.

Ainsi nous avons volontairement évité tout hébraïsme afin que le texte reste lisible, sans perdre pour autant sa saveur et son « accent » d'origine. Les noms de personnes et de lieux non traduits voudraient rappeler le contexte historique, l'ambiance et le sens de la langue parlée par Jésus et les premiers chrétiens. Traduction de la lettre mais aussi de « l'accent » qui, dans l'écoute, réveille la mémoire et crée le dépaysement...

Le verbe grec conçoit le temps en fonction d'un passé, d'un présent et d'un futur ; l'hébraïque et l'araméen, au contraire, au lieu de préciser le temps d'une action, décrivent son état sous deux modes : l'accompli et l'inaccompli ; nous retrouverons en alternance dans le texte ces deux façons d'appréhender le temps. En règle générale, nous avons suivi le « temps grec » pour les épisodes de type narratif, et le présent « hébraïque » pour les paroles de « Ieschoua » que l'on peut considérer comme « omni-temporelles ».

Même si notre traduction s'écarte souvent de celle d'André Chouraqui[2], elle demeure néanmoins dans le même « esprit ». Depuis notre rencontre à Brasilia, nous nous savons unis dans une même recherche d'un « œcuménisme des sources, si loin d'un œcuménisme de

1. Jean Scot, *Homélie sur le Prologue,* S. C. Cerf, p. 201-205.
2. *Cf.* A. Chouraqui, *Un pacte neuf,* « Introduction », D.D.B., 1977.

surface qui les masque parfois ». Tout en lui rendant hommage pour son immense travail, je fais miennes les paroles par lesquelles il introduisait sa traduction du Nouveau Testament :

> « Ma tentative correspond, semble-t-il, à certaines exigences de cette fin du xxe siècle. La recherche passionnée de la vérité historique, souvent altérée et masquée par la poussière des siècles, naît aussi du besoin de dépasser de faux conflits, provoqués ou aggravés par la rivalité de religions ou de confessions ennemies que le grand courant œcuménique [1] force à se retrouver dans l'unité originelle des racines, en leurs sources.
>
> La présente version du Nouveau Testament aspire ainsi à constituer un espace linguistique de convergence au-delà de nos schismes et de nos guerres...
>
> Si le péché contre l'Esprit, dont Jésus disait qu'il est irrémissible, existe, il faut le trouver peut-être dans le fait que ces textes rédempteurs aient servi de prétexte à tant de guerres, de luttes implacables entre sectes, confessions, religions et nations, qu'ils aient servi d'armes aux déviations de toute espèce que Jésus lui-même dénonçait en termes cinglants.
>
> Il serait ainsi contraire à l'Esprit de ces textes, comme de leur présente traduction, que l'on puisse s'en servir, sous quelque prétexte que ce soit, comme d'une arme. Au lieu d'alimenter de lamentables polémiques, des controverses qui ont fait le déshonneur de l'humanité, ces textes aspirent au contraire à constituer un lieu de convergence, de rencontre, d'inspiration et de salut [2]. »

1. Dirions-nous aujourd'hui « holistique » ?
2. André Chouraqui, *Un pacte neuf,* D.D.B. 1977, p. 15-16.

Vocabulaire

Dans le souci de rendre à nouveau perceptible le substrat sémitique de l'Évangile de Jean et son environnement historique, nous avons gardé plusieurs noms propres et noms de lieux, ainsi que certains vocables typiques, dans leur langue supposée originelle.

Leur sens est indiqué dans le texte en note.

Andreas	André
Bar Abba	Barrabas
Ben	Fils de
Beit-ananiah	Béthanie
Beit Zathah	Béthsaïde
El'Azar	Lazare
Elyahou	Élie
Iaaqôb	Jacob
Iehouda	Juda
Iehoudim	Judéens-Juifs
Ieroushalaïm	Jérusalem
Ieschoua	Jésus
Iesha 'Yahou	Isaïe
Iohanân	Jean
Iosseph	Joseph
Kephar-nahoum	Capharnaüm
Miryam	Marie
Moshé	Moïse
Naqdimôn	Nicodème
Pérouschim	Pharisien
Pessah	Pâques
Philippos	Philippe
Pneuma	Souffle-Esprit

Qanah	Cana
Rabbi	Maître
Sanhedrin	Conseil suprême (cour de justice à Jérusalem)
Shalom	Paix
Seddouqim	Sadducéens
Shimôn	Simon
Shomronim	Samaritains
Sophérim	Scribes
Thora	Loi (enseignement des cinq premiers livres de la Bible)

Abréviations et sigles divers

LIVRES BIBLIQUES

Genèse	Gn
Exode	Ex
Lévitique	Lv
Nombres	Nb
Deutéronome	Dt
Josué	Jos
Juges	Jg
Ruth	Rt
Samuel	1 S, 2 S
Rois	1 R, 2 R
Chroniques	1 Ch, 2 Ch
Esdras	Esd
Néhémie	Ne
Tobie	Tb
Judith	Jdt
Esther	Est
Maccabées	1 M, 2 M
Job	Jb
Psaumes	Ps
Proverbes	Pr
Ecclésiaste (Qohélet)	Qo
Cantique	Ct
Sagesse	Sg
Ecclésiastique (Siracide)	Si
Isaïe	Is
Jérémie	Jr
Lamentations	Lm
Baruch	Ba
Ézéchiel	Ez
Daniel	Dn
Osée	Os
Joël	Jl
Amos	Am
Abdias	Ab
Jonas	Jon
Michée	Mi
Nahum	Na
Habaquq	Ha
Sophonie	So
Aggée	Ag
Zacharie	Za
Malachie	Ml
Matthieu	Mt
Marc	Mc
Luc	Lc
Jean	Jn
Actes des Apôtres	Ac
Romains	Rm
Corinthiens	1 Co, 2 Co
Galates	Ga
Éphésiens	Ep
Philippiens	Ph
Colossiens	Col
Thessaloniciens	1 Th, 2 Th
Timothée	1 Tm, 2 Tm
Tite	Tt
Philémon	Phm
Hébreux	He
Épître de Jacques	Jc
Épîtres de Pierre	1 P, 2 P
Épîtres de Jean	1 Jn, 2 Jn, 3 Jn
Épître de Jude	Jude
Apocalypse	Ap

TRADUCTION

I

1. Au commencement : le Logos,
le Logos est vers Dieu,
le Logos est Dieu.

2. Il est au commencement avec Dieu.

3. Tout existe par Lui,
sans Lui : rien.

4. De tout être Il est la vie,
la vie est la lumière des hommes.

5. La lumière luit dans les ténèbres,
les ténèbres ne peuvent L'atteindre.

6. Paraît un homme envoyé de Dieu,
Iohanân[1] est son nom.

7. Il vient comme Témoin
pour rendre témoignage à la Lumière
afin que tous y adhèrent avec lui.

8. Il n'est pas la lumière
mais le témoin de la Lumière.

1. Iohanân (hébreu) — Iohannes (grec) — Ioannes (latin) — Jean (français) = « Dieu fait grâce ».

9. Le Logos est la lumière véritable
qui éclaire tout homme.

10. Il est dans le monde,
le monde existe par lui,
le monde ne le connaît pas.

11. Il vient chez lui,
les siens ne le reçoivent pas.

12. Mais à tous ceux qui le reçoivent,
à ceux qui croient en son Nom,
il donne d'être enfants de Dieu.

13. Engendrés
ni du sang,
ni de la chair,
ni d'un vouloir d'homme,
mais de Dieu.

14. Le Logos a pris chair.
Il a fait sa demeure parmi nous,
nous avons vu sa Gloire
pleine de Grâce et de Vérité.
Présence filiale — monogène
qu'il tient du Père.

15. Iohanân lui rend témoignage,
il crie :
Voici celui dont j'ai dit :
« Lui qui vient après moi
est passé devant moi,
parce qu'avant moi il était. »

16. De sa Plénitude nous avons tous reçu
et grâce sur grâce.

17. La Thora nous a été donnée par Moshé[1].
La Grâce et la Vérité nous sont venues par Ieschoua[2] le Messie.

18. Nul n'a jamais vu Dieu,
le fils monogène
qui demeure au sein du Père,
Lui, nous le fait connaître.

19. Voici le témoignage de Iohanân
lorsque les Judéens envoyés par les prêtres
et les lévites de Ieroushalaïm[3] lui demandent :
Qui es-tu ?

20. Il répond, il confesse sans hésiter :
je ne suis pas le Messie[4].

21. Qui es-tu ? Elyahou[5] ?
Non !
Es-tu le Prophète ?
Non !

22. Ils lui demandent alors :
Qui es-tu ? que nous donnions une réponse
à ceux qui nous ont envoyés ?
Que dis-tu de toi-même ?

23. Moi ?
Une voix qui crie dans le désert :
aplanissez le chemin de YHWH[6]
comme le disait Iesha 'Yahou[7] le prophète.

1. Moshé (H) — Moiseos (G) — Moysen (L) — Moïse (F) = « Sauvé des eaux ».
2. Ieschoua (H) — Iesous (G) — Iesu (L) — Jésus (F) = « Dieu sauve ».
3. Ieroushalaïm (H) — Ierosolumon (G) — Ierosolymis (L) — Jérusalem (F) = « cité de la paix » (Shalom).
4. Meschiah (H) — Christos (G) = l'oint, celui qui a reçu l'onction — le Messie — le Christ.
5. Elyahou (H) — Hylias (G) — Élias (L) — Élie (F).
6. YHWH — Adonaï (H) — Kurios (G) — Seigneur (F). YHWH = ego eimi (G) — ego sum (L) — Je Suis — Il est — « Est ».
7. Iesha 'Yahou (H) — Hysaias (G) — Isaias (L) — Isaïe (F).

24. Les envoyés étaient des Pérouschim[1]
ils lui posent encore cette question :

25. Pourquoi baptises[2]-tu si tu n'es
ni le Messie, ni Elyahou, ni le prophète ?

26. Iohanân leur répond :
Moi je baptise dans l'eau
mais Il se tient au milieu de vous
l'Inconnu.

27. Il vient après moi
et je ne suis pas digne de dénouer
la courroie de sa sandale.

28. Cela se passait à Beit-ananiah[3]
de l'autre côté du Jourdain
là où Iohanân baptisait.

29. Le lendemain voyant Ieschoua
venir vers lui, il dit :
Voici l'agneau de Dieu
qui emporte le péché[4] du monde.

30. C'est de lui dont j'ai parlé :
Voici après moi un homme,
il est passé devant moi
parce qu'avant moi Il est.

1. Pérouschim (H) — pharisaioi (G) — pharisien, du verbe hébreu : pharash = séparer — distinguer — déterminer — décider (F).
Pérouschim = les séparés ou ceux qui font les déterminations, ceux qui tranchent en ce qui concerne le texte sacré.
2. Hrabal (H) — baptizo (G) = plonger dans... immerger — submerger, baptiser (F).
3. Beit-ananiah (H) — Bethania (G) — Béthanie (F).
4. Hethe (H) — hamartia (G) — peccatum (L) — péché (F) = crime, faute, litt. = « manquer la cible ».

31. Moi non plus je ne le connaissais pas.
Si je suis venu baptiser dans l'eau
c'est pour qu'il fût manifesté à Israël.

32. Iohanân témoigne :
J'ai vu l'Esprit[1]
descendre du ciel
comme une colombe
et demeurer sur lui.

33. Je ne le connaissais pas
mais Celui qui m'a envoyé
baptiser dans l'eau
m'avait dit :
« Celui sur qui tu verras
descendre et demeurer le Souffle (Pneuma)
c'est Lui qui nous plonge dans le Souffle Saint. »

34. J'ai vu — j'atteste
c'est Lui
l'élu de Dieu[2].

35. Le lendemain
Iohanân se tenait encore là
avec deux de ses disciples.

36. Fixant les yeux sur Ieschoua qui passait
il dit :
Voici l'Agneau de Dieu.

37. Ses deux disciples l'entendant
parler ainsi
suivirent Ieschoua.

1. Esprit — spiritus (L) — pneuma (G) — ruah (H), litt. = le souffle, le vent.
2. Élu de Dieu = Ben Élohim.

38. Ieschoua se retourne,
il voit qu'ils le suivent
il demande :
Que voulez-vous ?
Ils lui répondent :
Rabbi[1],
où demeures-tu ?

39. Venez et voyez
Ils allèrent donc et virent où
Il demeurait,
ils restèrent auprès de Lui ce jour-là,
c'était environ la dixième heure.

40. Andreas, le frère de Shimôn Petros[2],
était l'un des deux qui avaient
entendu les paroles de Iohanân
et suivi Ieschoua.

41. Il rencontre au lever du jour
Shimôn son frère.
Il lui dit :
Nous avons trouvé le Messie,
et il l'amène à Ieschoua.

42. Ieschoua le regarde :
Tu es Shimôn — fils de Iohanân
tu t'appelleras Kêpha
ce qui se traduit par petros, la pierre.

43. Le lendemain
Ieschoua part pour la Galilée
il rencontre Philippos
il lui dit :
Marche avec moi[3].

1. Rabbi — de rab = grand — abondant — « celui en qui surabonde » la Thora — Didascalos (G) — Magister (L) — Maître (F).
2. Shimôn Petros = Simon-Pierre.
3. Acolouthei moi = « marche avec moi » = « accompagne-moi » = sois mon « acolyte ».

44. Philippos était de Beit-Zathah[1]
la ville d'Andreas et de Petros.

45. Philippos rencontre Nathanaël[2]
il lui dit :
Celui dont il est question
dans la Thora de Moshé
dans les paroles des prophètes,
nous l'avons trouvé.
c'est Ieschoua, fils de Iosseph le Nazaréen[3].

46. Nathanaël répond :
De Nazareth
peut-il sortir quelque chose de bon ?
Viens et vois,
lui dit Philippos.

47. Ieschoua voyant s'approcher Nathanël
lui dit :
Voici un vrai fils d'Israël
un homme sans artifice.

48. D'où me connais-tu ?
demande Nathanaël.
Avant que Philippos ne t'appelle
quand tu étais sous le figuier
je te voyais.

49. Nathanaël, lui répond :
Rabbi, tu es Fils de Dieu,
tu es Roi d'Israël.

50. Parce que je t'ai dit :
« Je t'ai vu sous le figuier », tu crois.
Tu verras mieux encore.

1. Beit-Zathah = maison du « chasseur » ou du « pêcheur ».
2. Nathanaël (G) — Netanel (H) = « Dieu a donné ».
3. Ben Iosseph : fils de Joseph.

51. Amén, amén je te le dis,
vous verrez les cieux ouverts
et les anges [1] de Dieu monter
et descendre au-dessus du Fils de l'Homme.

1. Aggelous (G) — anges = messagers.

II

1. Le troisième jour,
il y eut des noces à Qanah en Galilée.
La mère de Ieschoua s'y trouvait.

2. Ieschoua et ses disciples
étaient également invités.

3. Ils n'avaient plus de vin.
La mère de Ieschoua lui dit :
Ils n'ont plus de vin.

4. Ieschoua répondit :
Femme, qu'y a-t-il entre toi et moi
mon heure n'est pas encore venue.

5. Sa mère dit alors aux serviteurs :
Faites tout ce qu'il vous dira.

6. Il y avait là six jarres de pierre
pour les purifications rituelles des Iehoudim[1],
elles contenaient chacune deux ou trois mesures[2].

7. Ieschoua dit aux serviteurs :
Remplissez d'eau ces jarres.
Ils les remplirent jusqu'au bord.

1. Iehoudim : les Judéens : habitants de la Judée : les Juifs.
2. Une mesure = environ 40 litres

8. Puisez maintenant
et portez-en à celui qui préside
le banquet.
Ils lui en portèrent.

9. Celui-ci goûta :
l'eau avait été changée en vin
et il en ignorait la provenance.
Les serviteurs qui avaient puisé l'eau,
eux, la connaissaient.
Il appela le jeune marié
et lui dit :

10. On sert toujours le bon vin d'abord.
Quand les gens sont ivres
on sert le moins bon,
mais toi tu as gardé le meilleur
jusqu'à maintenant.

11. Tel fut le premier des signes[1]
accomplis par Ieschoua
à Qanah en Galilée.
Il révéla sa gloire
et ses disciples crurent en lui.

12. Après cela
il descendit à Kephar-nahoum
avec sa mère et ses frères
mais ils n'y restèrent que quelques jours.

13. La fête de Pessah[2] chez les Iehoudim
était proche.
Ieschoua monta à Ieroushalaïm.

1. Ot (H) — semeion (G) — signes (F) = miracles.
2. Pessah (H) — Pasqua (G) — Pâques (F) du verbe « pasah » (H) = sauter — traverser — passer.

14. Il trouva dans l'enceinte du Temple
les marchands de bœufs, de brebis,
de pigeons et les changeurs de monnaies
assis à leurs comptoirs.

15. Se faisant un fouet avec des cordes
il les chassa tous du temple
avec leurs brebis et leurs bœufs ;
il dispersa la monnaie des changeurs,
renversa leurs tables.

16. Il dit aux vendeurs de pigeons :
Enlevez tout cela d'ici
ne faites pas de la maison de mon Père
une maison de commerce.

17. Un mot de l'Écriture
revint à la mémoire de ses disciples :
« l'amour jaloux pour ta maison
me dévorera ».

18. Les Iehoudim interviennent et lui disent
Quel signe nous montres-tu
pour agir ainsi ?

19. Ieschoua répondit :
Détruisez ce temple
et en trois jours je le relève

20. Les Iehoudim lui répliquent :
Voilà plus de quarante ans
que ce temple est en construction
et toi en trois jours tu le rebâtis.

21. Mais Lui parlait du Temple
de son corps.

22. Aussi quand Ieschoua se releva
d'entre les morts, ses disciples
se rappelant qu'il avait tenu ce propos
crurent-ils à l'Écriture et à la
parole qu'Il avait dite.

23. Durant le séjour qu'il fit
à Ieroushalaïm pour Pessah
beaucoup crurent en son nom
parce qu'ils voyaient les miracles qu'il faisait.

24. Mais Ieschoua ne se fiait pas à eux
parce qu'il les connaissait tous
et n'avait besoin d'être renseigné sur personne.

25 Il savait, Lui,
ce qu'il y a dans l'homme.

III

1. Il y avait parmi les Pérouschim
un homme qui s'appelait Naqdimôn [1]
notable parmi les Judéens

2. Il vint de nuit trouver Ieschoua
et lui dit :
Rabbi, nous le savons, tu es un maître
qui vient de la part de Dieu : personne ne peut
accomplir les signes que tu fais si Dieu n'est
avec lui.

3. Ieschoua lui répondit :
Amén, amén je te le dis
si quelqu'un ne naît pas d'en Haut
il ne peut voir le royaume de Dieu.

4. Naqdimôn lui dit :
Est-ce possible qu'un homme naisse
quand il est vieux ?
Peut-il entrer dans le ventre de sa mère
une seconde fois
et naître de nouveau ?

1. Naqdimôn (H) — Nicodemos (G) — Nicodème (F) = « peuple vainqueur ».

5. Ieschoua répondit :
Amén, amén, je te le dis
s'il ne naît pas du Souffle (pneuma) et de l'eau
nul ne peut entrer dans le Royaume de Dieu.

6. Ce qui est né de la chair est chair
ce qui est né de l'Esprit est Esprit[1].

7. Ne t'étonne pas si je t'ai dit :
« il faut naître d'en Haut ».

8. Le Pneuma souffle où il veut
et tu entends sa voix
mais tu ne sais ni d'où il vient
ni où il va.
Ainsi en est-il de tout homme
qui est né du Pneuma.

9. Comment cela peut-il se faire
reprit Naqdimôn

10. Ieschoua répondit :
Tu es rabbi en Israël
et tu ignores ces choses ?

11. Amén, amén je te le dis
nous parlons de ce que nous connaissons
nous attestons ce que nous avons vu
mais vous n'acceptez pas notre témoignage.

12. Si vous n'êtes pas sûrs
des réalités terrestres dont je vous parle
comment croirez-vous
aux réalités célestes
quand je vous en parlerai ?

13. Personne n'est monté au ciel
sinon celui qui en est descendu
le Fils de l'Homme.

1. Ce qui est né de l'homme est humain.
Ce qui est né du pneuma (Souffle-Esprit) est divin.

14. De même que Moshé
éleva le serpent au désert
ainsi faut-il que soit élevé le Fils de l'Homme.

15. afin que tout homme qui adhère
à la vérité qui est en Lui
ait la vie éternelle.

16. Dieu a tant aimé le monde
qu'il a donné son Fils unique
afin que tout homme
qui adhère à la vérité qui est en Lui
ne périsse pas
mais ait la vie éternelle.

17. Dieu n'a pas envoyé son Fils dans le monde
pour condamner le monde
mais pour que le monde soit sauvé par Lui.

18. Celui qui croit en Lui
n'est pas jugé
celui qui n'adhère pas à Lui
est déjà jugé
parce qu'il ne croit pas
au nom du Fils unique de Dieu.

19. Voici le jugement :
La lumière vient dans ce monde
et les hommes préfèrent l'ombre à la lumière
ils agissent mal.

20. Quiconque fait le mal
s'éloigne de la lumière
il ne vient pas à la lumière :
ses œuvres seraient dévoilées

21. Celui qui fait la vérité
vient à la lumière :
ses actions se révèlent accomplies en Dieu.

22. Ieschoua se rendit
avec ses disciples au pays de Judée
il y séjourna avec eux
et là il baptisait.

23. Iohanân baptisait aussi
à Aenon, près de Salem, car les eaux
y abondaient et les gens venaient
s'y faire baptiser

24. Iohanân n'avait pas encore été
mis en prison.

25. Il s'éleva une discussion
entre les disciples de Iohanân
et un des Iehoudim à propos
de la purification.

26. Ils allèrent trouver Iohanân
et lui dirent :
Rabbi, celui qui était avec toi
de l'autre côté du
Jourdain,
celui à qui tu as rendu
témoignage
le voilà qui baptise et tous
vont à lui.

27. Iohanân répondit :
Nul ne peut rien s'attribuer
qui ne lui soit donné du ciel,

28. Vous êtes vous-mêmes témoins
j'ai dit :
« Je suis pas le Messie
mais je suis envoyé devant Lui. »

29. Qui a l'épouse est l'époux,
mais l'ami de l'époux
qui se tient là et qui l'entend
est ravi de joie à la voix de l'époux.
C'est là ma joie,
elle est à son comble.

30. Il faut qu'il grandisse
et que moi je diminue.

31. Celui qui vient d'en haut
est au-dessus de tous
Celui qui est de la terre
est terrestre et parle en terrestre.

32. Celui qui vient du ciel
témoigne
de ce qu'il a vu et entendu,
mais son témoignage
nul ne l'accepte.

33. Accepter son témoignage
c'est reconnaître et signer
que Dieu est vrai.

34. Celui que Dieu a envoyé
annonce la Parole de Dieu,
sans mesure,
Il lui donne du Souffle[1].

35. Le Père aime le Fils
il a tout remis entre ses mains.

1. Pneuma (G) — spiritus (L) — ruah (H) = souffle, traduction habituelle : Esprit.

36. Qui croit au Fils
a la vie éternelle,
Celui qui n'adhère pas
à la vérité qui est en Lui
ne deviendra pas vivant,
il est dans la colère de Dieu.

IV

1. Quand Ieschoua apprit que les
Pérouschim avaient entendu dire
qu'Il faisait plus de disciples
et en baptisait plus que Iohanân

2. (en réalité, ce n'était pas Ieschoua
qui baptisait mais ses disciples),

3. Il quitta la Judée
et retourna en Galilée.

4. Il lui fallait traverser la Samarie.

5. Il arrive dans une ville de Samarie
appelée Soukhar
près de la terre jadis donnée
par Iaaqôb à son fils Iosseph

6. Là se trouve le puits de Iaaqôb.
Ieschoua fatigué par la route
s'assied au bord du puits,
c'est environ la sixième heure[1].

1. Midi.

7. Une femme de Samarie vient
pour puiser de l'eau.
Jésus lui dit :
Donne-moi à boire.

8. (Ses disciples sont allés à
la ville pour y acheter des provisions.)

9. La Samaritaine lui dit :
Comment ! toi qui est Iehoudim
tu me demandes à boire, à moi,
une Samaritaine ?
(Les Iehoudim, en effet, n'ont pas de
relations avec les Shomronim[1].)

10. Ieschoua lui dit :
Si tu savais le Don de Dieu
et qui est Celui qui te dit :
« donne-moi à boire »,
c'est toi qui l'en aurais prié
et il t'aurait donné de l'Eau Vive.

11. La femme lui répond :
Seigneur, tu n'as rien pour puiser
et le puits est profond,
d'où la tires-tu donc cette eau vive ?

12. Es-tu plus grand
que notre père Iaaqôb
qui nous a donné ce puits ?
Il s'y est abreuvé, lui, ses fils
et ses bêtes.

13. Ieschoua lui dit :
Qui boit de cette eau
aura soif à nouveau.

1. Shomronim : Samaritain.

14. Celui qui boira l'eau
que je lui donnerai
n'aura plus jamais soif,
l'eau que je lui donnerai
deviendra en lui une source,
jaillissement de vie éternelle.

15. La femme lui dit :
Seigneur, donne-moi de cette eau
que je n'aie plus jamais soif
et que je ne vienne plus ici
pour puiser.

16. Ieschoua lui dit :
Va chercher ton mari
et reviens ici.

17. Je n'ai pas de mari
répondit la femme.
Ieschoua lui dit :
Tu as raison de dire
« je n'ai pas de mari ».

18. Tu en as eu cinq
et celui qui est avec toi
n'est pas ton mari.

19. La femme lui dit :
Seigneur, je sais que tu es un voyant [1].

20. Nos pères ont adoré sur cette montagne
et vous, vous dites
c'est à Ieroushalaïm que l'on doit adorer.

21. Ieschoua lui dit :
Femme, crois-moi,
l'heure vient où ce n'est ni sur cette montagne
ni à Ieroushalaïm que vous adorerez le Père.

1. Nabi (H) — prophète (G) — Voyant = « prophète inspiré », « celui qui voit la réalité » (passé-présent-avenir).

22. Vous, vous adorez
ce que vous ne connaissez pas,
nous, nous adorons ce que nous connaissons
car le salut vient par les juifs.

23. L'heure vient,
nous y sommes
où les vrais adorateurs
adoreront le Père
dans l'Esprit et la Vérité[1].
Ce sont là,
les adorateurs tels que les veut
le Père.

24. Dieu est esprit[2]
et dans l'Esprit et la Vérité,
on doit adorer.

25. La femme lui dit :
je sais que le Messie
quand il viendra
nous expliquera tout.

26. Ieschoua lui dit :
Moi qui te parle — Je Suis *

27. Ses disciples arrivent,
ils sont surpris de le voir parler
à une femme,
cependant, pas un ne dit :
Que lui veux-tu ?
ou pourquoi lui parles-tu ?

28. La femme laisse là sa cruche,
court à la ville
et dit aux gens :

1. En pneumati kai aletheia.
2. Pneuma o théos : littéralement = « Dieu est Souffle ».
* Les astérisques signalent l'expression : Je suis : Ego eimi (G) — ani hou (H) — « moi-lui » = « je suis ». (Voir p. 307.)

29. Venez voir un homme qui m'a dit
tout ce que j'ai fait,
n'est-ce pas le Messie ?

30. Ils sortent de la ville
et viennent vers Lui.

31. Entre-temps les disciples
le pressaient en disant :
Rabbi, mange !

32. Il leur dit :
J'ai à manger une nourriture
que vous ne connaissez pas.

33. Les disciples se demandaient
entre eux :
« Quelqu'un lui aurait-il apporté
à manger ? »

34. Ieschoua leur dit :
Ma nourriture c'est de faire
la volonté de Celui qui m'envoie
et d'accomplir son œuvre.

35. Ne dites-vous pas
encore quatre mois
et voici la moisson ?
je vous le dis :
Levez les yeux et voyez
les champs sont mûrs
pour la moisson.

36. Déjà le moissonneur reçoit son salaire,
il amasse du grain pour la vie éternelle.
Celui qui sème se réjouit
en même temps que celui qui moissonne.

37. Elle est vraie la Parole :
l'un sème,
l'autre moissonne.

38. Je vous envoie moissonner
là où vous n'avez pas peiné
d'autres ont peiné
et vous, vous héritez du fruit de leurs peines.

39. Beaucoup de Shomronim
de cette ville
crurent en Lui à cause
de la parole de la femme :
« Il m'a dit tout ce que j'ai fait. »

41. Arrivés près de Lui,
ils le prièrent de rester avec eux,
il y demeura deux jours.

41. Nombreux furent ceux
qui crurent en Lui
à cause de sa parole.

42. Ils disaient à la femme :
Ce n'est plus sur tes dires
que nous croyons,
nous l'avons nous-mêmes entendu
nous savons vraiment que c'est Lui qui Est
le Sauveur du monde.

43. Les deux jours écoulés
Ieschoua parti de là pour la Galilée.

44. Il avait dit qu'un prophète
n'est pas honoré dans
son propre pays.

45. Les Galiléens lui firent
bon accueil
ils avaient vu

tout ce qu'il avait fait à Iesrouschalaïm
lors de la fête
car eux aussi étaient allés à la fête.

46. Il retourna à Qanah
en Galilée, là où il avait
changé l'eau en vin.
Il y avait à Kephar-nahoum
un fonctionnaire royal[1]
dont le fils était malade.

47. Il apprit que Ieschoua était arrivé
de Judée en Galilée.
Il vint le trouver et le pria
de descendre guérir son fils
qui allait mourir.

48. Ieschoua lui dit :
Si vous ne voyez des miracles et des
prodiges vous ne croirez pas !

49. Seigneur répondit le fonctionnaire
descends avant que ne meure
mon petit enfant.

50. Ieschoua lui dit :
Va
ton fils est vivant.
L'homme crut à la parole
que Ieschoua lui disait
et se mit en route.

51. Il descendait déjà la côte
quand ses serviteurs venus
à sa rencontre lui dirent :
Ton fils est vivant !

1. Du roi Hérode Antipas.

52. Il leur demanda à quelle heure
il s'était trouvé mieux :
Hier à la septième heure
la fièvre l'a quitté.

53. Le père reconnut que
c'était l'heure même où
Ieschoua lui avait dit :
« Ton fils est vivant. »
il crut, lui et tous les siens.

54. C'était le deuxième signe
que fit Ieschoua lors
de son passage de Judée
en Galilée.

V

1. Il y eut une fête pour les Iehoudim
Ieschoua monta à Ieroushalaïm.

2. Il y avait à Ieroushalaïm
près de la porte du petit bétail
une piscine appelée
Beit-Zathah[1] ayant cinq portiques.

3. Sous ces portiques
étaient couchés une foule
d'infirmes, boiteux, paralysés
qui attendaient le bouillonnement de l'eau.

4. L'ange de YHWH se manifestait
dans la piscine,
lorsque les eaux s'agitaient
le premier qui y entrait
était guéri
quel que soit son mal.

5. Il y avait là un homme qui
depuis trente-huit ans était infirme.

1. Ou Beit-Hasda, « Maison de la grâce », Chouraqui, *op. cit.*

6. Ieschoua le voyant étendu
et sachant qu'il était là depuis longtemps
lui dit :
Veux-tu être guéri ?

7. Seigneur, lui répondit l'infirme,
je n'ai personne pour me plonger dans
la piscine lorsque les eaux s'agitent
et le temps que j'y aille
un autre descend avant moi.

8. Ieschoua lui dit :
Lève-toi, prends ton grabat
et marche !

9. A l'instant l'homme fut guéri
il prit son grabat...
Il marchait
c'était un jour de Shabbat.

10. Les Juifs dirent à celui qui venait
d'être guéri :
C'est Shabbat
il n'est pas permis
de porter un grabat.

11. Il leur répondit :
Celui qui m'a guéri m'a dit :
« Prends ton grabat et marche. »

12. Ils lui demandèrent :
Qui est l'homme qui t'a dit :
« Prends ton grabat et marche » ?

13. L'infirme l'ignorait
car Ieschoua avait disparu
la foule se pressait
à cet endroit.

14. Plus tard Ieschoua
le rencontre dans l'enceinte
du Temple et lui dit :
Tu es guéri
ne pèche plus désormais
il t'arriverait pire.

15. L'homme partit annoncer
aux Iehoudim que c'était Ieschoua
qui l'avait guéri.

16. Ils poursuivaient Ieschoua
parce qu'il avait fait cela
un jour de Shabbat.

17. Il leur répondit :
Mon Père est toujours à l'œuvre
et moi je suis toujours à l'œuvre.

18. Ce fut pour les Iehoudim
une raison de plus
de vouloir le tuer.
Non seulement Il violait le Shabbat
il appelait encore Dieu son propre Père
se faisant ainsi l'égal de Dieu.

19. Ieschoua disait :
Amén, amén je vous le dis
le Fils ne peut rien faire de lui-même
sinon ce qu'il voit faire au Père
ce que fait celui-ci
le Fils le fait pareillement.

20. Le Père aime le Fils
Il lui montre tout ce qu'il fait
Il lui montrera des œuvres
plus grandes encore que celles-ci :
vous serez émerveillés.

21. Comme le Père relève les morts
et leur rend la vie
ainsi le Fils donne la vie
à qui Il veut.

22. Le Père ne juge personne,
le jugement appartient au Fils.

23. Afin que tous honorent le Fils
comme ils honorent le Père.
Qui n'honore pas le Fils
n'honore pas le Père qui l'a envoyé.

24. Amén, amén je vous le dis
celui qui écoute ma parole
et croit en Celui qui m'a envoyé :
il a la vie éternelle
il n'est plus soumis au jugement
il est passé de la mort à la vie.

25. Amén, amén je vous le dis
l'heure vient, nous y sommes,
où les morts entendront
la voix du Fils de Dieu
et ceux qui l'écoutent vivront.

26. Le Père est Maître de la vie
le Fils l'est aussi.

27. Parce qu'Il est le Fils de l'Homme
il en est le juge.

28. Ne vous laissez pas surprendre
l'heure vient
où tous ceux qui sont dans la tombe
écouteront Sa voix.

29. Ceux qui ont fait le bien
en sortiront pour la Vie
ceux qui ont fait le mal
en sortiront pour le jugement.

30. Je ne peux rien faire de moi-même
je juge d'après ce que j'écoute
mon jugement est juste
ce n'est pas ma volonté que je cherche
mais la volonté de Celui qui m'a envoyé.

31. Si je me rends témoignage à moi-même
mon témoignage ne vaut pas.

31. Un autre témoigne en ma faveur
je sais que son témoignage est vrai.

33. Vous êtes allés trouver Iohanân
il a rendu témoignage à la Vérité.

34. Moi je ne dépends pas
du témoignage d'un homme
je vous dis cela pour votre salut.

35. Iohanân était la lampe qui brûle et qui luit
et vous vous êtes réjouis un instant
de sa lumière...

36. Pour témoin
j'ai plus grand que Iohanân :
ce que le Père m'a donné d'accomplir,
ce que je fais,
cela rend témoignage
que le Père m'a envoyé.

37. Le Père qui m'a envoyé
Lui est mon témoin
vous n'entendez pas Sa voix
vous ne voyez pas Son visage.

38. Son Logos
ne demeure pas en vous
puisque vous n'adhérez pas
à Celui qu'Il a envoyé.

39. Vous scrutez les Écritures
dans lesquelles vous pensez trouver
la Vie Éternelle,
elles aussi me rendent témoignage.

40. Et vous ne voulez pas venir à moi
pour connaître la Vie.

41. Ma Gloire, je ne la tiens pas des hommes,

42. Je vous connais
l'Amour de Dieu
n'entre pas en vous.

43. Je viens au Nom de mon Père
Et vous ne me recevez pas,
qu'un autre vienne en son propre nom
vous le recevez.

44. Comment pourriez-vous croire,
vous tirez les uns des autres
votre assurance,
de l'Assurance qui vient du Dieu Unique
vous n'avez nul souci.

45. Ne pensez pas que je me ferai
votre accusateur devant le Père
votre accusateur sera Moshé
en qui vous avez mis votre confiance.

46. Si vous étiez certain de ce que dit Moshé
vous croiriez en moi
car c'est à mon sujet qu'il a écrit.

47. Mais si vous en croyez pas ses paroles
vous ne pouvez adhérer à ce que je dis.

VI

1. Après cela,
Ieschoua partit de Tibérias,
de l'autre côté de la mer de Galilée

2. Une grande foule le suivait
voyant les miracles qu'il faisait
pour les malades.

3. Ieschoua gravit la montagne
et s'assied avec ses disciples.

4. Ils étaient proches les jours de Pessah
la fête des Iehoudim.

5. Levant les yeux Ieschoua
vit qu'une grande foule
venait à lui.
Il dit à Philippos :
Où achèterons-nous du pain pour faire manger
ces gens ?

6. Il disait cela pour l'éprouver
sachant ce qu'il allait faire.

7. Philippos lui répondit :
Deux cents deniers[1] de pain
ne suffiraient même pas pour
que chacun en ait un petit morceau.

8. Un de ses disciples, Andreas,
frère de Shimôn Petros lui dit :

9. Il y a un garçon ici
qui a cinq pains d'orge et deux poissons
mais qu'est-ce que cela
pour un si grand nombre ?

10. Ieschoua leur dit :
Faites-les asseoir
Il y avait beaucoup d'herbe à cet endroit
assis, ils étaient environ cinq mille.

11. Ieschoua prit les pains,
dit la bénédiction
leur en donna ainsi que des poissons
autant qu'ils voulaient.

12. Lorsqu'ils furent rassasiés
Il dit à ses disciples :
Ramassez les morceaux qui restent
afin que rien ne se perde.

13. Ils les ramassèrent et remplirent
douze corbeilles avec les morceaux
qui restaient des cinq pains d'orge.

14. A la vue du miracle
qu'il venait de faire
on disait :
C'est vraiment Lui
le prophète
qui doit venir dans le monde.

1. Denier = le salaire moyen d'une journée de travail.

15. Ieschoua se rendit compte
qu'ils allaient venir le prendre
pour l'établir roi.
De nouveau il s'enfuit vers la montagne,
seul.

16. Le soir venu, ses disciples descendirent
à la mer.

17. Montés dans la barque
ils se dirigèrent vers Kephar-nahoum
sur l'autre rive.
Il faisait nuit,
Ieschoua ne les avait pas encore rejoints.

18. Le vent soufflait avec force
la mer se soulevait,

19. Ils avaient ramé environ vingt-cinq ou
trente stades[1] quand ils virent Ieschoua
marchant sur la mer
s'approcher de la barque,
ils eurent peur.

20. Il leur dit :
Je Suis * — n'ayez pas peur.

21. Ils voulaient le prendre dans la barque
mais la barque aussitôt toucha terre,
au lieu où ils se rendaient.

22. Le lendemain, la foule
restée sur l'autre rive vit qu'il n'y avait là
qu'une seule barque et
que Jésus n'y était pas monté
avec ses disciples.

1. 25 stades = environ 5 km.

23. Cependant les barques étaient
arrivées de Tibérias
près de l'endroit où l'on avait mangé le pain

24. Quand la foule s'aperçut que
ni Ieschoua
ni ses disciples n'étaient là
ils montèrent dans les barques
et passèrent à Kephar-nahoum
à la recherche de Ieschoua.

25. L'ayant trouvé sur l'autre rive
ils lui dirent :
Rabbi, quand es-tu arrivé ici ?

26. Ieschoua leur répondit :
amén, amén je vous le dis
vous me cherchez
non parce que vous avez vu des signes
mais parce que vous avez mangé du pain
et que vous avez été rassasiés.

27. Travaillez
non pour la nourriture périssable
mais pour la nourriture qui nourrit
en vous la Vie Éternelle
celle que vous donne le Fils de l'Homme
lui que le Père a marqué de son sceau.

28. Ils lui dirent :
Que faut-il faire pour travailler
aux œuvres de Dieu ?

29. Ieschoua répondit :
Adhérez à Celui qu'Il a envoyé
voilà le travail que Dieu vous demande.

30. Ils lui dirent :
Quel signe vas-tu nous faire voir
pour que nous te croyions ?
Quelle œuvre vas-tu accomplir ?

31. Nos pères ont mangé la manne au désert
selon le mot de l'Écriture :
« Il leur a donné du pain venu du ciel. »

32. Ieschoua répondit :
Amén, amén, je vous le dis
ce n'est pas Moshé
qui vous a donné le pain du ciel
c'est mon Père qui vous donne le pain du ciel,
le Vrai.

33. Le pain d'Élohim
c'est celui qui descend du ciel
et donne la vie au monde

34. Ils lui dirent :
Seigneur, donne-nous toujours de ce pain.

35. Ieschoua répondit :
Je Suis * le Pain de vie,
qui vient à moi
n'aura jamais faim,
celui qui est sûr de la Vérité
qui est en Moi
n'aura jamais soif.

36. Mais je vous l'ai dit :
Vous me voyez et vous ne croyez pas.

37. Ceux que me donne le Père
viendront à moi
et celui qui croit en Moi
je ne le jetterai pas dehors.

38. Je suis descendu du ciel
non pour faire ma volonté
mais la volonté de Celui qui m'a envoyé.

39. La volonté de Celui qui m'a envoyé
c'est que je ne perde rien
de ce qu'il m'a donné
mais que je le ressuscite
au Jour à venir[1].

40. C'est la volonté de mon Père :
quiconque voit le Fils et adhère à Lui
a la Vie Éternelle.

41. Les Iehoudim murmuraient à son sujet
parce qu'il avait dit :
« Je Suis * — le Pain descendu du ciel. »

42. Ils disaient
N'est-ce pas Ieschoua le fils de Iosseph
nous connaissons sa mère
et son père
comment peut-il dire :
« Je suis descendu du ciel. »

43. Ieschoua répondit :
Ne murmurez pas entre vous.

44. Nul ne peut venir à Moi
si le Père qui m'a envoyé ne l'attire
Moi, je le ressusciterai au Jour à venir[2].

45. Il est écrit dans les prophètes :
« ils seront tous enseignés par Dieu ».
Quiconque entend l'enseignement du Père
et s'en instruit
vient à Moi.

1. « En té eschate hémera. »
2. Voir note 1.

46. Personne n'a vu le Père
sinon celui qui vient de Dieu
lui a vu le Père.

47. Amén, amén, je vous le dis :
celui qui croit
a la Vie éternelle.

48. Je suis * le Pain de vie.

49. Vos pères ont mangé la manne au désert :
ils sont morts.

50. Voici le Pain descendu du ciel :
si quelqu'un mange de ce Pain
il ne mourra jamais.

51. Je suis le Pain vivant
descendu du ciel,
si quelqu'un mange de ce Pain
il vivra éternellement,
le Pain que je donnerai,
c'est ma chair
pour la Vie du monde.

52. Les Iehoudim discutaient entre eux :
Comment cet homme peut-il nous donner
sa chair à manger ?

53. Ieschoua leur dit :
Amén, amén je vous le dis
si vous ne mangez la chair du Fils de l'Homme
si vous ne buvez son sang [1]
vous n'aurez pas la Vie en vous.

1. Chair/sang — basar/vadam : hébraïsme désignant l'homme entier.

54. Qui mange ma chair
et boit mon sang
a la vie éternelle
je le ressusciterai au Jour à venir.

55. Ma chair est vraiment une nourriture
mon sang est vraiment une boisson.

56. Qui mange ma chair
et boit mon sang
demeure en moi
et Moi en lui.

57. De même que je suis vivant,
par le Père qui est la Vie
celui qui se nourrit de Moi
vivra par Moi.

58. Voici le Pain descendu du ciel
il n'est pas comme celui qu'ont mangé
vos pères :
ils sont morts,
qui mangera ce Pain vivra éternellement.

59. Il donna cet enseignement
à Kephar-nahoum
dans la synagogue.

60. Après l'avoir entendu
beaucoup de ses disciples se récrièrent :
Cette Parole est dure — qui peut l'écouter ?

61. Sachant en lui-même que ses disciples
murmuraient à ce sujet
Ieschoua leur dit :
Cela vous scandalise ?

62. Et quand vous verrez le Fils de l'Homme
monter là où il était à l'Origine ?

63. C'est le Pneuma qui vivifie,
la chair ne connaît rien.
Les paroles que je vous dis
sont le Souffle et la Vie.

64. Mais il en est parmi vous
qui n'y adhèrent pas.
Ieschoua savait dès le commencement
qui étaient ceux qui ne croyaient pas
et celui qui devait le livrer.

65. Il dit :
Voilà pourquoi je vous ai dit que nul
ne peut venir à Moi
si cela ne lui a pas été donné par le Père.

66. Dès lors, de nombreux disciples
s'en retournaient,
ils ne marchaient plus avec Lui.

67. Ieschoua dit aux douze :
Vous aussi, vous voulez partir ?

68. Shimôn Petros lui répondit :
Maître, à qui irions-nous ?
Tu as les paroles de la Vie Éternelle.

69. Nous croyons, nous, et nous savons
que tu es le Saint de Dieu.

70. Ieschoua répondit :
N'est-ce pas moi qui vous ai choisis,
vous les douze ?
pourtant l'un de vous est un démon [1].

1. Ha-shatan (H) — diabolos (G) — diabolus (L) — diable, démon (F) — littéralement : diviseur — accusateur — adversaire — ennemi.

71. Il parlait de Iehouda
fils de Shimôn Isch Qériot[1].

1. Isch Qériot : « l'homme de Qériot ».

VII

1. Après cela Ieschoua parcourut la Galilée
Il ne pouvait circuler en Judée :
les Iehoudim voulaient le tuer.

2. Soukot[1], la fête des Tentes, approchait
ses frères lui dirent :

3. Lève-toi et va t'en d'ici
pars en Judée
que tes disciples voient tes œuvres.

4. On n'agit pas dans l'ombre
quand on veut se mettre en lumière,
puisque tu fais de belles œuvres
manifeste-toi au monde.

5. Même ses frères n'étaient pas certains
de la vérité qui était en Lui.

6. Ieschoua leur dit :
Mon heure[2] n'est pas encore venue
pour vous le moment est toujours bon.

1. Soukot : fête agricole d'automne où l'on fait des actions de grâces pour la récolte (Ex. 23,16; 34,22) et en même temps fête commémorative des miracles de l'Exode. Elle annonce aussi les joies et les bénédictions de l'ère messianique (cf. Zach. 14,16-19).

2. Kairos.

7. Le monde ne peut vous haïr
mais moi il me hait
parce que j'atteste
que ses œuvres sont mauvaises.

8. Vous, montez à la fête
moi, je ne monterai pas à cette fête
mon temps n'est pas encore accompli.

9. Cela dit
il resta en Galilée.

10. Mais lorsque ses frères furent montés à la fête
il y monta lui aussi
en secret,
sans se faire voir.

11. Les Iehoudim le cherchaient à la fête
ils disaient :
Où est-il ?

12. Les murmures à son sujet étaient nombreux
dans la foule
les uns disaient :
C'est un homme de bien.
Les autres :
Il trompe le peuple.

13. Mais nul ne parlait de lui librement
par crainte des Iehoudim.

14. Au milieu de la fête
Ieschoua monta au Temple
là Il enseignait.

15. Les Iehoudim s'étonnaient
ils disaient :
Comment peut-il connaître tout cela
lui qui n'a pas fait d'études ?

16. Ieschoua leur répondit :
Mon enseignement n'est pas de moi
mais de Celui qui m'a envoyé.

17. Si quelqu'un fait Sa volonté,
il vérifiera si mon enseignement vient de Dieu
ou si je parle de moi-même.

18. Celui qui parle de lui-même
cherche sa propre gloire,
celui qui cherche la gloire
de Celui qui l'a envoyé
celui-là est véridique
il n'y a pas d'injustice en lui.

19. Moshé ne vous a-t-il pas donné la Thora ?
Mais nul ne la met en pratique !
Pourquoi cherchez-vous à me tuer ?

20. La foule répondit :
Un démon te possède
qui cherche à te tuer ?

21. Ieschoua dit :
Pour une seule œuvre que j'ai faite
vous voilà tous étonnés.

22. Moshé vous a donné la circoncision,
non qu'elle vienne de Moshé
mais des patriarches
et vous la pratiquez le jour du Shabbat.

23. L'homme reçoit la circoncision
un jour de Shabbat pour que
la loi de Moshé ne soit pas détruite,
et vous vous mettez en colère contre moi
parce que j'ai guéri un homme
le jour du Shabbat ?

24. Ne jugez pas sur l'apparence
jugez avec justice.

25. Les habitants de Ieroushalaïm disaient :
N'est-ce pas lui qu'ils veulent tuer ?

26. Il parle ouvertement,
on le laisse faire,
l'auraient-ils reconnus comme le Messie ?

27. Nous savons pourtant d'où il est,
le Messie, lui, quand il viendra,
nul ne connaîtra d'où il vient.

28. Ieschoua enseignait alors dans le temple
il s'écria :
Vous savez qui Je Suis *.
Vous savez d'où Je Suis *.
je ne viens pas de moi-même
celui qui m'envoie est véridique,
vous ne Le connaissez pas.

29. Moi je le connais
parce que d'auprès de Lui, Je Suis *.
Il m'a envoyé.

30. Ils voulaient alors l'arrêter
mais personne ne mit la main sur lui,
son heure n'était pas encore venue.

31. Dans la foule beaucoup crurent en Lui ;
le Messie quand il viendra,
fera-t-il plus de signes
que n'en fait cet homme ?

32. Les Pérouschim apprirent qu'on chuchotait
ainsi dans la foule à son sujet
ils envoyèrent des gardes pour l'arrêter.

33. Ieschoua dit alors :
je suis avec vous
pour peu de temps encore
je m'en vais vers Celui qui m'a envoyé.

34. Vous me chercherez,
vous ne me trouverez pas,
là où Je Suis *,
vous ne pouvez venir.

35. Les Iehoudim se disaient entre eux :
où peut-il aller
là où nous ne pouvons le trouver ?
Va-t-il rejoindre ceux qui sont
dispersés parmi les Grecs ?
Va-t-il enseigner les Grecs ?

36. Que veut dire cette parole :
« vous me chercherez,
vous ne me trouverez pas,
là où Je Suis
vous ne pouvez venir » ?

37. Le dernier jour de la fête
le grand jour,
Ieschoua était debout
il dit à pleine voix :
Si quelqu'un a soif
qu'il vienne à moi
et qu'il boive.

38. Celui qui croit en moi
selon le mot de l'Écriture
de son sein jailliront des eaux vives.

39. Il disait cela du Souffle
que devaient recevoir ceux
qui croient en Lui

il n'y avait pas encore de Pneuma manifesté
Ieschoua n'ayant pas été glorifié.

40. Dans la foule entendant ces paroles
certains disaient :
C'est vraiment Lui le prophète

41. D'autres répondaient :
Le Messie peut-il venir de Galilée,
l'Écriture ne dit-elle pas
que c'est de la descendance de David
et du bourg de Beit-lehem
que le Messie doit venir ?

42. La foule était divisée à son sujet.

43. On voulait l'arrêter
mais nul ne porta la main sur Lui.

44. Les gardes revinrent trouver les grands prêtres
et les Pérouschim
ceux-ci leur dirent :
Pourquoi ne l'avez-vous pas amené ?

45. Les gardes répondirent :
Jamais homme n'a parlé comme cet homme.

46. Les Pérouschim leur répliquèrent :
Ainsi vous vous êtes laissé prendre vous aussi.

47. Y a-t-il un seul notable ou un seul Pérouschim
qui croie en Lui ?

48. Ce peuple qui ne connaît rien à la Thora !
maudits !

49. Naqdimôn l'un d'entre eux
celui qui était venu précédemment vers Ieschoua
leur dit :

50. Notre loi condamne-t-elle un homme
sans qu'on l'entende et sans savoir
ce qu'il a fait ?

51. Ils lui répondirent :
Serais tu galiléen toi aussi.
Étudie ! (scrute les écritures)
tu verras que de la Galilée
il ne naît pas de prophète.

52. Et chacun retourna chez soi.

VIII

1. Ieschoua se retira au mont des Oliviers.

2. Mais dès l'aube, il était de nouveau
dans l'enceinte du Temple,
Tout le peuple venait à Lui,
assis, il les enseignait.

3. Les Sophérim[1] et les Pérouschim
lui amenèrent alors une femme surprise
en flagrant délit d'adultère,
Ils la mettent debout, bien en vue,
et disent à Ieschoua :

4. Rabbi, cette femme a été surprise
en flagrant délit d'adultère,

5. Dans la Thora, Moshé nous a prescrit
de lapider ces femmes-là,
Toi, qu'en dis-tu ?

6. Ils lui disaient cela
pour le mettre à l'épreuve,
et afin de pouvoir l'accuser.
Ieschoua se baissant
se mit à écrire avec son doigt sur la terre.

1. Sophérim (H) — grammatos (G) — scribae (L) = scribes lettrés — connaisseurs de l'Écriture, théologiens.

7. Comme ils insistaient
Il se redressa et leur dit :
Que celui qui est sans péché
lui jette la première pierre.

8. Se baissant de nouveau
il se remit à écrire sur le sol.

9. A ces mots, ils se retirèrent un à un
en commençant par les plus vieux,
Ieschoua resta seul avec la femme.

10. Se redressant Il lui dit :
Femme, où sont-ils ?
Personne ne t'a condamnée ?

11. Personne, Seigneur.
Ieschoua lui dit :
Moi non plus, je ne te condamne pas
Va, désormais ne pèche plus.

12. Ieschoua leur adressa de nouveau
la Parole et leur dit :
Je Suis * la lumière du monde
qui marche avec Moi
ne sera pas dans les ténèbres
mais dans la lumière de la Vie.

13. Les Pérouschim lui dirent :
Tu te rends témoignage à toi-même,
ton témoignage ne vaut pas.

14. Ieschoua leur répondit :
Oui, je me rends témoignage à moi-même
mon témoignage est vrai
parce que je sais d'où je viens et où je vais
vous, vous ne savez ni d'où je viens ni où je vais.

15. Vous jugez d'après les apparences,
moi, je ne juge personne.

16. S'il m'arrive de juger,
mon jugement est vrai,
parce que je ne suis pas seul,
je suis avec Celui qui m'a envoyé.

17. Il est écrit dans la Thora
que le Témoignage de deux personnes
est valable.

18. Je me rends témoignage à moi-même,
mais pour moi témoigne aussi
le Père qui m'a envoyé.

19. Ils lui dirent alors :
Où est ton Père ?
Ieschoua répondit :
Vous ne connaissez ni moi
ni mon Père,
Si vous me connaissiez,
vous connaîtriez aussi mon Père.

20. Il dit cela près de la salle
du trésor dans le Temple.
Personne ne l'arrêta,
son heure n'était pas encore venue.

21. Ieschoua leur dit encore :
Je m'en vais,
vous me chercherez,
vous mourrez dans votre égarement,
là où je vais,
vous ne pouvez venir.

22. Les Iehoudim se disaient :
Va-t-il se tuer pour parler ainsi :
« là où je vais
vous ne pouvez venir » ?

23. Il leur dit :
Je suis d'en Haut,
vous êtes d'en bas,
vous êtes de ce monde,
je ne suis pas de ce monde.

24. Je vous l'ai dit,
vous mourrez dans votre égarement
oui, si vous ne croyez pas que « Je Suis * »
vous mourrez dans vos péchés.

25. Ils lui dirent alors : Qui es-tu ?
Ieschoua leur répondit :
Je Suis * ce que je vous dis.

26. J'aurai beaucoup de choses
à dire à votre sujet,
et à juger,
Celui qui m'a envoyé est vrai,
ce que j'entends de Lui,
je le dis au monde.

27. Ils ne comprirent pas qu'Il
leur parlait du Père.

28. Ieschoua leur dit :
Quand vous aurez élevé le Fils de l'Homme
alors vous connaîtrez que Je Suis *
et que par moi-même je ne fais rien.
Ce que le Père m'enseigne
je le dis.

29. Celui qui m'a envoyé :
Il est avec moi,
Il ne me laisse pas seul,
ce qui Lui plaît,
je le fais.

30. Comme il disait cela
beaucoup furent certains
de la vérité qui était en Lui.

31. Ieschoua dit alors aux Iehoudim
qui l'avaient cru :
Si vous demeurez dans ma parole
vous serez mes disciples.

32. Vous connaîtrez la Vérité,
la Vérité vous rendra libres.

33. Ils lui répondirent :
Nous sommes la race d'Abraham
nous n'avons jamais été esclaves
comment peux-tu dire :
« vous deviendrez libres » ?

34. Ieschoua leur répondit :
Amén, amén, je vous le dis
tout homme qui commet le péché
en est l'esclave.

35. L'esclave ne demeure pas dans la maison,
le Fils y demeure toujours.

36. Si le Fils vous affranchit,
vous serez réellement libres.

37. Je sais que vous êtes la race d'Abraham,
pourtant vous voulez me tuer
parce que ma parole ne demeure pas en vous.

38. Je dis ce que j'ai vu chez mon Père
vous faites ce que vous avez entendu
auprès de votre père.

39. Ils répondirent :
Notre père c'est Abraham.

Ieschoua leur dit :
Si vous étiez les enfants d'Abraham
vous feriez les œuvres d'Abraham ;

40. Or vous voulez me tuer,
moi qui vous dis la Vérité
que j'ai entendue de Dieu,
cela Abraham ne l'a pas fait.

41. Vous, vous faites les œuvres de votre père.
Ils lui dirent :
Nous ne sommes pas nés de la prostitution
nous avons qu'un seul Père : Dieu.

42. Ieschoua leur dit :
Si Dieu était votre Père
vous m'aimeriez
c'est de Dieu que je suis issu et que je viens
je ne suis pas venu de moi-même
c'est Lui qui m'a envoyé.

43. Pourquoi ne comprenez-vous pas mon langage ?
vous êtes sourds à ma Parole,

44. Vous avez pour père le diable
et ce sont les désirs de votre père
que vous voulez accomplir.
Dès l'origine, ce fut un homicide
il ne se tenait pas dans la Vérité
il n'y a pas de Vérité en lui
quand il dit ses mensonges
il les tire de son propre fond,
parce qu'il est menteur,
le père du mensonge.

45. Moi, c'est parce que je dis la Vérité
que vous ne me croyez pas.

46. Qui d'entre vous peut me convaincre
d'égarement ?
Si je dis la Vérité
pourquoi ne croyez-vous pas ce que je dis ?

47. Qui est de Dieu
entend les paroles de Dieu.
Si vous n'entendez pas
c'est que vous n'êtes pas de Dieu.

48. Les Iehoudim lui répliquèrent :
N'avons-nous pas raison de dire
que tu es un Samaritain
et qu'un esprit mauvais te possède ?

49. Ieschoua répondit :
Je ne suis pas un possédé
j'honore mon Père,
et vous, vous cherchez à me déshonorer.

50. Je ne cherche pas ma gloire,
quelqu'un s'en occupe et juge.

51. Amén, amén, je vous le dis
si quelqu'un garde ma parole
il ne verra jamais la mort.

52. Les Iehoudim lui dirent :
Cette fois, nous savons que tu
es possédé par un esprit malin :
Abraham est mort,
les prophètes sont morts
et toi, tu dis :
« Si quelqu'un garde ma parole
il ne connaîtra pas la mort. »

53. Es-tu plus grand qu'Abraham notre
père qui est mort ? ou que les prophètes,
eux aussi sont morts
pour qui te prends-tu ?

54. Ieschoua répondit :
Si je me glorifiais moi-même
ma gloire ne serait rien ;
c'est mon Père qui me glorifie
lui dont vous dites : « Il est notre Dieu. »

55. Pourtant vous ne le connaissez pas
moi, je Le connais
si je disais : « je ne le connais pas »,
je serais comme vous, un menteur.
Mais je Le connais
et je garde sa Parole.

56. Abraham votre père
a exulté à la vision de mon Jour,
il a vu, il s'est réjoui.

57. Les Iehoudim lui dirent :
Tu n'as pas cinquante ans
et tu as vu Abraham !

58. Ieschoua leur répondit :
Amén, amén je vous le dis :
avant qu'Abraham fût
Je Suis *.

59. Ils ramassèrent alors des pierres pour le lapider
mais Ieschoua se déroba
il sortit du Temple.

IX

1. Passant,
il vit un homme
aveugle de naissance.

2. Ses disciples lui demandèrent :
Rabbi, qui est fautif
lui ou ses parents
pour qu'il soit né aveugle ?

3. Ieschoua répondit :
Ni lui ni ses parents,
C'est pour qu'en lui soient manifestées
les œuvres de Dieu.

4. Tant qu'il fait jour
j'ai à travailler
aux œuvres de Celui qui m'a envoyé ;
la nuit vient
où nul ne peut travailler

5. Tant que je suis dans le monde
Je Suis * la Lumière du monde.

6. Il cracha à terre,
fit de la boue avec sa salive,
puis de cette boue, il fit une onction
sur les yeux de l'aveugle.

7. Il lui dit :
Va te laver à la piscine de Schiloah
(ce qui se traduit : envoyé)
l'aveugle y est allé,
il s'est lavé,
au retour : il voyait.

8. Ses voisins et les gens habitués
à le voir mendier dirent alors :
N'est-ce pas lui qui se tenait toujours là,
le mendiant ?

9. Les uns disaient : C'est lui.
Non, disaient les autres, il lui ressemble.
Mais lui disait :
C'est bien moi.

10. Ils lui dirent alors :
Comment tes yeux se sont-ils ouverts ?

11. Il répondit :
Celui qu'on appelle Ieschoua
a fait de la boue, il m'en a enduit
les yeux et il m'a dit :
« Va te laver à Schiloah »,
j'y suis allé
je me suis lavé :
mes yeux voient.

12. Ils lui dirent :
Où est-il ?
Il répondit :
Je n'en sais rien.

13. On emmène aux Pérouschim
l'ancien aveugle.

14. Or le jour où
Ieschoua avait fait de la boue
et lui avait ouvert les yeux
était un Shabbat.

15. Les Pérouschim l'interrogèrent donc
pour savoir comment il avait
retrouvé la vue,
il leur dit :
Il m'a mis de la boue sur les yeux
je me suis lavé :
je vois.

16. Certains parmi les Pérouschim disaient :
Cet homme ne vient pas de Dieu
puisqu'il ne respecte pas le Shabbat.
D'autres disaient :
Comment un pécheur
pourrait-il accomplir de tels signes ?
Ils étaient divisés.

17. De nouveau ils s'adressèrent à l'aveugle :
Et toi, que dis-tu de lui ?
que dis-tu de celui qui t'a ouvert les yeux ?
L'homme répondit :
C'est un prophète.

18. Les Iehoudim cependant ne voulaient pas
croire que cet homme
ait été aveugle et qu'il voie
tant qu'ils n'auraient pas rencontré
ses parents.

19. Ils leur demandèrent :
Cet homme est-il bien votre fils,
dont vous dites qu'il est né aveugle ?
comment se fait-il qu'il voie maintenant ?

20. Ses parents répondirent :
Nous savons que c'est notre fils,
et qu'il est né aveugle,

21. Mais comment il voit maintenant,
nous ne le savons pas,
ni qui lui a ouvert les yeux,
il est assez grand,
il peut s'expliquer lui-même.

22. C'est par crainte des Iehoudim
que ses parents parlèrent ainsi,
ils avaient décidé d'exclure
de la synagogue quiconque
reconnaîtrait Ieschoua comme Messie.

23. C'est pour cette raison que ses parents
avaient dit : « Il est assez grand, interrogez-le. »

24. Les Iehoudim le convoquèrent une seconde fois
et lui dirent :
Rends gloire à YHWH
nous, nous savons que cet homme
est un imposteur.

25. Il répondit :
Si c'est un imposteur, je n'en sais rien,
ce que je sais :
j'étais aveugle,
maintenant je vois.

26. Ils lui dirent :
Qu'est-ce qu'il t'a fait ?
comment se sont ouverts tes yeux ?

27. Il leur répondit :
Je vous l'ai déjà dit.
Vous n'écoutez pas,

pourquoi voulez-vous
m'entendre encore une fois ?
voulez-vous devenir ses disciples ?

28. Ils l'injurièrent.
Toi, dirent-ils,
tu es le disciple de cet homme,
nous c'est de Moshé
que nous sommes les disciples.

29. L'homme leur répondit :
C'est justement cela qui est étonnant
vous ne savez pas d'où Il est
alors qu'il m'a ouvert les yeux.

31. Nous savons bien que YHWH
n'exauce pas les pécheurs,
mais si un homme est religieux
et accomplit Sa volonté,
celui-là il l'exauce.

32. Jamais on n'a entendu parler
de quelqu'un qui ouvre
les yeux d'un aveugle de naissance,

33. Si cet homme-là n'était pas de YHWH
il ne pourrait rien faire.

34. Ils lui répondirent :
Tu es né dans le péché
et tu nous fais la leçon !
ils le jettèrent dehors.

35. Ieschoua apprit qu'on l'avait chassé,
le rencontrant il lui dit :
Crois-tu au Fils de l'Homme ?

36. Il répondit :
Qui est-il Seigneur pour que je croie en Lui ?

37. Ieschoua lui dit :
Tu peux le voir,
C'est Lui qui te parle.

38. Alors il dit :
Je crois Seigneur,
et il se prosterna devant Lui.

39. Ieschoua dit alors :
C'est pour un jugement
que je suis venu dans le monde,
pour que voient ceux qui ne voient pas,
et pour que ceux qui voient soient aveuglés.

40. Les Pérouschim qui se trouvaient là
l'entendirent,
ils lui demandèrent :
Sommes-nous aveugles nous aussi ?

41. Ieschoua leur répondit :
Si vous vous reconnaissiez aveugles,
vous ne seriez pas égarés,
mais vous dites : « Nous voyons ! »
votre égarement demeure.

X

1. Amén, amén, je vous le dis,
celui qui n'entre pas par la porte
dans la bergerie
mais y pénètre par une autre voie
celui-là est un voleur et un bandit.

2. Celui qui entre par la porte
celui-là est le berger du troupeau.

3. Le portier lui ouvre,
les brebis écoutent sa voix,
il appelle chacune des brebis
par son nom et les fait sortir.

4. Quand il les a mises dehors
il marche devant elles,
les brebis le suivent,
elles connaissent sa voix.

5. Elles ne suivront pas un étranger,
elles le fuient plutôt :
elles ne connaissent pas sa voix.

6. Ieschoua leur dit cette parabole
mais ils n'en comprenaient pas
le sens.

7. Ieschoua reprit :
Amén, amén je vous le dis
Je Suis * la porte des brebis.

8. Tous ceux qui sont venus avant moi
sont des voleurs et des pillards,
mais les brebis ne les ont pas écoutés.

9. Je Suis * la porte,
qui entre par moi est sauvé,
il peut aller et venir,
il trouvera sa pâture.

10. Le voleur ne vient
que pour voler, égorger et détruire,
Moi, je viens
pour que tous aient la Vie :
la Vie en plénitude.

11. Je Suis le vrai berger[1],
le vrai berger donne sa vie pour ses brebis

12. Le berger à gages, qui n'est pas le vrai berger
et à qui n'appartiennent pas les brebis
voit-il venir le loup,
il laisse là les brebis,
il prend la fuite,
le loup les emporte et les disperse.

13. Il est berger à gages,
il n'a pas souci des brebis.

14. Je suis le vrai berger :
je connais mes brebis
mes brebis me connaissent.

1. Ego eimi o poimèn o kalos.
Kalos = beau — bon — vrai. *Cf.* « La beauté est la splendeur du vrai. »

15. Comme le Père me connaît
je connais le Père,
je donne ma vie pour mes brebis.

16. J'ai d'autres brebis encore,
qui ne sont pas de ce bercail,
celles-là aussi je dois les conduire,
elles écouteront ma voix,
elles se rassembleront en un unique troupeau :
il n'y aura qu'un seul berger.

17. Si le Père m'aime
c'est que je donne ma vie
pour la reprendre de nouveau.

18. Ma vie on ne me la prend pas,
c'est moi qui la donne.
j'ai le pouvoir de la donner,
le pouvoir de la reprendre :
C'est le commandement que j'ai
reçu de mon Père.

19. Il y eut de nouveau des divisions
parmi les Iehoudim en raison
de ces paroles.

20. Beaucoup disaient :
Il est possédé
par un démon, il délire
Pourquoi l'écouter ?

21. D'autres disaient :
Ce n'est pas là le langage
d'un possédé,
est-ce qu'un démoniaque peut ouvrir
les yeux des aveugles ?

22. On célébrait alors à Ieroushalaïm
la fête de Hanoukkah[1]
c'était l'hiver.

23. Ieschoua allait et venait
dans le Temple
sous le portique de Salomon

24. Les Iehoudim l'entourèrent
en lui disant :
Combien de temps
vas-tu nous faire languir ?
Si tu es le Messie,
dis-le-nous clairement.

25. Ieschoua leur répondit :
Je vous l'ai dit
mais vous ne me croyez pas
les œuvres que je fais
au nom de mon Père
me rendent témoignage.

26. Vous ne me croyez pas
parce que vous n'êtes pas de mes brebis.

27. Mes brebis écoutent ma voix,
je les connais :
elles me suivent.

28. Je leur donne la Vie Éternelle,
elles ne périront jamais,
nul ne les arrachera de ma main.

29. Le Père qui me les a données
est plus grand que tous

1. Hanoukkah : vers la mi-décembre. Fête de la purification par Judas Maccabée du temple profané par Antiochus Épiphane. Cette « fête des lumières » est marquée par l'allumage pendant 8 jours d'un chandelier à 8 branches.

et nul ne peut rien arracher
de la main du Père.

30. Le Père et Moi
nous sommes Un.

31. Les Iehoudim de nouveau ramassèrent
des pierres pour le lapider.

32. Ieschoua leur dit :
J'ai fait sous vos yeux
beaucoup de bonnes œuvres
pour laquelle me lapidez-vous ?

33. Ce n'est pas pour une bonne œuvre
que nous te lapidons,
c'est pour un blasphème ;
parce que toi, qui n'es qu'un homme,
tu te fais Dieu.

34. Ieschoua répondit :
N'est-il pas écrit dans la Thora :
« j'ai dit : vous êtes des dieux » ?

35. La loi appelle donc des dieux
ceux à qui s'adresse la Parole de Dieu :
on ne peut abolir l'Écriture.

36. Comment donc pouvez-vous dire
à Celui que le Père a consacré
et envoyé dans le monde :
« tu blasphèmes »
parce que j'ai dit :
« Fils de Dieu — Je Suis*. »

37. Si je ne fais pas les œuvres de mon Père
ne me croyez pas.

1. Uios tou theou eimi = Fils de Dieu — Je Suis.

38. Mais si je les accomplis,
même si vous ne me croyez pas,
adhérez à ces œuvres,
vous connaîtrez
que je suis dans le Père
et que le Père est en Moi.

39. Ils voulurent l'arrêter
mais il leur échappa.

40. Il s'en alla de nouveau
de l'autre côté du Jourdain
là ou Iohanân avait baptisé
et il y demeura.

41. Beaucoup de gens vinrent à Lui
ils disaient :
Iohanân n'a fait aucun miracle
mais tout ce qu'il a dit
de cet homme était vrai.

42. Et là beaucoup eurent foi en Lui.

XI

1. Il y avait un homme malade,
El'Azar[1] de Beit-ananiah
village de Miryam et de Martha, sa sœur.

2. C'est Miryam qui avait oint le Seigneur
avec du parfum,
puis essuyé ses pieds avec ses cheveux.
Le malade, c'était son frère El'Azar.

3. Les deux sœurs envoyèrent des messagers
dire à Ieschoua :
Seigneur, celui que tu aimes est malade.

4. Entendant cela, Ieschoua leur dit :
Cette maladie n'est pas mortelle,
elle est pour la Gloire de Dieu
afin que, par elle, le Fils de Dieu soit glorifié.

5. Ieschoua aimait Martha, sa sœur,
et El'Azar.

6. Quand il apprit que celui-ci était malade,
il resta encore deux jours à l'endroit
où il se trouvait.

1. Lazare.

7. Après cela, il dit à ses disciples :
Allons, retournons en Judée.

8. Ses disciples lui dirent :
Rabbi, les Iehoudim veulent te lapider
et tu retournes là-bas !

9. Ieschoua leur répondit :
N'y a-t-il pas douze heures dans le jour ?
Quand on marche le jour
on évite les obstacles
parce qu'on est dans la lumière.

Quand on marche le jour
on évite les obstacles
parce qu'on est dans la lumière.

11. Il leur dit cela
puis il ajouta :
El'Azar notre ami : il dort,
je vais l'éveiller.

12. Les disciples dirent :
Maître, s'il dort, il guérira !

13. Ieschoua parlait de sa mort
mais eux pensaient à un quelconque sommeil.

14. Ieschoua leur dit alors clairement :
El'Azar est mort.

15. Je me réjouis pour vous de n'avoir
pas été là, afin que vous ayez l'occasion
d'être certains de la Vérité qui est en Moi.
Allons près de lui.

16. Alors Thomas appelé le « jumeau[1] »
dit aux autres disciples :
Allons-y nous aussi, et nous mourrons avec Lui.

17. A son arrivée, Ieschoua trouva El'Azar
déjà enterré depuis quatre jours.

18. Beit-ananiah n'est pas loin de Ieroushalaïm,
environ quinze stades.

19. Beaucoup de Iehoudim étaient venus
chez Martha et Miryam
pour les consoler au sujet de leur frère.

20. Dès que Martha apprit
que Ieschoua arrivait,
elle partit à sa rencontre.
Miryam était assise à la maison.

21. Martha dit à Ieschoua :
Si tu avais été là,
mon frère ne serait pas mort.

22. Mais maintenant encore
je sais que tout ce que tu demanderas
à Dieu,
Dieu te l'accordera.

23. Ton frère ressuscitera,
lui dit Ieschoua.

24. Martha répondit :
Je sais qu'il ressuscitera à la Résurrection
au dernier Jour.

1. Jumeau : didymos — *Cf. l'Évangile de Thomas,* « Spiritualités vivantes », Albin Michel, 1986.

25. Ieschoua lui dit :
Je Suis la Résurrection et la Vie[1]
qui adhère à Moi,
fût-il mort, vivra.

26. Celui qui vit et croit en Moi
ne mourra jamais,
es-tu certaine de cette Vérité ?

27. Elle lui dit :
Oui Seigneur, je crois que tu es le Messie,
le Fils de Dieu, Celui qui devait venir
en ce monde.

28. Ayant dit cela,
elle va chercher sa sœur Miryam,
elle lui dit comme en secret :
Le Maître est là, Il t'appelle.

29. A cette nouvelle, Miryam
se lève en hâte et part vers Lui.

30. Ieschoua n'était pas encore entré
dans le village. Il se trouvait à l'endroit
où Martha l'avait rencontré.

31. Quand les Iehoudim qui étaient avec
Miryam pour la consoler la virent
se lever en hâte et sortir ;
ils la suivirent pensant qu'elle
allait au tombeau pour y pleurer.

32. Arrivée à l'endroit où était Ieschoua
elle tomba à ses pieds et lui dit :
Seigneur, si tu avais été là,
mon frère ne serait pas mort.

1. Ego eimi è anastasis kai è zoè.

33. Quand Il la vit pleurer
et pleurer aussi les Iehoudim
qui étaient avec elle
Ieschoua frémit, intérieurement
blessé.

34. Il demanda :
Où l'avez vous mis ?
Ils lui dirent :
Seigneur, viens et vois.

35. Ieschoua pleurait.

36. Les Iehoudim dirent alors :
Voyez comme il l'aimait !

37. Certains d'entre eux disaient :
Lui qui a ouvert les yeux de l'aveugle
ne pouvait-il pas
empêcher que cet homme mourût ?

38. Frémissant de nouveau en lui-même
Ieschoua se rendit au tombeau,
c'était une grotte fermée
par un bloc de pierre à l'entrée.

39. Ieschoua leur dit :
Enlevez la pierre.
Martha lui dit :
Seigneur, il sent déjà
c'est le quatrième jour.

40. Ne t'ai-je pas dit,
reprit Ieschoua,
que si tu crois,
tu verras la Gloire de Dieu ?

41. On enleva la pierre.
Ieschoua, les yeux tournés vers le ciel,
disait :
Père je te rends grâce
de m'avoir exaucé.

42. Je sais que tu m'exauces toujours
tu m'entends et me réponds,
mais c'est pour tous ces hommes
qui m'entourent
que je parle
afin qu'ils croient que tu m'as envoyé.

43. Puis, Il cria d'une voix forte :
El'Azar — viens et sors !

44. Le mort sortit,
les pieds, les mains liés de bandelettes,
le visage enveloppé d'un suaire.
Ieschoua leur dit :
Libérez-le
et laissez-le aller.

45. A la vue de ce qu'Il avait fait,
beaucoup de Iehoudim venus avec
Miryam crurent en Lui.

46. Cependant quelques-uns d'entre eux
allèrent trouver les Pérouschim
et leur racontèrent ce qu'avait fait Ieschoua.

47. Les grands prêtres et les Pérouschim
réunirent alors un synode :
Que faisons-nous ?
cet homme accomplit de nombreux signes.

48. Si nous le laissons agir ainsi
tous croiront en Lui,
les Romains viendront, ils détruiront
notre lieu saint et notre nation.

49. L'un d'eux, Caïapha,
le grand prêtre de cette année-là
leur dit :
Vous ne comprenez rien.

50. Ne croyez-vous pas qu'il est bon pour nous
qu'un seul homme meure pour le peuple
et que notre nation ne périsse pas tout entière ?

51. Il ne disait pas cela de lui-même
c'est en qualité de grand prêtre
qu'il prophétisa que Ieschoua devait
mourir pour son pays.

52. Non seulement pour ceux de sa nation,
mais aussi pour rassembler dans l'Unité
les enfants de Dieu dispersés.

53. A dater de ce jour
ils prirent la décision de le faire mourir.

54. Aussi Ieschoua ne se montrait plus
ouvertement parmi les Iehoudim,
Il se retira dans une région
proche du désert,
dans une ville nommée Éphraïm,
Il y séjourna avec ses disciples.

55. Pessah était proche
beaucoup de Iehoudim étaient montés
à Ieroushalaïm avant Pessah
pour se purifier.

56. Ils recherchaient Ieschoua
et se disaient les uns aux autres
debout dans le Temple :
Qu'en pensez-vous
viendra-t-il à la fête ?

57. Les grands prêtres et les Pérouschim
avaient donné des ordres :
Si quelqu'un sait où il est
il doit le dire,
qu'on l'arrête !

XII

1. Six jours avant la fête de Pessah
Ieschoua vint à Beit-ananiah
chez El'Azar qu'il avait relevé
d'entre les morts.

2. Là on lui offrit un repas.
Martha faisait le service,
El'Azar était l'un des convives.

3. Miryam prenant une livre[1]
d'un parfum de vrai nard,
très coûteux,
en oignit les pieds de Ieschoua
et les essuya avec ses cheveux.
La maison en était toute parfumée.

4. Iehouda, l'homme de Qériot,
l'un de ses disciples,
celui qui allait le livrer,
dit alors :

5. Pourquoi n'a-t-on pas vendu
ce parfum trois cents deniers[2]
pour le donner aux pauvres ?

1. Une livre : un peu plus de 300 gr.
2. Cette somme représente le gain moyen de 10 mois de travail.

6. Il ne disait pas cela par souci des pauvres
mais parce que c'était un voleur,
chargé de la caisse,
il dérobait ce qu'on y mettait.

7. Ieschoua leur dit :
Laisse-la tranquille
c'est pour le jour de ma sépulture
qu'elle devait garder ce parfum.

8. Des pauvres, il y en aura toujours avec vous
mais moi,
vous ne m'aurez pas toujours avec vous.

9. Ceux qui venaient de Judée
apprirent qu'Il était là,
ils venaient non seulement pour Ieschoua,
mais aussi pour El'Azar qu'Il avait
relevé d'entre les morts.

10. Les grands prêres prirent alors la décision
de tuer aussi El'Azar,

11. parce que beaucoup de Iehoudim
les quittaient à cause de lui
et croyaient en Ieschoua.

12. Le lendemain, la foule des gens
venus pour la fête
apprit que Ieschoua se rendait
à Ieroushalaïm.

13. Ils prirent des branches de palmiers
et sortirent à sa rencontre en criant :
Hosanna
Béni soit celui qui vient au Nom de
YHWH

14. Ieschoua trouvant un ânon
monta dessus
selon ce mot de l'Écriture :

15. « Sois sans crainte, fille de Sion :
voici venir ton roi
monté sur le petit d'une ânesse. »

16. Ses disciples ne comprirent pas cela
tout d'abord,
mais quand Ieschoua fut glorifié
ils se souvinrent que cela avait été
écrit de lui et que c'était bien
ce qu'on avait fait.

17. Tous ceux qui étaient avec Lui
quand il avait appelé El'Azar
hors du tombeau
et l'avait relevé d'entre les morts
en rendaient témoignage.

18. C'est aussi pour cela que la foule
venait à sa rencontre,
elle avait appris qu'Il avait fait
ce miracle.

19. Alors les Pérouschim se dirent entre eux :
Vous voyez bien que tout ce que vous faites
ne sert à rien,
tout le monde court après Lui.

20. Il y avait là quelques Grecs,
de ceux qui montaient pour adorer
durant la fête.

21. Ils abordèrent Philippos qui était de
Beit-Zathah en Galilée et lui demandèrent :
Seigneur, nous voudrions voir Ieschoua.

22. Philippos va le dire à Andreas,
Andreas et Philippos vont le dire
à Ieschoua.

23. Ieschoua leur répond :
La voici venue l'heure
où le Fils de l'Homme doit être glorifié.

24. Amén, amén, je vous le dis
si le grain de blé ne tombe en terre
et ne meurt,
il reste seul,
s'il meurt,
il porte beaucoup de fruits.

25. Qui s'attache à sa vie[1]
la perd,
qui ne s'attache pas à sa vie en ce monde
la garde pour la Vie Éternelle.

26. Si quelqu'un veut me servir,
qu'il me suive,
et là où Je Suis *
là aussi sera mon serviteur.
Si quelqu'un me sert,
mon Père le glorifiera.

27. Maintenant mon âme est troublée[2],
que dire ?
Père sauve-moi de cette heure ?
mais c'est pour vivre cette heure
que je suis venu.

28. Père glorifie ton Nom.
Une voix vint alors du ciel :
« Je l'ai glorifié
Je le glorifierai encore. »

1. Litt. : qui aime sa « psyché ».
1. Litt. : ma « psyché » est troublée.

29. La foule qui se tenait là
avait entendu
elle disait :
C'est de l'orage.
D'autres disaient :
C'est un ange qui Lui a parlé.

30. Ieschoua reprit :
Ce n'est pas pour moi
que cette voix s'est fait entendre,
mais pour vous.

31. C'est maintenant le jugement de ce monde,
c'est maintenant que le prince de ce monde
va être jeté bas.

32. Et Moi, élevé de terre,
j'attirerai tous les hommes à Moi.

33. Il indiquait par là
de quelle mort Il allait mourir.

34. La foule lui répliqua :
La Thora nous a appris
que le Messie demeurera à jamais,
comment peux-tu dire :
« il faut que le Fils de l'Homme soit élevé »,
qui est ce Fils de l'Homme ?

35. Ieschoua leur dit :
La lumière est encore avec vous,
mais pour peu de temps,
Marchez tant que vous avez la lumière
afin que les ténèbres ne vous saisissent pas.
Celui qui marche dans les ténèbres
ne sait où il va.

36. Tant que vous avez la lumière,
adhérez à la lumière,
vous deviendrez Fils de Lumière.
Ieschoua leur dit ces paroles
puis il s'en alla vers un lieu caché.

37. Malgré les nombreux signes
accomplis en leur présence
ils ne croyaient pas en Lui.

38. Ainsi se vérifiait la parole
dite par le prophète Iesha 'Yahou[1] :
YHWH qui a cru à votre Parole ?
La puissance de YHWH,
à qui s'est-elle révélée ?

39. Selon Iesha 'Yahou encore
s'ils ne peuvent pas croire

40. c'est qu' « Il aveugle leurs yeux,
endurcit leur cœur,
pour que leurs yeux ne voient pas,
leur cœur ne comprenne pas,
pour qu'ils ne se retournent pas
pour être guéris ».

41. Iesha 'Yahou disait cela quand il eut
la vision de sa gloire,
c'est de Lui qu'il parlait.

42. Toutefois, même parmi les notables
beaucoup crurent en Lui,
mais à cause des Pérouschim
ils ne se déclaraient pas
de peur d'être exclus de la synagogue.

1. *Cf.* note 7, p. 37.

43. Préférant la gloire qui vient des hommes
à la Gloire qui vient de Dieu.

44. Ieschoua prit la parole :
Qui croit en Moi,
ce n'est pas en Moi qu'il croit,
mais en Celui qui m'a envoyé,

45. Celui qui me regarde,
voit Celui qui m'a envoyé.

46. Moi, la Lumière,
je suis venu dans le monde,
afin que quiconque adhère à Moi
ne demeure pas dans les ténèbres.

47. Si quelqu'un écoute ma parole
sans la faire sienne
ce n'est pas moi qui le jugerai,
car je ne suis pas venu
pour condamner le monde
mais pour le sauver.

48. Qui me rejette
et n'accueille pas mes paroles
il a son juge :
La parole que j'ai donnée à entendre,
c'est elle qui le jugera au Jour à venir.

49. Je n'ai pas parlé de moi-même,
mais le Père qui m'a envoyé,
c'est Lui qui m'a confié
ce que je devais dire et donner à entendre.

50. Son commandement je le sais
est Vie Éternelle,
ce sont les paroles de mon Père
que je dis.

XIII

1. Avant la fête de Pessah,
Ieschoua sachant que son heure était venue
de passer de ce monde au Père,
ayant aimé les siens
qui étaient dans ce monde,
Il les aima jusqu'à l'extrême.

2. Au cours d'un repas,
alors que le diable avait
déjà inspiré Iehouda ben Shimôn,
l'homme de Qériot, de le livrer,

3. Sachant que le Père
lui avait tout confié
et qu'Il était venu de YHW
et qu'Il retournait à YHW,

4. Ieschoua se lève de table
quitte son manteau et prenant
un linge, il s'en ceignit,

5. Puis il versa de l'eau dans un bassin
et commença à laver les pieds
de ses disciples et à les essuyer
avec le linge dont il était ceint.

6. Il vint vers Shimôn Petros qui lui dit :
Toi, Seigneur me laver les pieds !

7. Ieschoua lui répondit :
Ce que je fais, tu ne le comprends pas maintenant,
tu comprendras plus tard.

8. Petros lui dit :
Non, Tu ne me laveras pas les pieds, jamais !
Ieschoua lui répondit :
Si je ne te lave pas, tu n'auras pas de part avec Moi.

9. Shimôn Petros lui dit :
Alors, pas les pieds seulement
mais aussi les mains et la tête.

10. Ieschoua lui dit :
Celui qui a pris un bain
n'a pas besoin de se laver,
il est propre,
vous aussi vous êtes purs ; mais non pas tous.

11. Il savait celui qui devait le livrer
c'est pourquoi il disait :
« Vous êtes purs, mais non pas tous. »

12. Quand Il leur eut lavé les pieds
qu'Il eut repris ses vêtements et
se fut remis à table. Il leur dit :
Comprenez-vous ce que j'ai fait ?

13. Vous m'appelez Maître et Seigneur
et vous dites la Vérité car Je le Suis.

14. Si donc, Moi, le Seigneur et le Maître,
je vous ai lavé les pieds,

vous pouvez vous aussi vous laver
les pieds les uns les autres.

15. Je vous ai donné un exemple
pour que vous agissiez comme j'ai agi
envers vous.

16. Amén, amén, je vous le dis,
l'esclave n'est pas plus grand que son maître,
ni l'envoyé plus grand que celui qui l'envoie.

17. Sachant cela, heureux êtes-vous
si vous le faites.

18. Ma Parole n'est pas pour vous tous ;
je connais ceux que j'ai choisis,
mais il faut que l'Écriture s'accomplisse :
« Celui qui partageait mon pain
a levé contre moi son talon. »

19. Maintenant — je vous le dis —
avant que cela n'arrive,
pour que cela, une fois arrivé,
vous ne fassiez qu'un avec ce que
Je Suis *.

20. Amén, amén, je vous le dis,
qui reçoit celui que j'envoie
me reçoit
et qui me reçoit
reçoit celui qui m'a envoyé.

21. A ces mots, Ieschoua
fut troublé, dans son souffle,
Il déclara :
Amén, amén, je vous le dis
l'un de vous me livrera.

22. Les disciples se regardaient les uns les autres
avec perplexité.

23. Un des disciples,
celui que Ieschoua aimait,
se trouvait à table tout proche de Lui.

24. Shimôn Petros lui fait signe :
demande-lui de qui Il parle.

25. Il s'incline alors vers la poitrine
de Ieschoua et lui dit :
Seigneur, qui est-ce ?

26. Ieschoua répond :
C'est celui à qui je donnerai la bouchée de pain
que je vais tremper.
Trempant alors une bouchée de pain
Il la donna à Iehouda ben Shimôn,
l'homme de Qériot.

27. Après avoir reçu la bouchée,
il fut pris par le Shatân[1].
Ieschoua lui dit :
Ce que tu dois faire, fais-le vite.

28. Mais cette parole
parmi les convives, aucun ne la comprit.

29. Comme Iehouda tenait la bourse,
ils pensaient que Ieschoua
voulait lui dire :
« Achète ce qu'il nous faut pour la fête »,
ou qu'Il lui demandait de
donner quelque chose aux pauvres.

30. Ayant reçu la bouchée de pain
Iehouda sortit :
il faisait nuit.

1. Shatân-Satan — Litt. : celui qui fait obstacle — « qui fait tomber ».

31. Quand il fut sorti
Ieschoua prit la parole :
Maintenant le Fils de l'Homme est glorifié
et YHWH est glorifié en Lui.

32. Si YHWH est glorifié en Lui,
YHWH le glorifiera encore en Lui-même,
il le glorifiera bientôt.

33. Mes petits enfants,
je n'en ai plus pour longtemps à être avec vous.
Vous me chercherez...
et comme je l'ai dit aux Iehoudim
Je vous le dis à vous aussi maintenant :
Là où je vais,
vous, vous ne pouvez venir.

34. Je vous propose une expérience nouvelle :
« Aimez-vous les uns les autres
comme je vous aime aimez vous. »

35. A cela tous vous reconnaîtront
pour mes disciples :
à cet « agapè » que vous aurez
les uns pour les autres.

36. Shimôn Petros lui dit :
Seigneur, où vas-tu ?
Ieschoua lui répondit :
Où je vais, tu ne peux me suivre maintenant
tu me suivras plus tard.

37. Petros lui dit :
Pourquoi ne puis-je pas te suivre
dès maintenant ?
je donnerais ma vie pour toi.

38. Ieschoua répondit :
Tu donnerais ta vie pour moi ?
Amén, amén je te le dis,
le coq ne chantera pas que tu ne m'aies
renié trois fois.

XIV

1. Que votre cœur ne se trouble pas,
Adhérez à YHWH
Ne faites qu'un avec Moi.

2. Il y a beaucoup de demeures
dans la maison de mon Père,
sinon je vous l'aurais dit ;
je vais vous préparer une place.

3. Quand je serai allé vous préparer une place,
je reviendrai vous prendre avec Moi
afin que là où « Je Suis * »
vous « soyez » vous aussi.

4. Au lieu où je vais,
vous connaissez le chemin.

5. Thomas lui dit :
Seigneur, nous ne savons pas où tu vas,
comment en connaîtrions-nous le chemin ?

6. Ieschoua répondit :
Je suis le Chemin
la Vérité
la Vie
nul ne va au Père
que par Moi.

7. Si vous me connaissez,
vous connaîtrez aussi mon Père,
Dès maintenant vous Le connaissez
et vous L'avez vu.

8. Philippos lui dit :
Seigneur, montre-nous le Père,
cela nous suffit.

9. Ieschoua lui dit :
Il y a si longtemps que je suis avec vous
et tu ne me connais pas Philippos ?
qui me voit voit le Père.

10. N'es-tu pas certain de la Vérité :
Je suis dans le Père
et le Père est en Moi.
Les paroles que je vous dis
je ne les dis pas de moi-même
le Père qui demeure en Moi
c'est Lui qui agit.

11. Soyez certains de la Vérité
de ce que je vous dis :
Je suis dans le Père,
le Père est en Moi,
si vous n'êtes pas certains,
regardez ce qui s'est accompli !

12. Amén, amén je vous le dis,
celui qui adhère à Moi
fera lui aussi
les œuvres que je fais,
il en fera même de plus grandes
parce que je vais vers le Père.

13. Tout ce que vous demanderez en mon Nom,
je le ferai,
pour que le Père soit glorifié dans le Fils.

14. Si vous demandez quelque chose en mon Nom
je le ferai.

15. Si vous m'aimez,
vous garderez mes commandements.

16. J'intercéderai auprès du Père,
Il vous donnera un autre soutien
pour être avec vous à jamais :

17. Le Souffle de Vérité[1]
le monde n'est pas capable de le recevoir
parce qu'il ne le regarde pas
et ne veut pas le connaître
Vous, vous le connaissez,
il demeure avec vous,
Il est en vous.

18. Je ne vous laisserai pas orphelins
je reviendrai vers vous.

19. Encore un peu de temps
et le monde ne me verra plus.
Mais vous, vous me verrez,
parce que Je suis vivant
vous vivrez.

20. Ce jour-là, vous connaîtrez
que je suis en mon Père,
vous en Moi
Moi en vous.

21. Celui qui connaît mes commandements
et les observe
il m'aime en vérité,
et celui qui m'aime

1. Pneuma tès aletheias.

sera aimé de mon Père.
Je l'aimerai
et je me manifesterai à lui.

22. Iehouda, pas l'homme de Qériot,
lui dit :
Seigneur, comment est-ce possible
que tu te manifestes à nous
sans te révéler au monde ?

23. Ieschoua lui répondit :
Si quelqu'un m'aime
il gardera ma Parole,
mon Père l'aimera,
nous viendrons à lui,
nous ferons en lui notre Demeure.

24. Celui qui ne m'aime pas
ne garde pas mes Paroles.
Ma Parole
n'est pas mienne,
c'est la Parole de Celui qui m'a envoyé.

25. Je vous dis cela
maintenant que je demeure avec vous.

26. Mais votre défenseur,
le Souffle Saint (le Pneuma),
que le Père enverra en mon Nom
vous enseignera tout,
Il vous rappellera
tout ce que je vous ai dit.

27. Je vous laisse la paix,
je vous donne ma paix,
je ne vous la donne pas
comme le monde la donne,
que votre cœur cesse de se troubler
et de craindre.

28. Vous m'avez entendu ; je vous l'ai dit :
Je m'en vais
et reviendrai vers vous,
si vous m'aimiez
vous vous réjouiriez
de ce que je vais au Père,
parce que le Père est plus grand que Moi.

29. Voici, je vous ai prévenus
avant que cela n'arrive,
lorsque cela sera arrivé
soyez certains de la Vérité qui est en Moi.

30. Je ne m'entretiendrai plus avec vous
car il vient le Prince de ce monde,
en Moi, il n'y a rien qui soit à Lui,
Il faut que le monde sache
que j'aime le Père,
j'agis selon l'ordre que le Père m'a donné.

31. Éveillez-vous — partons d'ici.

XV

1. Je Suis * le vrai cep,
mon Père est le vigneron,

2. Tout sarment en Moi
qui ne porte pas de fruit,
Il le coupe,
tout sarment qui porte du fruit
Il l'émonde,
pour qu'il en porte encore plus.

3. Émondés, vous l'êtes déjà,
grâce à la Parole
que je vous ai annoncée.

4. Demeurez en Moi,
comme moi je demeure en vous.
De même que le sarment
ne peut pas de lui-même
porter du fruit,
ainsi vous non plus
si vous ne demeurez en Moi.

5. Je suis le cep,
vous êtes les sarments,
qui demeure en Moi

comme Moi en lui
porte beaucoup de fruits.
Hors de Moi, vous ne pouvez rien faire.

6. Si quelqu'un ne demeure pas en Moi,
il est jeté dehors comme le sarment
et il se dessèche.
On le ramasse,
on le jette au feu
et il brûle.

7. Si vous demeurez en Moi
et que mes Paroles demeurent en vous
demandez ce que vous voudrez
et vous l'aurez.

8. C'est la gloire de mon Père
que vous portiez beaucoup de fruits,
vous serez alors mes disciples.

9. Comme le Père m'aime
moi aussi je vous aime,
Demeurez dans mon amour.

10. Si vous gardez mes commandements,
vous demeurerez en mon amour,
comme moi je garde les commandements
de mon Père
et je demeure en son amour.

11. Je vous dis cela
pour que ma joie soit en vous,
que votre joie soit parfaite.

12. Voici mon commandement :
« Aimez-vous les uns les autres
comme je vous ai aimés. »

13. Il n'est pas de plus grand amour
que de donner sa vie pour ses amis,

14. Vous êtes mes amis, si vous faites
ce que je vous demande.

15. Je ne vous appelle plus serviteurs,
car le serviteur ignore
ce que fait son Maître ;
je vous appelle amis
car tout ce que j'ai appris de mon Père
je vous l'ai fait connaître.

16. Ce n'est pas vous qui m'avez choisi,
c'est moi qui vous ai choisis
et vous ai destinés
à porter du fruit,
un fruit qui demeure.
Tout ce que vous demanderez au Père
en mon Nom, Il vous l'accordera.

17. Ce que je vous demande
c'est de vous aimer les uns les autres.

18. Si le monde vous hait,
sachez qu'il m'a haï avant vous.

19. Si vous étiez du monde
le monde aimerait ce qui est à lui,
mais parce que vous n'êtes pas du monde
mon choix vous a libérés du monde,
alors le monde vous hait.

20. Rappelez-vous la parole que je vous ai dite :
« le serviteur n'est pas plus grand
que son maître »,
s'ils m'ont persécuté,
ils vous persécuteront aussi ;
s'ils ont gardé ma Parole,
ils garderont aussi la vôtre.

21. Tout cela ils vous le feront
à cause de mon Nom,
ils ne connaissent pas Celui qui m'a envoyé.

22. Si je n'étais pas venu,
si je ne leur avais pas parlé,
ils n'auraient pas de péché,
mais maintenant ils n'ont pas d'excuse
à leur péché :

23. Qui me hait
hait aussi mon Père.

24. Si je n'avais pas fait parmi eux
des œuvres que nul autre n'a faites,
ils n'auraient pas de faute.
Mais maintenant ils ont vu,
et ils nous haïssent, Moi et mon Père.

25. Ainsi s'accomplit la Parole
des Écritures :
« Ils m'ont haï sans raison. »

26. Quand viendra le Défenseur
que je vous enverrai d'auprès du Père,
le Souffle de Vérité
qui vient du Père,
Il me rendra témoignage.

27. Et vous aussi, vous témoignerez
parce que dès le commencement
vous êtes avec Moi.

XVI

1. Je vous ai dit cela
pour que vous ne trébuchiez pas.

2. On vous exclura de la communauté,
elle vient l'heure,
où ceux qui vous tueront
penseront rendre un culte à Dieu !

3. Ils en arriveront là
pour n'avoir connu ni le Père ni Moi.

4. Je vous dis cela
pour qu'une fois cette heure venue
vous vous rappeliez
que je vous l'ai dit.
Je ne vous l'ai pas dit
dès le commencement
parce que j'étais avec vous.

5. Maintenant je vais vers Celui qui m'a envoyé,
Aucun de vous ne me demande :
Où vas-tu ?

6. Parce que je vous dis cela
la tristesse remplit vos cœurs,

7. Pourtant je vous dis la Vérité :
il vaut mieux pour vous
que je m'en aille,
si je ne m'en vais pas
le Défenseur ne viendra pas,
mais si je pars
je vous l'enverrai.

8. Quand Il viendra,
Il dévoilera ce qu'est le monde
et montrera qu'il y a péché
qu'il y a justice
qu'il y a jugement.

9. Péché : parce qu'ils n'ont pas cru en Moi.

10. Justice : parce que je vais vers le Père
et que vous ne me verrez plus.

11. Jugement : parce que le Prince de ce monde est condamné.

12. J'ai encore beaucoup de choses à vous dire
mais vous ne pouvez les porter maintenant.

13. Quand Il viendra, Lui l'Esprit de Vérité,
Il vous fera cheminer dans la Vérité tout entière,
Il ne parlera pas de Lui-même,
tout ce qu'Il entendra, Il le dira,
et Il vous dévoilera les choses à venir.

14. Il me glorifiera,
car c'est de mon Être qu'il prendra
pour vous en faire part.

15. Tout ce qui est à mon Père
est aussi à Moi,
voilà pourquoi je vous ai dit :
« c'est de mon Être qu'Il prendra
pour vous en faire part ».

16. Quelques-uns de ses disciples se dirent
entre eux :
Qu'est-ce qu'il nous dit là ? :
« Sous peu vous ne me verrez plus,
et puis encore un peu et vous me verrez »,
et « Je vais vers le Père. »

18. Ils disaient :
Qu'est-ce que cela : un peu ?
nous ne savons pas ce dont il parle.

19. Ieschoua comprit qu'ils avaient envie
de l'interroger.
Il leur dit :
Vous vous demandez entre vous ce que
j'ai voulu dire par ces mots :
« Sous peu vous ne me verrez plus
et puis encore un peu et vous me verrez. »

20. Amén, Amén je vous le dis,
vous allez pleurer et vous lamenter,
le monde, lui, se réjouira ;
vous serez dans la tristesse
mais votre tristesse se changera en joie.

21. La femme lorsqu'elle va enfanter,
elle est dans la peine,
son heure est venue,
mais lorsqu'est né l'enfant,
elle oublie les douleurs
dans la joie
qu'un homme soit venu au monde.

22. Vous aussi, maintenant,
vous êtes tristes,
mais je vous reverrai,

votre cœur se réjouira,
et votre joie,
nul ne pourra vous la ravir.

23. Ce jour-là,
vous ne poserez plus aucune question.
Amén, Amén, je vous le dis,
ce que vous demanderez à mon père,
Il vous le donnera en mon Nom...

24. Jusqu'ici vous n'avez rien demandé
en mon Nom,
demandez et vous recevrez
et votre joie sera parfaite.

25. Tout cela je vous le dis en images,
l'heure vient
où je ne vous parlerai plus en images,
je vous entretiendrai du Père dans la pure clarté.

26. Ce jour-là,
vous demanderez en mon Nom
et je ne prierai plus le Père pour vous,

27. Car le Père lui aussi vous aime
puisque vous m'aimez,
et que vous êtes certains
que je suis sorti de Dieu.

28. Je suis sorti du Père,
je suis venu dans le monde,
maintenant je quitte le monde,
je vais vers le Père.

29. Ses disciples disaient :
Enfin, tu parles clair et sans images.

30. Nous croyons maintenant
que tu connais toute choses,

il n'est plus nécessaire de t'interroger
nous croyons que tu viens de Dieu.

31. Ieschoua leur répondit :
Vous en êtes sûrs maintenant ?

32. Voici venir l'heure,
elle est déjà venue,
où vous serez dispersés
chacun de votre côté,
vous me laisserez seul.
Mais je ne suis pas seul,
le Père est avec Moi.

33. Je vous dis cela,
pour qu'en Moi vous ayez la Paix.
Dans le monde, vous aurez à souffrir
mais ayez confiance :
j'ai vaincu le monde.

XVII

1. Ayant ainsi parlé
Ieschoua leva les yeux vers le ciel,
il priait :
Père, l'heure est venue,
glorifie ton Fils
pour que ton Fils Te glorifie.

2. Tu lui as donné puissance et autorité
sur toute chair
Pour qu'à tous ceux que tu lui a confiés
il donne la Vie Éternelle.

3. La Vie Éternelle,
c'est qu'ils te connaissent,
Toi le seul véritable Dieu
et Celui que tu as envoyé
Ieschoua le Messie.

4. Je t'ai glorifié sur la terre,
j'ai achevé l'œuvre
que tu m'as donné d'accomplir

5. Maintenant, Père, Glorifie-moi
de la Gloire que j'avais près de Toi
avant que fût le monde.

6. J'ai manifesté ton Nom aux hommes
que tu as tirés du monde pour me les donner
ils étaient à Toi,
tu me les as donnés,
ils ont gardé Ta Parole.

7. Maintenant, ils savent
que ce que tu m'as donné
vient de Toi.

8. Les paroles que tu m'as données,
je les leur ai données,
ils savent en vérité
que je suis sorti de Toi,
ils croient vraiment
que Tu m'as envoyé.

9. Je prie pour eux,
je ne prie pas pour le monde
mais pour ceux que tu m'as donnés,
ils sont à Toi.

10. Tout ce qui est à Moi est à Toi,
tout ce qui est à Toi est à Moi,
je suis glorifié en eux.

11. Je ne suis plus dans le monde,
mais eux, ils sont encore dans le monde,
Moi, je viens à Toi,
Père Saint,
garde en ton Nom
ceux que tu m'as donnés,
pour qu'ils soient Un
comme nous sommes Un.

12. Quand j'étais avec eux,
je gardais en ton Nom
ceux que tu m'as donnés,

j'ai veillé sur eux,
aucun ne s'est perdu
sauf le fils de perdition,
afin que l'Écriture s'accomplisse.

13. Maintenant je viens à Toi,
je dis ces choses encore présent
dans le monde,
pour qu'ils aient en eux-mêmes
ma Joie
en plénitude.

14. Je leur ai donné Ta Parole
et le monde les a pris en haine
parce qu'ils ne sont pas du monde
comme Moi, je ne suis pas du monde.

15. Je ne te prie pas
de les retirer du monde
mais de les préserver du mal,

16. Ils ne sont pas du monde,
comme Moi, je ne suis pas du monde,

17. Consacre-les dans la Vérité
Ta Parole est Vérité.

18. Comme tu m'as envoyé dans le monde,
moi aussi, je les ai envoyés dans le monde,

19. Pour eux, je me consacre moi-même,
afin qu'ils soient eux aussi consacrés
et sanctifiés dans la Vérité.

20. Je ne prie pas pour eux seulement,
mais pour tous ceux

qui, grâce à leur parole,
croiront en Moi.

21. Que tous soient Un,
comme Toi, Père, tu es en Moi,
et Moi en Toi,
qu'eux aussi soient un en Nous,
afin que le monde croie
que tu m'as envoyé
et que je les ai aimés
comme Tu m'as aimé.

22. Je leur ai donné la Gloire
que tu m'as donnée,
pour qu'ils soient un
comme nous sommes Un

23. Moi en eux et Toi en Moi
Pour qu'ils soient parfaitement Un,
et que le monde sache
que tu m'as envoyé
et que je les ai aimés
comme tu m'as aimé.

24. Père,
ceux que tu m'as donnés,
je veux que là où Je Suis *
ils soient aussi avec Moi,
pour qu'ils contemplent la Gloire
que Tu m'as donnée,
parce que Tu m'as aimé
avant la création du monde.

25. Père juste
le monde ne t'a pas connu
mais Moi je t'ai connu,
et ceux-ci ont reconnu
que Tu m'as envoyé.

26. Je leur ai révélé ton Nom
et le leur révélerai,
pour que l'amour dont tu m'as aimé
demeure en eux
et que je sois moi-même en eux.

XVIII

1. Ayant prié ainsi,
Ieschoua s'en alla avec ses disciples
de l'autre côté du torrent du Qidrôn,
il y avait là un jardin
dans lequel Il entra ainsi que
ses disciples.

2. Iehouda qui le trahissait
connaissait bien l'endroit
car Ieschoua et ses disciples
s'y étaient souvent réunis.

3. Iehouda était à la tête
de la cohorte, suivi des gardes
envoyés par les grands prêtres
et les Pérouschim,
Ils arrivèrent là en armes,
munis de lanternes et de torches.

4. Ieschoua sachant tout ce qui allait
lui arriver s'avança et leur dit :
Qui cherchez-vous ?

5. Ils lui répondirent :
Ieschoua le Nazaréen.
Il leur dit :
Moi : Je Suis *.

6. Quand Ieschoua leur eut dit :
« Moi : Je Suis »,
Ils reculèrent et tombèrent à terre.

7. Il leur demanda de nouveau :
Qui cherchez-vous ?
Ils dirent :
Ieschoua le Nazaréen.

8. Je vous l'ai dit : « Moi, Je Suis »
Si donc vous me cherchez
laissez ceux-là s'en aller.

9. (Afin que la Parole qu'Il avait dite
fût accomplie : « Je n'ai perdu aucun
de ceux que tu m'as donnés ! »)

10. Shimôn Petros qui portait une épée
la tira,
il en frappa le serviteur du grand prêtre
et lui trancha l'oreille droite,
cet homme s'appelait Malkos.

11. Ieschoua dit à Petros :
Remets l'épée au fourreau,
la coupe que le Père m'a donnée
ne faut-il pas la boire ?

12. Alors la troupe des soldats,
le chef et les serviteurs des Iehoudim
prirent Ieschoua et le ligotèrent.

13. Ils le menèrent en premier lieu
chez Hanân
le beau-père de Caïapha
qui était le grand prêtre cette année-là.

14. C'était Caïapha qui avait
donné aux Iehoudim cet avis :
Il vaut mieux qu'un seul homme meure
pour le peuple.

15. Shimôn Petros et un autre disciple
suivaient Ieschoua,
Ce disciple était connu du grand prêtre,
il entra en même temps que Ieschoua
dans la cour du grand prêtre.

16. Tandis que Petros se tenait dehors
à la porte, l'autre disciple,
celui qui était connu du grand prêtre,
ressortit.
Il dit quelques mots
à la femme qui était la gardienne de la porte,
elle fit entrer Petros.

17. Elle demanda à Petros :
N'es-tu pas toi aussi disciple de cet homme ?
Il répondit :
Je ne le suis pas.

18. Les serviteurs et les gardes
se tenaient dans la cour,
ils se chauffaient autour d'un feu de braises,
il faisait froid,
Petros s'était joint à eux,
lui aussi se réchauffait.

19. Le grand prêtre interrogeait Ieschoua
sur ses disciples et sur sa doctrine.

20. Ieschoua lui répondit :
J'ai parlé ouvertement au monde,
j'ai toujours enseigné à la synagogue
ou dans le Sanctuaire,
là où les Iehoudim se rassemblent,
je n'ai rien dit en cachette.

21. Pourquoi m'interrogez-vous ?
Demandez à ceux qui m'ont entendu
ce que je leur ai enseigné,
ils savent ce que j'ai dit.

22. A ces mots, l'un des gardes
qui se tenait là donna une gifle à Ieschoua :
C'est ainsi que tu parles au grand prêtre ?

23. Ieschoua lui répondit :
Si j'ai mal parlé,
dis-moi en quoi j'ai mal parlé,
mais si j'ai bien parlé
pourquoi me frappes-tu ?

24. Hanân l'envoya toujours ligoté
à Caïapha, le grand prêtre

25. Shimôn Petros était là à se chauffer,
ils lui dirent :
N'es-tu pas toi aussi de ses disciples ?
Il nia et il dit :
Je n'en suis pas.

26. Un des serviteurs du grand prêtre,
parent de celui à qui Petros
avait tranché l'oreille, reprit :
Ne t'ai-je pas vu dans le jardin avec Lui ?

27. Petros nia encore une fois,
et le coq chanta.

28. On conduisit Ieschoua
de chez Caïapha au prétoire,
C'était le lever du jour,
Ils n'entrèrent pas dans le prétoire
de peur de contracter une impureté
et d'être ainsi empêchés
de manger l'agneau pascal.

29. Pilatus sortit à leur rencontre :
Quelle accusation portez-vous
contre cet homme ?

30. Ils lui répondirent :
Si cet homme n'était pas un malfaiteur
nous ne te l'aurions pas livré.

31. Pilatus leur dit :
Prenez-le vous-mêmes et jugez-le
suivant votre loi.
Les Iehoudim lui répondirent :
Nous n'avons pas le droit
de mettre quelqu'un à mort.

32. Il fallait que s'accomplît la Parole
dite par Ieschoua signifiant
de quelle mort il devait mourir.

33. Alors Pilatus rentra dans le prétoire
il appela Ieschoua et lui dit :
Es-tu le roi des Iehoudim ?

34. Ieschoua répondit :
Dis-tu cela de toi-même
ou d'autres te l'ont-ils dit de Moi ?

35. Pilatus répondit :
Suis-je moi un Iehoudim ?
c'est ton peuple et ce sont les prêtres
qui t'ont livré à moi,
qu'as-tu fait ?

36. Ieschoua répondit :
Mon Royaume n'est pas de ce monde,
si mon royaume était de ce monde
mes gardes auraient combattu
pour que je ne sois pas livré aux Iehoudim,
mais mon Royaume n'est pas d'ici.

37. Pilatus lui dit :
Ainsi, tu es roi ?
Ieschoua répondit :
Tu l'as dit, Je Suis[1] roi.
Je ne suis né, Je ne suis venu dans le monde
que pour prendre témoignage à la Vérité,
quiconque est de la Vérité
écoute Ma Voix.

38. Pilatus lui dit :
Qu'est-ce que la Vérité ?...
Après avoir dit cela, il sortit de nouveau
vers les Iehoudim et leur dit :
Je ne trouve en lui
aucun motif de condamnation.

39. Mais c'est votre coutume que je relâche
quelqu'un pour Pessah,
voulez-vous que je relâche le roi des Iehoudim ?

40. Ils crièrent :
Pas lui mais Bar Abba !
Bar Abba était un brigand.

1. Basileus eimi.

XIX

1. Pilatus ordonna de prendre Ieschoua
et de le flageller.

2. Les soldats tressèrent une couronne
avec des épines, la posèrent sur sa tête,
ils le revêtirent d'un manteau
de couleur pourpre.

3. S'avançant vers Lui — ils disaient :
Shalom, roi des Iehoudim
et ils le giflaient.

4. Pilatus sortit de nouveau dehors
et leur dit :
Le voici
je ne trouve en Lui aucun
motif de condamnation !

5. Ieschoua sortit alors,
portant la couronne d'épines
et le manteau de pourpre
Pilatus leur dit :
Voici l'Homme [1].

1. Anthropos.

6. Dès qu ils le virent, les grands prêtres
et les gardes crièrent
Crucifie-le ! crucifie-le !
Pilatus leur dit :
Prenez-le vous-mêmes, et crucifiez-le,
pour moi, je ne trouve en lui
aucun motif de condamnation.

7. Les Iehoudim répliquèrent :
Nous avons la Thora, et d'après la Thora
il doit mourir
parce qu'il se prétend Fils de Dieu.

8. Quand Pilatus entendit cette parole
il frémit davantage,

9. Il entra de nouveau dans le prétoire
et dit à Ieschoua :
D'où es-tu ?
Ieschoua garda le silence.

10. Pilatus lui dit :
Tu ne veux pas me parler ?
Ne sais-tu pas que j'ai autorité
pour te relâcher et que j'ai autorité
pour te faire crucifier.

11. Ieschoua lui répondit :
Tu n'aurais aucun pouvoir sur Moi
s'il ne t'avait été donné d'En Haut...
Celui qui m'a livré à toi commet
un plus grand crime.

12. Dès lors, Pilatus cherchait à le relâcher,
mais les Iehoudim criaient :
Si tu le libères, tu n'es pas
l'ami de César,
qui se fait roi s'oppose à César.

13. Pilatus, à ces mots, fit amener Ieschoua
et siégea à son tribunal
au lieu appelé en grec *lithostrôtes*,
en hébreu *gabata*[1].

14. C'était le jour où on se préparait
à célébrer Pessah, environ la sixième heure.
Pilatus dit aux Iehoudim :
Voici votre roi.

15. Eux disaient :
Qu'il disparaisse !
crucifie-le !
Pilatus leur dit :
Faut-il crucifier votre roi ?
Les grands prêtres répondirent :
Nous n'avons pas d'autre roi que César.

16. Alors, il leur livra Ieschoua
pour qu'Il fût crucifié.

17. Ils s'emparèrent de Lui.
Ieschoua portant sa croix sortit de la ville
vers l'endroit appelé « lieu du crâne »
en hébreu *golgotha*.

18. C'est là qu'ils le crucifièrent
avec deux autres condamnés
l'un à sa droite, l'autre à sa gauche,
Ieschoua au milieu.

19. Pilatus inscrivit sur un écriteau
qu'il fit placer sur la croix
« Ieschoua *hâ-nôtzeri — Roi* des Iehoudim[2] ».

1. Le dallage — la place dallée.
2. Heb. : Ieschoua ha-nôtzeri melek ha-iehoudim.
Grec : Iésous ho mazôraios ho basileus tôn ioudaiôn.
Lat. : Iesus nazareus rex iudaeorum.

20. Cette inscription de nombreux habitants
de la Judée la lurent,
le lieu de la crucifixion de Ieschoua
étant proche de la ville,
l'inscription était écrite en hébreu, en latin et
en grec.

21. Les grands prêtres des Iehoudim
dirent à Pilatus :
Il ne faut pas écrire « Roi des Iehoudim ».

22. Pilatus répondit :
Ce que j'ai écrit est écrit !

23. Quand les soldats eurent crucifié Ieschoua
ils prirent ses vêtements et en firent
quatre parts, une pour chaque soldat.
Ils prirent aussi la tunique
c'était une tunique sans coutures,
d'un seul tenant de tissu, de haut
en bas[1].

24. Ils se dirent entre eux :
Ne la déchirons pas, mais tirons
au sort qui l'aura.
Ainsi s'accomplit l'Écriture :
« Ils ont partagé mes habits,
ils ont tiré au sort mon vêtement. »
Voilà ce que firent les soldats.

25. Près de Ieschoua crucifié
se tenait sa mère,
Miryam, femme de Clopos,
et Miryam de Magdala.

26. Voyant sa mère,
et près d'elle le disciple qu'Il aimait,
Ieschoua dit à sa mère :
Femme, voici ton fils.

1. Selon l'historien Josèphe, telle était la robe du grand prêtre.

27. Puis Il dit au disciple :
Voici ta mère.
A partir de cette heure
le disciple la prit chez lui.

28. Sachant que tout était achevé
Ieschoua leur dit :
J'ai soif,
ainsi s'accomplissaient les Écritures.

29. Il y avait là un vase rempli de vin aigre,
on fixa une éponge pleine de ce vin
à la pointe d'un javelot et on la
porta aux lèvres de Ieschoua.

30. Lorsqu'Il eut goûté ce vin aigre
il dit alors :
Tout est accompli,
inclinant la tête,
Il donna son Souffle [1].

31. Comme on était à la veille de Pessah
et qu'il ne fallait pas que les corps
restent exposés sur la croix
un jour de Shabbat,
le Shabbat étant un jour de grande solennité,
les Iehoudim demandèrent à Pilatus
de leur briser les jambes et d'enlever les corps.

32. Les soldats vinrent donc et brisèrent
les jambes du premier condamné, puis
celles de l'autre qui avait été crucifié
avec Lui.

1. Grec : paredoken te pneuma = donner, transmettre le souffle. Lat. : tradidit spiritum — traduction habituelle : « il remit son esprit ».

33. Arrivés à Ieschoua, ils le trouvèrent mort.
Ils ne lui brisèrent pas les jambes,

34. Mais l'un des soldats lui ouvrit le côté
avec sa lance et il en sortit
du sang et de l'eau.

35. Celui qui a vu
témoigne de ce qu'il a vu
et son témoignage est vrai
pour que vous aussi
vous soyez sûrs.

36. Cela est arrivé
pour que l'Écriture soit accomplie :
« On ne lui brisera pas un os. »

37. Ailleurs il est dit :
« Ils regarderont celui qu'ils ont transpercé. »

38. Iosseph de Ramataïm
disciple de Ieschoua
(mais en secret par crainte des Iehoudim)
demanda à Pilatus l'autorisation
d'enlever le corps de Ieschoua.
Pilatus le permit,
Iosseph vint donc et enleva le corps.

39. Naqdimôn vint aussi
(celui qui était allé voir Ieschoua de nuit)
il apportait un mélange de myrrhe et d'aloès
d'environ cent livres.

40. Ils prirent le corps de Ieschoua
et l'entourèrent d'une tunique de lin[1]
avec les baumes[2] selon
la coutume funéraire des Iehoudim.

1. Sadin (H) — othomia (G) = tunique de lin.
2. Besamin (H) — aromata (G) = baume.

41. A l'endroit où Il avait été crucifié
il y avait un jardin
et dans ce jardin un tombeau neuf ;
personne n'y avait encore été mis.

42. La fête de Pessah allait commencer,
le tombeau était proche,
c'est là qu'ils déposèrent Ieschoua.

XX

1. Le premier jour après Shabbat
Miryam de Magdala se rendit
de bonne heure au tombeau,
il faisait encore sombre.
Elle découvrit que la pierre
du tombeau avait été enlevée.

2. Elle courut alors chercher Shimôn Petros
et l'autre disciple
celui que Ieschoua aimait,
elle leur dit :
Ils ont enlevé le Seigneur du tombeau
et nous ne savons pas où ils l'ont mis.

3. Petros partit avec l'autre disciple
et ils se rendirent au tombeau.

4. Ils couraient tous les deux ensemble
mais l'autre disciple plus rapide
que Petros le distança et arriva
le premier au tombeau.

5. Se penchant alors, il vit sur le sol
la tunique de lin à terre, mais il n'entra pas.

6. Shimôn Petros, qui le suivait, arriva à son tour,
il entra dans le tombeau
et il vit sur le sol
la tunique de lin

7. ainsi que le suaire qui couvrait son visage.
Ce dernier n'était pas avec la tunique de lin
mais roulé dans un endroit à part.

8. Alors entra à son tour l'autre disciple,
celui qui était arrivé le premier au tombeau :
il vit et il crut.

9. Ils n'avaient pas encore compris
que d'après les Écritures
Il devait ressusciter des morts.

10. Les disciples s'en retournèrent alors chez eux.

11. Cependant Miryam se tenait près du tombeau,
elle pleurait.
Tout en sanglotant,
elle se penche vers le tombeau,

12. et voit deux anges, vêtus de blanc,
assis là où reposait le corps de Ieschoua
l'un à la tête, l'autre aux pieds.

13. Ils lui dirent :
Femme, pourquoi pleures-tu ?
Elle répondit :
On a enlevé mon Seigneur,
je ne sais pas où on l'a mis.

14. En disant cela, elle se retourne
et voit quelqu'un qui se tient là,
mais elle ne voit pas que c'est Ieschoua.

15. Il lui dit :
Femme, pourquoi pleures-tu ?
qui cherches-tu ?
Le prenant pour un jardinier, elle lui dit :
Seigneur, si c'est toi qui l'as emporté
dis-moi où tu l'as mis, j'irai le chercher.

16. Ieschoua lui dit :
Miryam.
Elle le reconnut et lui dit en hébreu :
Rabbouni,
ce qui veut dire « mon Maître ».

17. Ieschoua lui dit :
Ne me retiens pas ;
Je ne suis pas encore monté vers mon Père,
va vers mes frères,
dis-leur :
« je monte vers mon Père
et votre Père,
vers mon Dieu
et votre Dieu. »

18. Miryam de Magdala vint donc
annoncer aux disciples :
J'ai vu le Seigneur
voilà ce qu'Il m'a dit.

19. Le soir de ce même jour,
le premier après le Shabbat
toutes portes étaient closes
par crainte des Iehoudim.
Ieschoua vint au milieu de ses disciples
Il leur dit :
Shalom — la Paix soit avec vous !

20. En disant cela
Il leur montra ses mains et son côté.
Les disciples furent remplis de joie
à la vue du Seigneur.

21. Il leur dit de nouveau :
Shalom — la Paix soit avec vous
comme le Père m'a envoyé
Moi aussi je vous envoie

22. puis Il leur insuffla de son Souffle
en disant :
Recevez l'Esprit-Saint[1].

23. Ceux à qui vous pardonnerez les fautes
seront pardonnés,
ceux à qui vous ne pardonnerez pas
ne seront pas pardonnés.

24. Thomas, l'un des douze,
dit le « jumeau — *didymos* »,
n'était pas avec eux quand vint Ieschoua.

25. Les disciples lui dirent :
Nous avons vu le Seigneur.
Il leur répondit :
Si je ne vois à ses mains la marque des clous,
si je ne mets la main dans son côté
je ne croirai pas.

26. Huit jours plus tard
les disciples se trouvaient à nouveau
dans la maison,
et Thomas avec eux.
Ieschoua vint, toutes portes closes,
Il se tint au milieu d'eux :
Shalom — la Paix soit avec vous.

27. Il dit à Thomas :
Porte ton doigt ici ; regarde mes mains
porte ta main ici,

1. Pneuma agion (G) — spiritum sanctum (L) = souffle sacré/saint — traduction habituelle : Esprit Saint.

mets-la dans mon côté
Ne sois plus incrédule
mais croyant.

28. Thomas lui répondit :
Mon Seigneur et mon Dieu.

29. Ieschoua lui dit alors :
Parce que tu me vois,
tu crois
Heureux ceux qui croiront
sans avoir vu.

30. Ieschoua a fait en présence de ses disciples
de nombreux autres signes
ils ne sont pas écrits dans ce volume.

31. Ceux-ci l'ont été pour que vous soyez
certains que Ieschoua est le Messie,
le Fils de Dieu
et qu'en y adhérant
vous ayez la Vie en son Nom.

XXI

1. Après cela Ieschoua se montra encore
aux disciples, près de la mer de Tibérias,
voici comment :

2. Il y avait là
Shimôn Petros, Thomas « le jumeau »
Nathanaël de Qana en Galilée
les Ben Zabdi (fils de Zébédée)
et encore deux autres de ses disciples.

3. Shimôn Petros leur dit :
Je vais à la pêche.
Ils lui dirent :
Nous venons avec toi.
Ils sortirent et montèrent dans la barque.
Cette nuit-là, ils ne prirent rien.

4. Au lever du jour
Ieschoua se tenait sur le rivage
Les disciples ne voyaient pas que c'était Lui.

5. Ieschoua leur dit :
Les enfants, avez-vous quelque chose
à manger ?
Ils Lui répondirent :
Non.

6. Il leur dit :
Jetez le filet à droite de la barque,
et vous trouverez.
Ils le jetèrent,
bientôt, ils ne parvenaient plus
à le tirer, tant il était plein de poissons.

7. Le disciple que Ieschoua aimait
dit alors à Petros :
C'est le Seigneur.
A ces mots : « c'est le Seigneur »,
Shimôn Petros mit son vêtement
car il était nu et il se jeta à l'eau.

8. Les autres disciples gagnèrent le rivage
avec la barque,
tirant le filet et ses poissons,
ils n'étaient qu'à deux cents coudées du rivage.

9. Une fois descendus à terre,
ils aperçoivent un feu de braises
avec du poisson posé dessus et du pain.

10. Ieschoua leur dit :
Apportez du poisson que vous venez de pêcher.

11. Shimôn Petros remonta dans la barque,
et tira à terre le filet plein de gros poissons :
cent cinquante-trois !
Pourtant le filet n'était pas déchiré.

12. Ieschoua leur dit :
Venez et mangez.
Personne parmi les disciples
n'osait lui demander :
Qui es-tu ?
Ils savaient que c'était le Seigneur.

13. Ieschoua prit le pain et le leur donna,
de même avec le poisson.

14. C'était la troisième fois que Ieschoua
se montrait à ses disciples
depuis sa Résurrection des morts.

15. Après le repas
Ieschoua dit à Shimôn Petros :
Shimôn, fils de Iohanân, m'aimes-tu (*agapè*)[1]
plus que ceux-ci ?
Il lui répondit :
Oui, Seigneur, tu sais toute l'amitié (*phileo*)[2]
que j'ai pour Toi
Ieschoua lui dit :
Sois le berger de mes agneaux.

16. Il lui dit une seconde fois :
Shimôn, fils de Iohanân m'aimes-tu (*agapè*) ?
Il lui dit :
Seigneur, tu sais bien toute l'amitié (*phileo*)
que j'ai pour Toi.
Il répondit :
Sois le berger de mes agneaux.

17. Ieschoua lui dit pour la troisième fois :
Shimôn, fils de Iohanân as-tu de l'amitié (*phileo*)
pour moi ?
Petros fut peiné de ce qu'Il lui demandait
pour la troisième fois « m'aimes-tu » (*phileo*)
et il lui dit :
Seigneur, tu sais tout, tu sais bien
que je t'aime (*phileo*)
Il lui dit :
Sois le berger de mes agneaux.

1. Agapè = amour de surabondance, gratuit.
2. Phileo = amour d'amitié.

18. Amén, Amén, je te le dis
quand tu étais jeune
tu mettais toi-même ta ceinture
et tu allais où tu voulais.
Quand tu seras vieux
tu étendras les mains,
un autre te mettra ta ceinture
et te mènera où tu ne voudrais pas.

19. Ieschoua disait cela pour
signifier par quelle genre de mort
Petros devait glorifier Dieu,
puis Il dit :
Suis-moi.

20. Petros se retournant aperçut
marchant à leur suite le disciple
que Ieschoua aimait, celui qui
durant le repas s'était penché
vers sa poitrine et lui avait dit :
Seigneur, qui va te livrer ?

21. Le voyant, Petros dit à Ieschoua :
Et lui, Seigneur ?

22. Si je veux qu'il demeure
jusqu'à mon retour
que t'importe ?
Toi, suis-moi.

23. La rumeur se répandit alors
parmi les frères que ce disciple ne mourrait pas.
Pourtant, Ieschoua n'avait pas dit à Petros
« Il ne mourra pas » mais :
« Si je veux qu'il demeure jusqu'à mon retour,
que t'importe ! »

24. C'est ce disciple, témoin de ces faits
qui a mis par écrit tout cela,
nous savons que son témoignage est vrai.

25. Il y a encore beaucoup d'autres choses
que Ieschoua a faites,
Si on les racontait une à une
le monde entier ne suffirait pas
pour contenir tous les livres
qu'on écrirait.

COMMENTAIRE DU PROLOGUE

Le Prologue de Saint Jean est une hymne — « la plus belle des hymnes » — chrétienne.

Dans l'Église ancienne, le simple fait de la lire ou de la chanter purifiait le cœur et l'intelligence.

C'est aussi un résumé, un « condensé » de l'Évangile de Jean.

Celui qui médite le Prologue médite en même temps tout l'Évangile auquel il renvoie sans cesse.

Des traductions très diverses en ont été données (nous en présentons quelques-unes). La nôtre essaie de rester fidèle à la lettre, sans s'y enfermer, en tenant compte des recherches actuelles sur le grec et les sémitismes du texte, sans chercher nécessairement à rétrovertir, mais en indiquant le sens du mot hébreu, supposé être derrière le grec.

Quant aux commentaires, ils sont d'un « moineau » qui fait trop mémoire des branches éclectiques sur lesquelles il s'est posé et qui aspire au vol serein de l'aigle :

« Cette page si courte est en effet le regard de l'aigle dans l'infini. Elle a placé Saint Jean au faîte de ceux qui ont VU les choses divines[1]. »

1. Lacordaire : *Lettres à un jeune homme,* première lettre.

Jacques Lefèvre d'Étaples

1. Au commencement estoit la parolle et la parolle estoit avec dieu : et la parolle estoit dieu.
2. Icelle estoit au commencement avec dieu.
3. Toutes choses ont este faictes par icelle : et sans icelle riens n'a este faict qui ait este fait.
4. Et icelle estoit la vie et la vie estoit la lumière des hommes :
5. et la lumiere luyt es tenebres, et les tenebres ne lont point comprinse.
6. Ung homme fut envoye de dieu : qui estoit nomme Jehan.
7. Cestuy vint en tesmoignage, pour rendre tesmoignage de la lumiere : afin que tous creussent par icelle.
8. Cestuy nestoit point la lumiere : mais affin quil rendisse tesmoignage de la lumiere.
9. La vraye lumiere estoit celle qui enlumine tout homme venant en ce monde.
10. Elle estoit au monde, et le monde est faict par elle : et le monde ne la point congneu.
11. Elle est venue es choses qui estoient siennes : et les siens ne lont point receue.
12. Mais tous ceulx qui lont receue, elle leur a donne puissance destre faits les fils de dieu, iceulx croyans en son nom
13. lesquels ne de sangs, ne par la volunte de chair, ne par volunte dhomme : mais sont nays de dieu.
14. Et la parolle est faicte chair et a habite en nous (et avons veu sa gloire gloire comme de celuy qui est seul nay du pere), plaine de grace et de verite[1].

1. *Épitres et Évangiles pour les cinquante et deux semaines de l'an...*, Paris 1525 (?) fol. 20, 21.

Jean Calvin

1. Au commencement estoit la Parole, et la Parole estoit avec Dieu : et icelle Parole estoit Dieu.
2. Elle estoit au commencement avec Dieu.
3. Toutes choses ont esté faites par elle ; et sans elle rien n'a esté fait de ce qui est fait.
4. En elle estoit la vie, et la vie estoit la lumière des hommes.
5. Et la lumière luit ès ténèbres, et les ténèbres ne l'ont point comprise.
6. Il y eut un homme envoyé de Dieu, qui avoit nom Jehan.
7. Cestuy-ci veint pour porter tesmoignage, à ce qu'il rendist tesmoignage de la Lumière : afin que tous creussent par luy.
8. Il n'estoit pas la Lumière : mais estoit pour tesmoigner de la Lumière.
9. La vraye Lumière estoit celle qui illumine tout homme venant au monde.
10. Il estoit au monde, et le monde a esté fait par luy, et le monde ne l'a point cognu.
11. Il est venu chez soy : et les siens ne l'ont point receu.
12. Mais à tous ceux qui l'on receu, il leur a donné puissance d'estre faits enfants de Dieu ; asçavoir à ceux qui croyent en son Nom :
13. Lesquels ne sont point nais de sangs, ne de volonté de la chair, ne de volonté de l'homme : mais sont nais de Dieu.
14. Et ceste Parole a esté faite chair, et a habité entre nous, et avons contemplé sa gloire, gloire, di-je, comme de l'Unique engendré du Père, plein de grâce et de vérité.
15 Jehan rend tesmoignage de luy, et a crié, disant, C'estoit celuy duquel je disoye, Celuy qui vient après moy, est préféré à moy : car il estoit plus excellent que moy.

16. Et nous avons receu de son abondance, et grâce pour grâce.
17. Car la Loy a esté donnée par Moyse : mais la grâce et la vérité est faite par Jésus-Christ.
18. Nul ne veit onc Dieu : le Fils unique qui est au sein du Père, lui-mesme l'a déclaré [1].

Le Maistre de Sacy

1. Au commencement étoit le Verbe, et le Verbe étoit avec Dieu, et le Verbe étoit Dieu.
2. Il étoit au commencement avec Dieu.
3. Toutes choses ont été faites par lui ; et rien de ce qui a été fait, n'a été fait sans lui.
4. Dans lui étoit la vie, et la vie étoit la lumière des hommes :
5. et la lumière luit dans les tenebres, et les tenebres ne l'ont point comprise.
6. Il y eut un homme envoyé de Dieu, qui s'appeloit Jean.
7. Il vint pour servir de témoin, pour rendre témoignage à la lumiere, afin que tous crussent par lui.
8. Il n'étoit pas la lumiere ; mais il vint pour rendre témoignage à celui qui étoit la lumiere.
9. Celui-là étoit la vraie lumiere, qui illumine tout homme venant en ce monde.
10. Il étoit dans le monde, et le monde a été fait par lui, et le monde ne l'a point connu.
11. Il est venu chez soi, et les siens ne l'ont point reçû.
12. Mais il a donné à tous ceux qui l'ont reçû, le pouvoir d'être faits enfans de Dieu, à ceux qui croient en son nom :
13. qui ne sont point nés du sang, ni de la volonté de la chair, ni de la volonté de l'homme, mais de Dieu même.

1. *Commentaire de l'Évangile selon Saint Jean,* Genève, 1553.

14. Et le Verbe a été fait chair, et il a habité parmi nous : et nous avons vû sa gloire, dis-je, comme du Fils unique du Père, étant plein de grace et de verité.
15. Jean rend témoignage de lui, et il crie, en disant : Voici celui dont je vous disois : Celui qui doit venir après moi, a été préféré à moi, parce qu'il étoit avant moi.
16. Et nous avons tous reçû de sa plénitude, et grace pour grace.
17. Car la loi a été donnée par Moïse : mais la grace et la verité a été apportée par Jésus Christ.
18. Nul n'a jamais vû Dieu : le Fils unique qui est dans le sein du Père, est celui qui en a donné la connoissance[1].

Charles Le Cene

1. L'Oracle étoit dès le commencement et cet Oracle se rapportoit à Dieu ; L'Oracle même étoit Dieu.
2. Il se rapportoit dès le commencement à Dieu.
3. Toutes choses ont été faites en sa considération, et rien n'a été fait que par rapport à lui.
4. La vie étoit par lui et la vie étoit la lumiere des hommes.
5. Cette lumiere a éclaté parmi ceux qui étoient dans les tenebres mais ceux qui étoient dans ces tenebres n'en ont point fait leur profit.
6. Il y a eû un homme envoyé de Dieu appelé Jean,
7. Qui est comparu en témoignage pour servir de témoin à cette lumière, afin que tous creûssent par son minisère.
8. Il n'étoit pas cette lumiere, mais il devoit servir de témoin à cette lumiere,
9. Qui est la véritable lumiere qui venant dans le monde éclaire tous les hommes.

1. *Le Nouveau Testament, traduit sur la Vulgate,* 1705.

10. Il étoit dans le monde, et le monde a été fait en sa considération, mais le monde ne l'a point approuvé.
11. Il est venu chez lui, mais ses propres domestiques ne lui ont pas obéi.
12. Cependant il a donné le droit d'être fils de Dieu à tous ceux qui lui ont obéi, à ceux qui croyent en elle ;
13. Qui ne doivent leur adoption ni aux ceremonies des Juifs, ni à leur naissance naturelle, ni à l'affection de quelque personne considerable, mais à Dieu.
14. Car cet Oracle étoit un corps humain, et il a eû son Tabernacle parmi nous, et nous avons considéré sa Majesté, qui est la Majesté que le fils bien aimé a receuë du Pere.
15. Jean qui étoit rempli de grace et de verité, a attesté et prêché, disant : C'étoit celui là dont je vous disois, celui qui vient après moi, m'a été preferé, parce qu'il étoit au dessus de moi,
16. Et nous avons tous receu de son abondance ce qui est Souverainement agreable et doux, ou grace sur grace.
17. Car la loy a été donnée par Moyse, mais la grace et la verité ont été proposées, par Jesus Christ.
18. Personne n'a jamais veû Dieu ; c'est le fils unique qui étoit dans le sein du Pere, qui l'a manifesté[1].

Chanoine Crampon

1. Au commencement était le Verbe, et le Verbe était en Dieu, et le Verbe était Dieu.
2. Il était au commencement en Dieu.
3. Toutes choses ont été faites par lui, et rien de ce qui a été fait, n'a été fait sans lui.

1. *Le nouveau Testament ou L'Alliance de Notre Seigneur et Sauveur Jésus Christ,* Amsterdam 1741 (Nouvelle Version).

4. En lui était la vie, et la vie était la lumière des hommes.
5. Et la lumière brille dans les ténèbres, et les ténèbres ne l'ont point reçue.
6. Un homme parut ; il était envoyé à Dieu, son nom était Jean.
7. Il vint en témoignage, pour rendre témoignage à la lumière, afin que tous crussent par lui.
8. Il n'était pas la Lumière, mais il devait rendre témoignage à la Lumière.
9. Le Verbe était la vraie Lumière qui éclaire tout homme venant en ce monde.
10. Il était dans le monde, et le monde a été fait par lui, et le monde ne l'a point connu.
11. Il est venu dans son héritage, et les siens ne l'ont pas reçu.
12. Mais à tous ceux qui l'ont reçu, à tous ceux qui croient en son nom, il a donné le pouvoir de devenir enfants de Dieu,
13. enfants qui ne sont pas nés du sang, ni de la volonté de la chair, ni de la volonté de l'homme, mais de Dieu.
14. Et le Verbe a été fait chair, et il a habité parmi nous, plein de grâce et de vérité ; et nous avons contemplé sa gloire, une gloire comme celle d'un Fils unique, né du Père.
15. Jean a rendu témoignage de lui, en disant à haute voix : « Voici celui dont je disais : Celui qui vient après moi a été fait plus grand que moi, parce qu'il était avant moi. »
16. Et nous avons tous reçu de sa plénitude, et grâce sur grâce.
17. Car la Loi a été donnée par Moïse, mais la grâce et la vérité nous sont venues par Jésus-Christ.
18. Personne n'a jamais vu Dieu ; le Fils unique, qui est dans le sein du Père, est celui qui l'a fait connaître [1].

1. *Le Nouveau Testament,* Amiens, 1885.

LE PROLOGUE DE JEAN

1

1. Au commencement : le Logos
le Logos est vers Dieu
le Logos est Dieu

2. Il est au commencement avec Dieu

3. Tout existe par Lui
sans Lui : rien

4. De tout être Il est la vie
la vie est la lumière des hommes

5. La lumière luit dans les ténèbres
les ténèbres ne peuvent l'atteindre

6. Paraît un homme envoyé de Dieu
Iohanân est son nom

7. Il vient comme Témoin
pour rendre témoignage à la Lumière
afin que tous y adhèrent avec lui

8. Il n'est pas la lumière
mais le témoin de la Lumière

9. Le Logos est la lumière véritable
qui éclaire tout homme.

10. Il est dans le monde,
le monde existe par lui,
le monde ne le connaît pas.

11. Il vient chez lui,
les siens ne le reçoivent pas.

12. Mais à tous ceux qui le reçoivent,
à ceux qui croient en son Nom,
Il donne d'être enfants de Dieu.

13. Engendrés
ni du sang,
ni de la chair,
ni d'un vouloir d'homme,
mais de Dieu.

14. Le Logos a pris chair.
Il a fait sa demeure parmi nous,
nous avons vu sa Gloire
pleine de Grâce et de Vérité.
Présence filiale — monogène
qu'il tient du Père.

15. Iohanãn lui rend témoignage ;
il crie :
Voici celui dont j'ai dit :
« Lui qui vient après moi
est passé devant moi,
parce qu'avant moi il était. »

16. De sa Plénitude nous avons tous reçu
et grâce sur grâce.

17. La Thora nous a été donnée par Moshé
La Grâce et la Vérité nous sont venues
par Ieschoua le Messie.

18. Nul n'a jamais vu Dieu,
le Fils monogène
qui demeure au sein du Père,
Lui, nous le fait connaître.

1. Au commencement : le Logos.

« En archè », au commencement, au principe, à l'origine, au fondement, à la source, en tête...

Quel mot choisir pour traduire cet « archè »[1], ce « béréshit » — premier mot de toute genèse ? Qu'en est-il du commencement ?

Quel était notre visage avant notre naissance ?

La question de l'origine est la plus fondamentale de l'homme, elle l'oblige aux racines ; elle le force à l'identification : quel est le lieu d'où tu viens ? il faut question garder du premier au dernier souffle, car connaître son origine, c'est aussi connaître sa fin, ce pour quoi nous sommes faits.

Au commencement, il y a un programme, un projet, une destination, une destinée ; mais de quel commencement s'agit-il ?

S'agit-il des débuts du Temps, de l'Autrefois ?

Au commencement, c'est d'abord cela : le commencement du monde, de cet espace-temps. Certains se poseront alors la question : mais qu'y avait-il avant ce commencement, « car de rien, rien ne peut sortir » ?

A cela, les Rabbins font finement remarquer qu'avant

1. « Archè » : *cf.* archétype, archéologie, archange, etc. : ce qui est à la tête, au commencement, à l'origine.

la lettre « beth », de « bereshit », première lettre par laquelle s'ouvre la Bible et le Prologue, s'il était écrit en hébreu, avant « beth » : il y a « aleph ».

Cet « aleph », la première lettre de l'alphabet, est le symbole de Dieu dans son Unité, son Aséité ; « beth », la seconde, symbolisera la dualité.

Ainsi, « bereshit », « en archè » = au commencement, c'est l'entrée dans le monde de la dualité, de la temporalité. C'est le commencement de ce qui doit finir, le monde composé qui doit se décomposer, le monde de l'entropie ou encore, pour reprendre le mot de Saint Paul, « ce monde tel que vous le voyez, ce monde qui est en train de disparaître... ».

Avant le commencement, il y a l' « aleph », le mystère de cette liberté « qui est » et qui fait qu'il y a quelque chose plutôt que rien...

Qu'y a-t-il au commencement ? La question peut aussi se poser d'une autre manière, plus subjective : qu'y a-t-il au commencement de nos actes, à la source de nos pensées ? de nos émotions ? de nos sentiments ?

Qu'est-ce qui est au commencement d'un amour, d'un rêve ? Qu'est-ce qui est à la source d'une pulsion, d'un cri, d'une angoisse ?

Se tenir dans la proximité de l'origine aiguise la conscience et nous ramène au présent, car le commencement n'est peut-être pas à chercher hier, autrefois, mais ici et maintenant. Qu'est-ce qui nous pose dans l'Être en cet instant ? Qui, en nous, pose cette question ?

Voir toute chose, dans son origine, dans son commencement, nous met en fraternité avec les vivants ; l'arbre, l'étoile, l'oiseau nous sont étrangers parce que nous les percevons en dehors de l'origine qui nous est commune.

Boire à la Source de tout ce qui vit et respire élargit le cœur et fait gronder le sang en écho de toutes les sèves du monde. Se tenir dans la proximité des commencements, c'est se rendre infiniment proche de ce qui fait être l'unité et la multitude des « étants ».

Au commencement : LE LOGOS.

Le Logos.

Logos « davar » en hébreu = intelligence, parole, verbe, information créatrice...

Là encore, traduire c'est trahir, c'est réduire.

Le logos n'est pas la parole, le verbe ou la raison au sens ordinaire du terme. C'est la parole créatrice. Le « davar » biblique donne forme et consistance à toutes choses. Il est intéressant de noter également que « davar » (D.B.R.) en hébreu veut encore dire :

1 : promesse, ordre, commandement, conseil
2 : événement, quelque chose — fait, action
3 : cause, motif.

Pour les Sémites, la parole et l'événement ne sont pas séparés.

Il s'agit d'une parole en acte, d'un verbe efficace.

Le concept contemporain qui se rapprocherait le plus de ce « davar » hébraïque, c'est le concept d'information.

Pour qu'une chose existe, elle a besoin d'être « informée » au sens génétique du terme ; sans cette information, comme le dira Saint Jean par la suite, rien ne subsiste. Rien ne prend forme.

Au commencement, à l'origine, il y a donc cette Intelligence, cette Parole Créatrice qui « informe » toute chose ; mais la Parole, c'est aussi ce qui nous tient dans l'Attente, dans la possibilité d'une Écoute et d'une Relation.

Dire qu'au commencement est la Parole, c'est dire que ce qui est premier est de l'ordre de la Relation. Entre l'aleph, l'inconnaissable et la création, il y a cette Parole, ce « dialogue », ce Logos qui pose la dualité et dans le même mouvement appelle et rend possible l'Unité, non l'unité indifférenciée ou fusionnelle, mais l'unité de relation : l'Amour.

Dans la pensée grecque, les études sur le Logos — qu'elles aboutissent ou non à une comparaison avec le Logos du Prologue — commencent toutes à Héraclite.

C'est à lui que Saint Justin attribuait déjà l'honneur d'avoir proclamé le premier l'existence du Logos ; bien plus, d'avoir vécu selon le Logos, si bien qu'il méritait le nom de chrétien, tout comme Socrate.

Amélios, le néo-platonicien, faisait lui aussi mémoire d'Héraclite à propos de ce « barbare » qui l'avait plagié dans son Évangile !... C'est vrai que le Logos fut proclamé à Éphèse par Héraclite six siècles avant Jésus-Christ, six siècles avant que Saint Jean proclame de nouveau — à Éphèse — le beau visage de celui qui incarne pour lui le Logos : Jésus-Christ, « Lui le visible de l'invisible... ».

Selon Héraclite, dans le flux incessant des choses aux attributs contradictoires, l'élément qui tient tout, c'est le FEU. On peut dire de lui qu'il administre et qu'il juge parce qu'il est conçu comme sage et intelligent. Mais quand on l'envisage comme loi et raison universelle des choses, on peut lui donner alors le nom de Logos, notre Logos particulier n'étant qu'une émanation de ce Logos Unique qui tient toutes choses ensemble ; car, comme le remarquera Axelos dans son étude sur Héraclite : « Le Logos est ce qui lie les phénomènes entre eux, en tant que phénomènes d'un Univers Un et ce qui lie le discours aux phénomènes. Le Logos est un lien. »

Nous devenons intelligents, selon Héraclite, en aspirant par la respiration ce Logos qui nous « relie » alors à tout ce qui existe ; nous ne sommes plus « séparés ».

« Prêtant l'oreille non à moi, mais au Logos, il est sage de dire en accord avec Lui que tout est Un, car la Sagesse est Une : connaître la Pensée qui dirige tout à travers tout » *(Panta dia pantón)*.

Pour les stoïciens, rien n'est plus divin que le Logos, mais cette fois, le Logos signifie la raison. Le monde est régi par la raison, il s'est développé par la raison ; il est maintenu, il est ce qu'il est, par l'action du principe raisonnable. L'homme n'est vraiment noble et humain que par la raison. Son devoir est de suivre la droite raison, c'est-à-dire le Logos ; c'est là seulement qu'il trouvera le bonheur.

On le pressent ; ce « logos stoïcien » influencera particulièrement le Christianisme où suivre « la droite raison » sera considéré comme : obéissance au Logos = obéissance à Dieu.

S'écarter de la raison, c'est le péché, la maladie... la folie, c'est « perdre la raison »...

Cet idéal de « l'homme raisonnable », « sain d'esprit », a fortement marqué les sociétés occidentales. Saint Augustin, Pascal et bien d'autres avant Freud nous rappellent cependant que le cœur, tout comme le corps, « a des raisons que la Raison ne connaît pas... ».

On a rapproché également le Logos johannique du Logos de Philon d'Alexandrie. Juif fortement influencé par la pensée hellénique, Philon — à la suite de Platon — voit dans le Logos le lieu archétype des idées, le monde intelligible, modèle du monde sensible ; il dira alors que le monde *(kosmos)*, étant du domaine de la sensation *(aisthetos)*, est le fils cadet de Dieu, tandis que le fils aîné, le Logos, étant de nature intelligible *(noetos)*, est gardé auprès de Dieu.

Ailleurs, le Logos apparaît comme le soutien de l'Univers, son lien *(desmos)* ; cette conception n'est pas étrangère au livre de l'Ecclésiastique (Siracide) : « Par son Logos, tout tient ensemble... En un mot : Il est toutes choses[1]. »

Philon ajoute :

> « Le Logos infini du Dieu Éternel est le soutien le plus puissant et le plus stable de la totalité du monde. C'est Lui qui, tendu du centre aux frontières et des extrémités au centre, assure tout au long la course de la nature et la rend invincible, rassemblant toutes les parties et les tenant strictement unies ; car le Père qui l'avait engendré faisait de ce Logos le lien *(desmos)* de l'Univers, un lien que l'on ne peut briser[2]. »

1. Siracide 43, 26-27.
2. Philon d'Alexandrie : t. 10, Plant 8-9.

La nature du Logos philonien est difficile à saisir :

Est-ce une hypostase (un être qui se tient par lui-même, une personne) ou bien une manière de parler pour désigner Dieu dans sa manifestation au monde? Philon dira que le Logos n'est ni incréé *(agenetos)* ni créé *(genetos)*; sans doute essaie-t-il d'exprimer la nature mystérieuse de l'action du Dieu qui est à la fois transcendant et immanent, se distinguant radicalement du monde et agissant du milieu du monde. C'est pourquoi il insiste sur le caractère médiateur du Logos; il est au « milieu » *(méthorios)* afin de faire entendre la voix de l'univers et de servir de médiateur et d'arbitre.

> « C'est au Chef des Anges, au Logos très vénérable, que le Père, Générateur de l'Univers, accorda en faveur particulière de se tenir au milieu pour séparer le créé du Créateur. Il est à la fois l'intercesseur du mortel, toujours inquiet auprès de l'incorruptible et l'ambassadeur du souverain auprès du subordonné. Il se réjouit de cette faveur et s'en glorifie en disant : " Et moi, je me tenais au milieu, entre le Seigneur et vous (Dt. 5,5); je ne suis ni incréé comme Dieu ni créé comme vous, je suis entre ces deux extrêmes, donnant des gages des deux côtés; à celui qui a planté, j'assure que le monde créé ne se révoltera jamais tout entier et ne se rebellera pas en préférant le désordre à l'ordre; à celui qui fut planté, je donne la belle espérance que jamais le Dieu favorable n'abandonnera son œuvre propre. Je suis le héraut envoyé pour négocier la paix par celui qui a décidé d'anéantir les guerres, Dieu, éternel Conservateur de la Paix "[1]. »

1. Philon d'Alexandrie : t. 15. Her 205-206, Éd. Cerf.

Annie Jaubert[1] fait remarquer un certain nombre de correspondances entre le Logos johannique et le Logos philonien qui ne manquent pas d'être éclairantes :

a) Pour Philon, la parenté des hommes avec le Logos, lui-même fils aîné de Dieu, est le plus grand don que Dieu ait fait aux hommes. Ces êtres ont été formés à l'image du Logos parfait. Moïse implore Dieu de « planter ses enfants » dans son Logos céleste[2].

Pour Jean, les hommes deviennent fils dans le Fils[3].

b) Pour Philon, le Logos est une image accessible aux hommes. Si des hommes sont incapables de devenir fils de Dieu, ils peuvent au moins devenir fils du Logos[4].

Pour Jean : Seul le Fils peut raconter le Père = « Qui m'a vu, a vu le Père. » — « Je suis le Chemin[5]. »

c) Pour Philon : Du Logos proviennent les nourritures de l'âme. Les plus parfaits sont nourris du Logos tout entier ; quant à nous, soyons satisfaits d'être nourris d'une partie du Logos. Ce Logos divin est figuré par la Source qui sort du Paradis et se divise en quatre fleuves. Il abreuve l'âme de sagesse et de vertus.

Pour Jean : Jésus est le pain de vie, la source d'eaux vives !

d) Pour Philon, le Logos se tient entre Dieu et les hommes, comme un suppliant. Il joue le rôle du grand prêtre pour le monde. Chez

1. *Approches de l'Évangile de Jean,* Seuil, 1976, p. 171-174.
2. Philon — Œuvres, Éd. Cerf (Praem 173, Fug 12, Plant 52).
3. Jn 1,12 ; I Jn 5, 11-18.
4. Philon (Somn 1,239 — Confus 135-147).
5. Jn I, 18 — 14,9 — 14,6.

Jean, le Christ prie le Père pour ses disciples. Il glorifie le Père.

e) Pour Philon, le Logos est Lumière, une lumière qui éclaire l'âme en lui faisant percevoir qu'elle est « lépreuse » ; ainsi lui inspire-t-il le regret de ses fautes. Il est donc le « témoin » ou « réfutateur » *(élanchos)* sacré[1].

Pour Jean : Le Christ est Lumière ; il est venu pour un jugement *(krisis)*, une discrimination. Mais c'est l'Esprit qui « réfute » le monde dans le cœur des croyants[2].

f) Pour Philon, le Logos guérit l'âme en l'éclairant ; les paroles divines la font revivre en lui insufflant le salut : l'Esprit (le *pneuma*) divin guide les pas de l'esprit *(noûs)* humain vers la vérité elle-même[3].

Pour Jean : Jésus éclaire les aveugles, ressuscite les morts, donne par son Esprit une vie nouvelle : « L'Esprit de Vérité vous guidera dans la Vérité tout entière[4]. »

Beaucoup de ces thèmes développés par Philon d'Alexandrie reviendront souvent dans la patristique et jusqu'au Moyen Age. L'histoire de l'exégèse de ce premier verset de l'Évangile de Jean serait longue, elle reste à faire. Le sens du Logos demeure inépuisable : « Il est long le chemin le plus nécessaire à notre pensée ; il conduit à cela de simple qui sous le nom de Logos demeure ce qu'il nous faut penser. Il n'est encore que peu de signes pour indiquer ce chemin[5]. »

Dans le monde contemporain, Martin Heidegger

1. Philon, Œuvres, éd. Cerf. Deus 134-135, Quaest. Gen. IV, 62.
2. Jn I, 4-5, 12,16 — 3, 29-31.
3. Philon, Somn 1, 147, Mos II, 265.
4. Jn 16,13.
5. Martin Heidegger : « Logos », trad. J. Lacan in *La Psychanalyse,* I, PUF, 1956.

essaiera par son « herméneutique étymologique » de dégager quelques-uns de ces « signes », et il nous invitera à interroger la signification « originelle » ou fondamentale du mot Logos.

Ce substantif grec « logos » se rattache en effet au verbe « legein ». Que veut dire originellement « legein » ?

Avant toute signification se rapportant à l'ordre du langage, il y a dans « legein » un sens premier, qui se retrouve dans le « legere » latin et le « lesen » allemand : l'idée de cueillir ou de récolter. Ce premier sens de logos, selon Heidegger, sera donc la « récolte » (*die Lese*) : récolter, recueillir, pour mettre à l'abri.

Heidegger montrera que l'acte de récolter comporte trois idées : soulever du sol (*aufnehmen*), rassembler (*zusammenbringen*) et conserver (*aufbewahren*), mais c'est la « mise à l'abri » qui prédétermine les actes du « cueillir » et du « rassembler » et qui en constitue le trait fondamental. Ce n'est que par ce trait que l'acte de cueillir est autre chose qu'une rafle, que l'acte de rassembler est autre chose qu'une mise-en-tas.

Le Logos, c'est le recueillement qui met en repos tous les êtres.

> « Legein est : mettre à reposer — mettre à reposer est le recueil en soi-même du fait de laisser se présenter ce qui est ensemble à être présent [1]. »

Heidegger essaiera par la suite — en méditant les fragments d'Héraclite — de faire le lien entre les significations originelles et le sens actuel de Logos, comme langage ou comme logique.

> « Jusqu'où va porter dans l'essence du langage l'empreinte qu'elle reçoit du mettre-à-reposer

1. Heidegger : *op. cit.*, p. 64.

> (*legein*) ? Cette question porte au point le plus extrême où l'on puisse remonter vers l'émergence essentielle du langage, car comme collation de ce qui est laissé se présenter au-devant, le fait de dire reçoit l'essence de son genre du dévoilement de ce qui est ensemble à se présenter au-devant, mais la révélation de ce qui est voilé dans le dévoilement est la présence même de ce qui est présent. Nous nommons cela l'être de l'étant[1] »

Pouvons-nous « rassembler », « recueillir » ces différentes interprétations du « Logos » qui viennent éclairer et quelquefois assombrir le sens que pourrait lui donner saint Jean au commencement de son Évangile ?

Si nous tenons ensemble l'héritage sémite et l'héritage grec qui se trouvent mêlés dans le Prologue au terme de Logos, nous dirions que le Logos est : Parole de L'Autre, Parole Créatrice, fondatrice de l'Être des Étants, et que le Logos est Dévoilement, manifestation de l'Être qui tient ensemble les Étants.

Au commencement : le Logos.

Il n'est que d'écouter dans les profondeurs de son propre principe, de se tenir à l'origine de son souffle, pour entendre ce double écho du Logos :

Présence active, information intelligente, aimante, qui nous fonde.

Altérité qui nous pose : l'Inconnu d'où nous venons...

Puis, Présence recueillante qui tient notre fil attaché à tous les fils de l'univers. « Poésis[2] » qui nous chante et nous façonne dans l'Unité de tous les êtres...

1. Heidegger : *op. cit.*, p. 65.
2. Dans le double sens d'action et de langage. Dire l'Un (le poème écrit ou dicté), faire l'Un (le poème vécu).

1. ***Au commencement : le Logos.***
Le Logos est vers Dieu
(Kai o logos èn pros ton théon).
Le Logos est Dieu.
(Théos èn o logos).

On a traduit quelquefois : le logos est « avec » Dieu ou « auprès » de Dieu. « Pros », en grec, indique un mouvement, une orientation : être « tourné vers quelque chose, vers quelqu'un ».

Le Logos est tourné vers Dieu.

Dans ce second verset, les anciens contemplent une révélation, un dévoilement de l'Uni-Trinité de l'Être :

Le Logos = le Fils ; Dieu = le Père ; le mouvement du Logos vers Dieu, le mouvement du Fils vers le Père = le Saint Esprit.

Cette révélation trinitaire ne brise pas l'unité de l'Un. Elle montre que cette unité n'est pas statique. Dieu n'est pas Un comme une monade ou un « sublime célibataire » (Chateaubriand). Dieu est Un comme l'Amant, l'Aimée, l'Amour sont Un. « Dieu est Amour. » Ainsi l'Être est-il : mouvement – relation- = Vie.

Quand je me pose la question : Qui suis-je ? quelle est mon origine ? Je découvre dans les fondations de mon être cette Intelligence, cette Présence qui me fait exister.

Cette Présence est orientée, elle m'introduit dans son mouvement, « pros », vers Dieu. Dans son fondement même — mon être est relation ; là où il y a relation, il y a liberté.

Je peux faire obstacle à cette relation, entraver ce mouvement du fils vers le Père ; je peux « attrister l'Esprit Saint » ; et qu'est-ce que la « catastrophe originelle », sinon cette perte de l'Orient, cette perte de l'orientation du Logos qui est dans l'homme, vers sa Fin, son « théos », son Dieu ?

L'homme a perdu son « Saint Esprit » qui le « tournait vers » le Père ; il a perdu l'Esprit de Filiation... Que sera l'œuvre du Christ dans le monde, sinon de rendre à l'homme Son Esprit (*pneuma*), son « bon sens » tourné vers le Père et le restituer ainsi dans sa dimension de Fils.

Les mots : Père, Fils, Esprit — tout comme le mot Dieu — sont des symboles et les Anciens théologiens de l'Église nous mettent en garde contre le danger d'anthropomorphisme.

Dieu n'est pas Père à la façon d'un grand vieillard à barbe blanche. Il est « Père » en tant que « fondement — origine », « Être fils », c'est entretenir une relation d'intimité avec ce qui sans cesse nous fonde et nous « origine ».

Cette relation est « pneumatique », spirituelle — le Pneuma, l'Esprit Saint, voulant dire littéralement : l'haleine, le « souffle ». Cette relation d'intimité est donc relation de Présence-à-présence, présence du souffle humain au Souffle qui anime « tout ce qui vit et respire ».

Tout l'Évangile de Saint Jean sera : invitation au retour[1] ou à l'entrée dans cette intimité, qui est participation à la vie Trinitaire, c'est-à-dire à la vie intérieure du Dieu Vivant.

Le mot « Deus », Dieu en français, vient du mot « Diès » en latin, qui veut dire : le Jour. Quand je dis Dieu, je dis : il fait ou il fera Jour, il fait ou il fera clair... Dieu est Amour, Dieu est aussi Lumière[2].

En grec, dans le mot « théos » (Dieu) que l'on retrouvera dans « théoria » (originellement traduit par : contemplation), il y a également cette notion de « voir », de voir clair...

Être tourné vers Dieu, si on respecte ce nom dans ses étymologies grecques et latines, c'est être en chemin vers la transparence de l'œil et de la lumière.

1. Au retour, au retournement = métanoia — changement d'esprit — conversion.
2. *Cf.* I Jn 1,5.

La lumière que l'on voit ne fait qu'Un avec la lumière qui nous fait voir. Maître Eckhart ira jusqu'à penser que « l'œil par lequel je vois Dieu est l'œil par lequel Dieu me voit ». Connaître Dieu, c'est entrer dans cette unité de l'œil et de la lumière.

Le Logos est tourné vers le théos. Cela veut dire que l'Être et l'Intelligence qui sont en nous sont orientés, en mouvement, en marche, vers la Pure Lumière [1].

Le LOGOS est DIEU (Théos èn o logos) :

C'est la conclusion de ce premier verset de l'Évangile de Jean. Le Logos ne fait qu'Un avec la Lumière qu'il donne à contempler. Le fleuve ne fait qu'Un avec la source d'où il vient. Jésus dira : « Le Père et moi, nous sommes Un. »

Le Logos et le « théos » sont distincts. Ils ne sont pas séparés. Ils sont Un. Ils ne sont pas confondus, mélangés. Ce premier verset est déjà révélation de ce qu'est l'Amour. « Le Logos est vers Dieu. Le Logos est Dieu. »

La métaphysique grecque de l'Être Immanent et la métaphysique hébraïque de l'Autre Transcendant sont ici dépassées dans une métaphysique de l'OUVERT qui rend possible la Relation. L'Unité n'est pas détruite par l'Altérité. L'Altérité n'est pas anéantie par l'Unité.

Celui qui aime s'avance dans la proximité de cette Révélation, car celui qui aime aime l'autre dans sa différence et le perçoit dans son unité avec lui.

Celui qui aime s'avance au cœur même de l'Uni-Trinité.

Il n'est pas loin du commencement et de la fin (de l'Alpha et de l'Oméga). « Il demeure en Dieu et Dieu demeure en lui » (cf. I Jn 4/16).

1. On peut rapprocher cette expérience de l'expérience du Nirvana dans l'hindouïsme et le bouddhisme : entrée dans le domaine de la Pure Lumière.

Cf. également le Bardo-Thodol : la Claire Lumière qui apparaît au moment de la mort.

2. ***Il est au commencement avec Dieu.***
3. ***Tout existe par Lui.***
Sans Lui : rien.

« Panta di autou egeneto — kai koris autou egeneto oude èn o gegonen. » Littéralement : le tout (*panta*) a en lui sa genèse (*egeneto*) et rien n'a de genèse en dehors de lui.

La Vulgate de Saint Jérôme, sans doute plus proche de l'esprit hébreu, traduit : « Sine ipso factum est nihil » = Sans lui, rien n'est fait. Sans lui : Nihil = Rien !

Il importe de s'éprouver sans cesse en genèse, en voie de création ; nous ne sommes pas faits une fois pour toutes ; le Logos est sans cesse à l'œuvre pour nous tenir hors du Néant.

Se découvrir « créé », c'est découvrir que nous n'avons pas l'Être par nous-mêmes ; nous sommes des êtres par participation. Dans le même mouvement, nous découvrons que nous sommes « rien » et que nous sommes « aimés ». Nous n'existons que par l'Amour et le libre désir du Vivant.

Lorsque Maître Eckhart dit que « la créature est un pur néant », cela ne veut pas dire qu'elle n'existe pas, mais qu'elle n'a pas d'existence en soi et pour soi, il ne fait que répéter la parole de Saint Jean.

Il est vrai que ce terme de « néant » est ambigu.

Dieu lui-même peut être dit un « pur néant », dans le sens où Il n'est rien de ce qui existe. Il est l'Incréé...

On peut dire alors qu'Il « n'existe pas », il n'appartient pas au règne des Étants, « il n'est pas du monde ».

Mais ce Néant, ce Non-Étant, est la matrice d'où naissent les mondes, l'Incréé d'où vient toute créature.

Sans le Logos : Rien. Sans cette Volonté de Manifestation, sans ce Désir qui vient d'Ailleurs, l'Univers n'existerait pas. Il n'a pas de nécessité en lui-même. Il est tout entier suspendu à cette liberté abyssale, cet Amour Inconnu « qui fait tourner la terre, le cœur humain et les autres étoiles ».

C'est là un verset qu'il s'agit d'éprouver plus que d'expliquer. Certaines situations de notre vie nous donnent d'expérimenter notre « rien », notre vacuité (notre « buée », dirait Chouraqui). C'est au cœur même de ce « rien » que nous pouvons toucher véritablement la Présence du Logos. La page blanche appelle l'Écrit. « L'Humain, le trop humain » anéanti, reste Dieu. C'est dans cette vierge et vive vacuité que le Verbe est engendré.

4. ***De tout être, Il est la vie.***
La vie est la Lumière des hommes.

Deux termes nouveaux apparaissent ici : « Zoè » = la vie, « Phos » = la lumière.

Le Logos est la Vie, le Vivant de tout être ; ce Vivant est Lumière. Mais qu'est-ce que la Vie ?

De nouveau, Saint Jean nous tient dans la proximité de l'origine. Il nous ramène à l'essentiel. Suivre le Logos, c'est écouter et adhérer au mouvement même de la Vie en nous. Être chrétien, c'est devenir de plus en plus vivant, Un avec la Vie.

Le Logos n'est pas un étranger, Il « est plus proche de nous que notre veine jugulaire ». Il est le Vivant de nos vies. La Vie, tout comme la Lumière, tout comme l'Amour, n'est la propriété d'aucune race, d'aucune secte, d'aucune religion. Un incroyant plein de vie, d'amour et de lumière est sans doute plus proche du Logos, plus « chrétien » qu'un croyant qui désespère de la vie, qui doute de la puissance d'amour qui est en lui et qui ne cherche plus la lumière.

Le Logos est la Vie ; tout être vivant est « demeure de Dieu », tout ce qui vit et respire « est adorable ».

La vie est sacrée ; ce n'est pas un vain mot ; c'est la reconnaissance du Logos qui anime toute chose. Si nous perdons cette connaissance, le monde devient profane, c'est-à-dire « profané », vidé de la Présence qui l'habite, vidé de sa Lumière.

Retrouver cette gnose (retrouver son Esprit Saint),

c'est voir le Logos dans tous les êtres (*logoi* qui participent à l'Unique Logos, disent les Pères) et c'est faire l'expérience de la Transfiguration, comme le fit le Pèlerin russe, alors qu'il invoquait dans l'Esprit Saint, du fond du cœur, le Nom du Logos incarné :

> « Tout ce qui m'entourait m'apparaissait sous un aspect ravissant : les arbres, les herbes, les oiseaux, la terre, l'air, la lumière, tous semblaient me dire qu'ils existent pour l'homme, qu'ils témoignent de l'amour de Dieu pour l'homme ; tout priait, tout chantait Gloire à Dieu ! Je comprenais ainsi ce que la Philocalie appelle " la connaissance du langage (*logos*) de la création " et je voyais comment il est possible de converser avec les créatures de Dieu[1]. »

Sur le mont Thabor, les yeux des disciples devinrent également capables de voir le Logos « par Qui tout existe » dans la forme terrestre de Jésus de Nazareth.

« Qui voit son frère voit son Dieu », disent les Pères du Désert. Toute la difficulté est de « voir » vraiment. Il ne s'agit pas de s'attacher à la forme particulière que prend la vie et la lumière, mais de replacer toutes formes dans le grand courant de vie et de lumière qu'est le Logos.

Moïse ne se prosterne pas devant un buisson (ce serait alors une idole), mais devant la Flamme et la Parole qui se manifestent en lui. Nous n'adorons pas l'homme Jésus (nous serions alors des idolâtres), nous adorons le Logos, la Vie, la Lumière qui se sont incarnés en Lui. Quand Jésus dira dans l'Évangile « je suis la Vie » ou « je suis la Lumière du monde », il ne parle pas à partir de son « petit-moi », de son être existentiel (ce ne serait que mégalomanie, « inflation de l'ego »). Il parle à partir du Logos qui est en Lui, du Logos « qui est — au

1. *Le Pèlerin russe,* éd. du Seuil, 1966, p. 51-57.

commencement — avec Dieu »... De tout être, Il est la Vie, et « la Vie est la Lumière des hommes ».

Il nous arrive aussi parfois de ne faire qu'Un avec la vie, d' « être la vie », et c'est comme une lame de fond qui nous soulève plus haut que le temps, au-delà de la mort. Et nous éprouvons alors quelque chose d'invulnérable, d'indestructible en nous.

Saint Jean l'appellera : la Vie Éternelle,

la Vraie Vie qui ne passe pas quand passent toutes les formes à travers lesquelles elle se manifeste.

Il nous arrive aussi parfois de ne faire qu'Un avec la Lumière, de la voir dans le Cosmos, de la voir dans les autres, comme le fit Motovilov au siècle dernier, quand il fut introduit dans l'intimité « pneumatique » du Père Séraphim de Sarov :

> « Mon ami, nous sommes tous les deux en ce moment dans l'Esprit de Dieu (*pneuma*) [...] Pourquoi ne voulez-vous pas me regarder ?
>
> Je ne peux pas vous regarder, Père, répondis-je, vos yeux projettent des éclairs ; votre visage est devenu plus éblouissant que le soleil et j'ai mal aux yeux en vous regardant.
>
> Ne craignez rien, dit-il, en ce moment vous êtes devenu aussi clair que moi. Vous êtes aussi à présent dans la plénitude de l'Esprit de Dieu ; autrement, vous ne pourriez me voir tel que vous me voyez[1]. »

Vladimir Lossky ajoute que ce récit, dans sa simplicité, contient toutes les doctrines des Pères orientaux sur la « gnose » :

« Conscience de la grâce qui atteint son degré extrême dans la vision de la lumière divine. »

Conscience du Logos, ouverture de l'intelligence mais aussi du cœur et du corps au déploiement de la Lumière — Étreinte du Vivant.

1. Entretiens de Saint Séraphim (traduction Vladimir Lossky in *Théologie, Mystique de l'Église d'Orient,* pp. 226-227).

5. ***La Lumière luit dans les ténèbres***
(En te skotia phainen)
les ténèbres ne peuvent l'atteindre.

La Lumière du Logos ne se révèle pas toujours dans l'évidence d'un corps de lumière, comme celui du Christ sur le mont Thabor ou comme celui de saint Séraphim. Dans la majorité des cas, elle demeure environnée de ténèbres. Elle brille dans l'Obscur.

Cette obscurité n'est pas seulement à considérer comme étant celle du mal ou du péché qui empêchent la lumière de se révéler ; elle est aussi la condition de ce dévoilement.

La lumière est par elle-même invisible ; pour entrer dans le champ de notre perception, elle a besoin de prendre une certaine densité (elle devient alors : nuée), elle a besoin d'une certaine matière qui est — de par sa nature — plus ou moins lourde et sombre.

On peut donc comprendre ce verset : C'est dans la matière (*skotia*) que la Lumière (*phos*) devient un phénomène (*phainen*), qu'elle se rend perceptible dans l'espace-temps.

« Skotia auto ou katelaben » : Les ténèbres ne peuvent l'atteindre, ou encore : ne peuvent la comprendre (la contenir).

Cette Lumière incréée qui habite dans les profondeurs de l'être n'est pas accessible à l'esprit « matériel » ; elle est d'une autre nature.

L'Altérité et la Transcendance demeurent dans l'intime du Phénomène, le plus connu est saturé d'inconnaissable ; c'est le propre de la Lumière de demeurer invisible au cœur même de tout ce qu'elle donne à voir ; infiniment proche et toujours non attachée à ce qu'elle montre ; on ne saurait garder dans les yeux ni dans les mains son éclaircie...

Une autre interprétation moins métaphysique et peut-être plus riche en espérance serait de lire dans ce verset l'affirmation que le plus ténébreux de nous-mêmes ne viendra jamais à bout de la Lumière ; l'Étincelle ne sera jamais ternie par le poids de nos cendres ; le mal ne l'emportera pas.

Quelles que soient nos impuretés, la lumière que chacun porte en lui-même n'en est pas souillée...

Jésus offre à Judas une bouchée de son dernier repas, puis Judas quitte la table pour aller accomplir sa triste besogne...

Saint Jean note seulement : « Il faisait nuit. »

Judas emporte, dans cette nuit, une bouchée de lumière, un éclair qui lui brûle les entrailles et que la mort même ne saurait éteindre.

Dieu ne saurait cesser de nous aimer. Il irait contre sa nature même. La Lumière de son Logos ne cesse de briller, quels que soient les murailles de nos refus, le noir, l'épaisseur de notre incrédulité.

Au bout de la nuit, cela peut nous aider à ne pas désespérer de nous-mêmes et à ne pas désespérer de l'autre.

Quelque part, au fond, une braise infime attend la bienveillance d'un Regard et la caresse illuminatrice du Souffle...

6. Paraît un homme, envoyé de Dieu.
Iohanân est son nom.

Dans les premiers versets, nous étions sur les hauteurs de la contemplation. Nous redescendons maintenant dans la vallée de l'Histoire.

Il y a, dans l'Évangile de Jean, ce rythme de vague, ce flux et reflux de l'Éternel dans le temps.

Il ne s'agit pas d'un traité de métaphysique, mais d'une histoire dans laquelle s'incarnent les grands principes, histoire au quotidien où se manifeste l'Inconnu, l'Altérité, ce qui en fait une histoire « sainte ».

Les archétypes s'y rencontrent en chair et en os.

Dans le Prologue, Jean (le Baptiste) nous apparaît comme l'archétype de l'Envoyé, du premier « apôtre » (*apostalmenos,* nous dit le texte) et du témoin. De la même façon que le Logos est tourné vers Dieu, Jean-Baptiste est tourné vers le Logos, il est « Ad-Verbum ». Les mystiques rhénans le présenteront comme « l'adverbe » par excellence.

Iohanân est son nom (*on schemô Iôhanan*), ce qui veut dire : « Celui à qui Dieu fait grâce » (*Io* : même racine que le tétragramme ; *Anan* : qui donnera le prénom « Anne » = la grâce) ; et qu'est-ce que la grâce sinon cette possibilité d' « être tourné vers », dans laquelle nous reconnaissons la Présence du Saint Esprit ? Cette capacité de sortir de soi-même, d'être « pour l'autre » ?

La grâce, c'est la beauté qui se donne.

Jean-Baptiste, « le plus grand parmi les enfants des hommes », est « pour l'Autre ».

L'identité d'un être est dans sa mission ; être appelé par son nom, c'est être tiré de soi-même vers l'Autre, de nouveau entrer dans la vie, le mouvement et l'être de la Relation...

7. ***Il vient comme Témoin (martus)***
pour rendre témoignage (marturèsé) à la Lumière,
afin que tous y adhèrent (pistéusosin) avec lui.

Le grec « martus » = témoin, qui donnera le mot « martyr », traduit les mots hébreux de la famille « he-id » : attester la vérité de...

Le rôle de Jean, c'est donc de témoigner de tout son être, d'attester avec son corps, son affectivité, son intelligence que la Lumière existe, afin que les autres puissent y adhérer, l'expérimenter avec lui.

Les martyrs, les témoins, sont ceux qui manifestent, qui attestent la vie du Ressuscité en eux, l'Amour plus fort que la mort. Le verbe grec « pisteuein », que nous traduisons généralement par « croire », avoir la foi, essaie de rendre le verbe hébreu « aman », qui donnera « amîn » (ou *amen,* ce qui reste de latin dans nos

Liturgies, c'est de l'hébreu !). « Amîn » signifie : « être certain de la vérité de... ne faire qu'un avec... adhérer ».

Nous avons souvent traduit dans l'Évangile de Jean la « pistis », la foi, par « l'adhésion » ou « l'adhérence » pour bien signifier le lien vital et la sensation de certitude qu'impliquent la foi dans sa prégnance originelle.

Jean-Baptiste vit de la Lumière vers laquelle il est tourné. Il ne fait qu'Un avec Elle, comme le Logos ne fait qu'Un avec Dieu, et dans ce mouvement d'« adhésion » ou d'adhérence, il entraîne les autres à y adhérer avec lui, à y participer avec lui.

*8. **Il n'est pas lumière,***
mais le témoin de la Lumière.

Le rapport de Jean-Baptiste et du Christ est souvent comparé au rapport qui existe entre la Lune et le Soleil.

La Lune n'est pas source de lumière, mais reflet de lumière.

Le Prologue nous avertit de ce danger qui consiste à prendre quelquefois le reflet pour la lumière, à prendre le Précurseur pour le Messie, et on se demandera en effet dans l'Évangile « si Jean-Baptiste n'est pas le Christ ».

Au niveau de l'expérience intérieure, on peut prendre aussi le reflet pour la lumière. On peut s'illusionner et prendre les signes précurseurs de la réalisation pour la Réalisation elle-même : une certaine sagesse, un certain calme, une certaine clarté d'esprit ne sont pas encore la lumière.

Ces expériences sont encore — pour reprendre les catégories de saint Paul — du monde « psychique » et non du monde « pneumatique ». Jean-Baptiste le dira d'ailleurs lui-même : « Je ne suis pas le Christ. » Et cette parole magnifique : « Il faut qu'il croisse et que je diminue », dans un esprit jungien, on dirait : l'importance du moi doit se relativiser pour laisser place à l'importance du Soi...

Tauler commentera cette parole en disant que le nom secret de Jean-Baptiste, c'est « Non Sum » : « je ne suis pas », tandis que le Nom secret du Christ, c'est « Ego Sum » : « JE SUIS. » Ce « Non-sum » est la condition même pour que se réalise en nous la Présence de « l'Ego-Sum ».

Cette expérience sera aussi vécue par Catherine de Sienne, quand le Christ lui dira : « Je suis celui qui Est » — « Tu es celle qui n'est pas. »

Jean-Baptiste n'est pas la Lumière. Il porte la lumière. Sa présence est pure capacité de l'Autre, comme Marie — par son humilité, sa virginité intérieure, sa vacuité, il s'est fait « capax Dei » = capable de Dieu.

Il porte le Jour. Son visage est empreint de Soleil.

9. Le Logos est la lumière véritable
qui éclaire tout homme.
To phos to alethinon (héb. : ôr emet)
photizei panta anthropon.

Jean-Baptiste est le miroir qui reflète la Lumière, mais la Lumière Véritable : c'est le LOGOS.

Cette Lumière éclaire « tout » homme, non seulement les chrétiens, les hommes de foi, les fervents, mais « tout » homme. Cette parole est importante : tout homme est habité par le Logos et dans ce sens « tout ce que nous faisons au plus petit de nos frères, c'est à Lui que nous le faisons ».

Les Pères de l'Église aimaient aussi reconnaître en toute parole et en tout acte de sagesse des « semences du Logos », des « sperma theou ». « Toute parole de vérité, quelle que soit son origine, est inspirée de l'Unique Esprit Saint », dira plus tard Saint Thomas d'Aquin. Cette attitude d'ouverture et de respect devrait éclairer nos relations avec les religions et les traditions différentes des nôtres.

Gandhi disait : « L'Évangile est merveilleux, les chrétiens sont sordides », quand il les voyait enfermés dans leur chauvinisme et leur prétention à détenir « seuls » la Vérité.

Le missionnaire chrétien n'a pas à annoncer un Logos qui vient de l'extérieur, mais à révéler une Présence qui est déjà là !

« Il y a au milieu de vous quelqu'un que vous ne connaissez pas », disait Jean-Baptiste.

Il s'agit de s'éveiller à l'Inconnu qui attend dans les profondeurs de l'Être, prendre conscience de ce qui — de toute Éternité — est déjà donné.

Nous connaissons la difficulté de penser le même dans l'Autre, sans songer à détruire son altérité ! Pourtant : « Si le tout était un seul membre, où serait le corps[1] ? » Le corps du Logos, c'est l'Univers entier, ce sont toutes les traditions, toutes les cultures, toutes les religions dans ce qu'elles ont de propre et d'inspiré de Dieu.

> « Il y a plusieurs membres et cependant un seul corps. L'œil ne peut donc dire à la main : " je n'ai pas besoin de toi ", ni la tête à son tour dire aux pieds : " je n'ai pas besoin de vous ". Un membre souffre-t-il ? tous les membres souffrent avec lui. Un membre est-il à l'honneur, tous les membres prennent part à sa joie[1]. »

Maître Eckhart reconnaissait l'avancement spirituel d'un novice dans sa capacité à se réjouir de la réussite de l'autre : ne pas être jaloux de la vérité qui est dans l'autre, mais y reconnaître la présence de l'Unique Logos « par qui tout existe ».

Cette attitude ne devrait pas nous conduire au relativisme du « tout se vaut » ou au confusionnisme où se mélangent les niveaux et les différents plans de révéla-

1. Saint Paul, I Cor. 12/19.
2. Saint Paul : Cor. 12, 26-27.

tion. L'ouverture du cœur n'exclut pas la vigilance et le discernement, au contraire : elle l'exige ! car il n'y a pas de véritable ouverture sans véritable enracinement, pas de communion sans identités bien différenciées. Saint Jean dira dans sa Première Épître : « Bien-Aimés, ne vous fiez pas à tout esprit, mais éprouvez les esprits pour voir s'ils viennent de Dieu, car beaucoup de faux prophètes sont venus dans le monde » (I Jn 4/1).

Il s'agit en effet d'éprouver les esprits pour savoir si ce qui inspire une personne ou un groupe est la vanité, la volonté de puissance ou bien la vérité et l'amour. Avec la lumière du Logos qui est en lui, tout homme peut s'éclairer et éclairer les autres ; il peut aussi s'en servir pour se faire briller, pour se détruire et détruire les autres. Il y a des façons perverses d'utiliser la vie, nul ne peut le nier, mais ce discernement et cette vigilance nécessaires ne doivent pas se transformer en méfiance, en paranoïa, ou pire : en dureté de cœur.

> « L'onction que vous avez reçue de Lui demeure en vous et vous n'avez pas besoin qu'on vous enseigne [...]. Quiconque ne pratique pas la justice n'est pas de Dieu, ni celui qui n'aime pas son frère [...]. Si nous marchons dans la lumière, comme Il est lui-même dans la Lumière, nous sommes en communion les uns avec les autres...
>
> Celui qui n'aime pas demeure dans la mort.
>
> Bien-Aimés, aimons-nous les uns les autres puisque l'Amour est Dieu et que quiconque aime est né de Dieu et connaît Dieu ; celui qui n'aime pas n'a pas connu Dieu, car Dieu est Amour [...]. Le parfait amour bannit la crainte [...] Reconnaissez que tout homme qui pratique la Justice est né de Lui[1]. »

Il faudrait citer toute l'Épître de Saint Jean pour comprendre que la présence du Logos dans l'homme est

1. Jn 1/7-2/9-29.

inséparable de la présence de l'« agapè » : Lumière et Amour sont Un.

Prétendre être dans la lumière, sans aimer, est mensonge.

Prétendre aimer, sans se tenir dans la lumière, est illusion. La vérité, sans l'amour, c'est : l'Inquisition, le four crématoire = le crime au nom de la vérité. L'amour sans la vérité, c'est la jalousie, la possessivité, l'hypocrisie et de nouveau le crime « au nom de l'amour » : « je l'aimais trop, je l'ai tué ».

Le Logos est la flamme qui éclaire tout homme venant en ce monde. La flamme est lumière et chaleur. Le Logos est intelligence et amour.

10. Il est dans le monde (kosmos)
le monde existe par lui,
le monde ne le connaît pas.

Claude Tresmontant note que le mot grec « kosmos » traduit l'hébreu « olam », qui signifie la durée indéfinie dans le passé, ou la durée indéfinie dans l'avenir. Dans l'hébreu tardif, « olam » en est venu à signifier la durée du monde, « olam ha-zeh » : la durée du monde présent. Il traduira ainsi le grec « kosmos » par : « le monde de la durée présente ».

Cette traduction difficilement utilisable a néanmoins le mérite de nous rappeler que « le monde », dans la pensée hébraïque, comme dans la pensée de Jean, ce n'est pas le Cosmos, l'Univers dans le sens où nous pourrions l'entendre aujourd'hui.

C'est l'histoire des hommes.

Ainsi nous pourrions dire que le Logos est dans l'histoire et que l'histoire ne lui donne pas sa place. Pas de place en effet pour l'Éternel dans notre temps, pas de place pour l'Infini dans notre finitude.

L'histoire, c'est ce que l'homme fait de l'Univers, pour le meilleur et pour le pire, en harmonie avec le Logos qui l'anime ou contre lui.

Il y a cette possibilité dans l'histoire : l'homme peut refuser de reconnaître le Logos qui est en lui...

Le fleuve peut nier l'existence de sa source. Comme le dit le prophète : « Ils se sont construit des citernes et ils m'ont abandonnée, moi, la source d'eaux vives [...] »

Mais l'eau, même la plus pure, coupée de sa source, ne peut tarder à croupir.

Le monde de la durée présente, c'est le monde de la durée limitée : « l'être pour la mort ».

Ainsi, lorsque Saint Jean dit : « N'aimez ni le monde ni rien de ce qui est dans le monde » (I Jn 2/15), il ne dit pas de fuir le monde de la matière, de la nature ou du corps, il nous dit de nous méfier de ce que l'homme, dans sa liberté, peut faire du Cosmos. Il nous dit de ne pas nous fier à l'histoire. Le sens du monde et de l'histoire, ce n'est pas le progrès indéfini, c'est la Transparence à l'Éternel.

C'est la reconnaissance du Logos qui est en lui.

Sans se faire l'écho des savants sérieux qui affirment que le progrès ne peut que nous conduire à la mort (il ne s'agit pas seulement de la loi de l'entropie, mais de l'utilisation anarchique que nous faisons de nos ressources), on ne peut pas nier que beaucoup soient dans l'ignorance du Sens à donner au monde et à l'histoire.

Nous sommes dans un état que les Hindous appellent « avidya » ou « ignorance » (littéralement : non-vision), qui n'est pas manque de savoir, mais oubli de l'Être, ignorance du Soi, « être à côté de ce qu'on est et de ce pour quoi on est fait vraiment ».

L'histoire est devenue purement horizontale. Elle ne connaît plus que le temps au présent fugace, au lourd passé et à l'avenir incertain. Elle vit dans l'oubli du Logos, privée de sa verticalité qui est Ouverture à la Transcendance. Elle ne tient plus « debout ».

C'est l'état de chute continue.

On ne peut comprendre le sens du monde en s'y enfermant, nous ne pouvons le comprendre qu'en le transcendant.

L'histoire n'a de sens que pour ceux qui sont sortis —

ne serait-ce qu'un instant — de l'histoire, pour ceux qui se tiennent « dans le monde, sans être du monde » et qui témoignent par leur vie d'une Vie, d'un Logos, d'une Lumière que la mort ne saurait atteindre...

11. Il vient chez lui,
les siens ne le reçoivent pas.

Où le Logos est-il « chez lui » ? Quelle est cette demeure dont la porte lui est fermée ?

On a souvent pensé qu'il s'agissait, dans ce verset, du peuple juif et de la Terre d'Israël. Le Logos n'était-il pas en effet chez lui dans les paroles de la Thora et dans l'enseignement des sages et des prophètes ? L'information créatrice qui parle à travers les éléments du Cosmos, mais aussi à travers la bouche des inspirés, n'avait-elle pas été recueillie dans les livres saints ?

Le peuple juif était donc un peuple privilégié, porteur des « sperma theou », des paroles divines, et il semblait « normal » que le Logos s'incarne dans ce peuple particulièrement bien « informé ».

La mission d'Israël, au milieu des nations, sa non-assimilation a toujours été de garder un minimum de verticalité au sens de l'histoire.

Israël existe comme un rappel, au milieu du temps, de ce qui n'est pas du Temps. C'est un peuple qui, normalement, n'est pas dans « l'ignorance » du Logos, au sens du verset précédent mais qui, par sa reconnaissance tout au long de son destin tumultueux, invite les nations à cette ouverture à la Transcendance qui peut les sauver de l'absurdité et de la mort.

Pour Saint Jean, il semblerait que le peuple juif n'ait pas reconnu le Logos dans sa forme corporelle. « Ils sondent les Écritures, mais ils ne veulent pas venir à moi pour avoir la Vie [...] »

C'est toujours le risque d'une parole vivante que de se figer dans l'Écrit. On peut préférer le beau visage des lettres hébraïques au beau visage de l'homme vivant.

Ce que Jésus semble reprocher aux pharisiens, aux Pérouschim, grands connaisseurs de la loi, c'est de ne pas incarner dans leurs pratiques ce qu'ils lisent, méditent et prient dans leurs livres. « Faites ce qu'ils disent, ne faites pas ce qu'ils font. » Ils connaissent le Logos. Ils l'ont reçu d'une certaine manière dans leurs intelligences, et le transmettent dans leurs enseignements, mais ils ne le reçoivent pas dans leur corps, leurs actes et leurs comportements.

Qui oserait dire qu'aujourd'hui les chrétiens font « mieux » que les juifs ?

Le Logos s'incarne toujours aussi difficilement !

On parle d'amour... qui oserait dire qu'il le vit totalement, qu'il est devenu amour ? Des fous de Dieu peut-être, des âmes simples, échardes de lumière dans la chair pourrissante de notre histoire ?

Thérèse de Lisieux disait : « Je n'ai plus rien d'autre à faire que d'aimer ! » Rien d'autre à faire que d'incarner quotidiennement dans les moindres actes le Logos !

Il vient chez lui et les siens ne le reçoivent pas : ceux qui parlent en son nom, ceux qui se disent de lui sont quelquefois ceux qui l'incarnent le moins...

Selon une interprétation plus philosophique, nous dirions que le Logos est « chez lui » dans l'esprit (*noûs*) de l'homme et que l'esprit de l'homme peut se borner, se fermer, devant ce qui le dépasse. Il en viendra alors à penser Dieu et le monde dans « les limites de la simple raison [...] ». La grandeur de la raison est pourtant de reconnaître ses propres limites. La grandeur de l'intelligence est de conduire aux limites du pensable, là où le discours s'achève et s'accomplit dans le silence et la contemplation... !

L'intelligence humaine peut se fermer à l'Intelligence Créatrice. Ce verset est donc aussi l'affirmation de la liberté de l'homme.

L'homme n'est jamais « forcé » de croire ou d'aimer...

La Lumière et l'Amour du Logos peuvent frapper à sa porte, c'est à lui d'ouvrir et de recevoir...

12. ***A tous ceux qui le reçoivent,***
à ceux qui croient en son Nom,
Il donne d'être Enfants de Dieu.

Ceux qui s'ouvrent, qui se font « capacité », le Logos les investit. Le premier commandement, c'est : « Écoute... Écoute, Israël, tu aimeras... »

Écouter, c'est se rendre attentif, réceptif au Réel, à la Réalité du Logos qui donne aux choses d'être ce qu'elles sont.

L'Écoute conduit à l'adhésion, à l'adhérence, à ce que nous appelons : la Foi.

S'ouvrir, écouter, ne faire qu'Un avec Celui qui Vient... Réaliser son Nom... autant d'étapes vers le Logos...

Le Nom, dans la pensée hébraïque, ce n'est pas la simple appellation verbale, l'étiquetage d'une réalité personnelle ou impersonnelle, c'est la Présence même, l'Énergie (la *dynamis*) de ce qui est appelé.

Adhérer, croire en son Nom, c'est épouser cette Énergie, être vivifié par elle.

Selon l'Évangile de Jean, Jésus est venu dans le monde pour révéler le Nom de Dieu, le Nom du Père : « J'ai manifesté ton Nom aux hommes...

Père Saint, garde en ton Nom ceux que tu m'as donnés afin qu'ils soient Un comme nous sommes Un » (*Cf.* Jn, chap. 17).

Une des christologies les plus anciennes est celle où on considérait le Christ comme celui qui incarne le Nom, le porteur du Nom, le révélateur du Tétragramme sacré ; celui qui manifeste dans sa chair le secret de l'Être et de l'Amour.

Croire en son Nom, c'est-à-dire adhérer au dynamisme de vie, d'intelligence et d'amour qu'il signifie, c'est devenir « enfant de Dieu ».

Ceux qui croient sont littéralement ex-haussés (*exhousian*), enfants de Dieu (*tekna théou*).

Ils entrent dans une nouvelle dimension qui n'est plus celle de l'espace-temps.

13. Engendrés,
ni du sang,
ni de la chair,
ni d'un vouloir d'homme,
mais de Dieu.

Être enfant de Dieu, c'est se découvrir à travers l'Écoute et l'adhérence au Logos engendrés d' « ailleurs ».

Nous ne sommes pas seulement les fils de nos parents, les enfants d'une société, d'un certain Cosmos, nous sommes aussi les enfants de Dieu.

Saint Jean insistera sur la nécessité de naître non seulement de la terre, mais aussi de naître « d'En Haut » :

> « A moins de naître d'en haut,
> nul ne peut voir le Royaume de Dieu.
> Ce qui est né de la chair est chair,
> ce qui est né de l'Esprit est Esprit[1]. »

L'homme n'est pas né seulement pour mourir, mais pour vivre de vie éternelle ; cela suppose un acte de liberté et d'ouverture à ce qui le transcende.

Dans cet acte d'ouverture s'accomplit l'ex-haussement de son identité. S'il se ferme à cette possibilité, l'homme est comme « châtré » de sa dimension divine, il étouffe l'Espace...

« Quelle est la pire des choses à laquelle puisse parvenir la puissance du mal (*Yetzer*) ? — Faire oublier à l'homme qu'il est le fils d'un Roi[2]. »

Le Logos s'est incarné pour rappeler à l'homme son identité véritable. Les Hassidim ont à ce sujet une histoire qui pourrait illustrer le sens de la venue du Logos dans le monde :

1. Cf. Jn 3, l'entretien avec Nicodème.
2. Buber : *Tales of the Hassidim*, N.Y., 1968, vol. I, p. 282.

« Il arriva, dans un pays lointain, que le Fils du Roi devint malade. Il se prit pour un dindon, se dépouilla de ses vêtements et se mit à picorer sous la table, refusant toute conversation et tout mets venant de la cuisine royale.

Le Roi, au comble de la douleur, convoqua tous ses sages, médecins et astrologues pour qu'ils le délivrent et le guérissent.

Les mois passèrent ; aucun ne trouva de remède.

Un jour, un homme apparut à la cour. Il demanda au Roi : “ Si vous le voulez bien, je tenterai quelque chose pour votre Fils. ” Après avoir reçu l'acquiescement du Roi, à la grande stupéfaction de tous, on vit cet homme se dépouiller de ses vêtements et nu, il se mit à picorer comme un dindon sous la table [...].

Le Fils du Roi, surpris, lui demanda : “ Que fais-tu là ? ” L'autre répondit : “ Ne vois-tu pas que je suis un dindon comme toi ? ”

En entendant les gloussements du vieux sage, le jeune homme fut rassuré. Ils se lièrent bientôt d'amitié.

Un jour, le sage devenu “ dindon ” demanda un vêtement et le mit autour de sa taille. Le Prince, en colère, lui dit : “ Quoi ! tu vas t'habiller comme les hommes maintenant ? Tu es devenu fou ? ”

L'autre lui répondit : “ Oh, ne crois pas qu'il suffit de mettre un vêtement pour être *comme eux,* ce n'est pas cela qui nous empêchera d'être les dindons que nous sommes... ”

Le Prince remit alors ses vêtements et quelque chose dans son aspect changea.

Un autre jour, le sage devenu “ dindon ” demanda quelques mets de la cuisine royale. Le Prince s'étonna : “ Quoi ! tu ne vas pas manger comme eux maintenant ? Tu es fou ! ”

L'autre répondit : “ Ne crois pas que par le simple fait de manger comme des hommes nous cessons d'être les dindons que nous sommes ” […], et le Prince de nouveau se trouva assis à la table royale.

La rééducation du Prince, par l'exemple, continua encore quelque temps, jusqu'au jour où il se souvint de son nom et de son identité. De nouveau, il fut le Fils du Roi. »

Le Logos s'est dépouillé de sa Divinité ; il s'est fait semblable aux hommes ; il leur a montré qu'ils étaient capables d'intelligence et d'amour, sans cesser pour autant d'être des hommes… Avec patience, il a tenté de leur révéler qu'elle était leur véritable identité.

Quelques-uns se sont souvenus : « Ils n'étaient pas seulement engendrés de la chair et du sang ; ils étaient “ Fils de Dieu ” […] »

« Ô homme, souviens-toi de ta dignité », disait-on aux chrétiens le jour de leur Baptême…

*14. **Le Logos a pris chair.***
Il a fait sa demeure parmi nous.
(O logos sarx egeneto.)

Littéralement : « Le logos a fait sa genèse dans la chair. »

Le grec « sarx » (qui donnera le mot « sarcophage ») traduit l'hébreu « basar » : la « chair » dans le sens d'humanité (corps et âme), le « basar » étant indissociable de la « nephesh ».

C'est aussi un synonyme d' « Adam » = « le terreux » : le Logos s'est fait Adam. L'incréé a pris glaise — l'Éternel est entré dans le temps…

Les théologiens nous rappelleront qu'il n'y a eu de la part du Logos aucune modification, aucune transformation, aucun devenir. Il s'est façonné un corps, une terre, une humanité dans laquelle il pourra se révéler : « Il a pris chair. »

La matière est ici à jamais sanctifiée, elle est désormais demeure de Dieu. Adam, le glaiseux, est saturé de lumière. En lui, la terre est comme au ciel...

« Eskenosen en èmin » :

Littéralement : il a planté sa tente en nous. Le grec « skènè » traduit l'hébreu « ôhal » : la tente.

Le Logos s'est fait d'un corps humain une tente, rappel de cette tente au Désert, mémoire de l'Alliance où les Hébreux gardaient la Thora ; désormais, c'est le corps fragile de l'homme qui abrite la Présence Divine et l'Information qu'elle contient.

Il faut aussi remarquer que le Logos ne « s'installe » pas dans le monde. Il « campe ». Il est de passage. C'est là une demeure provisoire : le temps de dire et de manifester aux hommes l'Amour dont ils sont aimés dès l'Origine...

On dit quelquefois d'une idée qu'elle prend corps, qu'elle prend racine, qu'elle s'incarne.

Voici que « l'idée que Dieu a de l'homme » prend corps, voici que l'Invisible Amour a désormais un visage dans lequel Dieu se reconnaît et dans lequel se reconnaîtront tous les visages de la Terre.

14. Nous avons vu sa Gloire,
pleine de Grâce et de Vérité.
Présence filiale — monogène
qu'il tient du Père.

En français, le mot « gloire » fait penser à « renommée », « réussite ». Le mot grec « doxa » traduit l'hébreu « kabôd », qui veut dire : « le poids » de la Présence...

Nous avons vu sa gloire : nous avons connu le Poids de sa Présence. Au Sinaï, la Gloire de YHWH prenait l'aspect d'une flamme couronnant la montagne.

Dans les anciennes théophanies, le Poids de la Présence se faisait toujours plus ou moins écrasant.

Or voici que le Poids de la Présence Divine a

désormais un poids d'homme, un regard qui ne cloue pas au sol, mais qui délivre et rend léger, un poids de tendresse.

Un corps, un visage, une parole, une présence « pleine de grâce et de vérité ».

Dieu se définit lui-même : « YHWH, Dieu de tendresse et de grâce, lent à la colère et riche en miséricorde et fidélité » (Ex. 34,6.).

La grâce de Dieu est miséricorde penchée sur la misère (*hèn*), fidélité généreuse aux siens (*hesed*), solidité inébranlable dans ses attachements (*émèt*), tendresse du cœur (*rahamim*), justice inépuisable (*sédeq*)...

On voit toute la richesse du vocabulaire hébraïque de la Grâce qui sera traduit en grec par « charis », d'où viennent les mots « charisme » et « charité ».

En français, « grâce », qui vient du latin « gratia », désigne à la fois la source du don chez celui qui donne et l'effet du don chez celui qui reçoit. Il y a aussi l'idée de gratuité et de beauté.

Quand on dit de Jésus ou de Marie qu'ils sont « plein de grâce », on les investit de toutes ces qualités, mais on veut surtout signifier par là qu'ils sont remplis de l'Esprit-Saint : « la grâce par excellence », au-delà de tous les dons, c'est la faculté même de se donner... L'Esprit-Saint est aussi « Esprit de Vérité ».

Dans le Christ se révèle la plénitude de la Grâce et la plénitude de la Vérité. « Le Père ne lui donne pas l'Esprit avec mesure. »

Le verbe « aman » (*amen*) dont est formé « émèt », la vérité en hébreu, signifie fondamentalement : être solide, sûr, digne de confiance. La vérité est la qualité de ce qui est stable, ce sur quoi on peut s'appuyer. Le Christ sera appelé « Rocher » en ce sens ; se fier en Lui, c'est se fonder sur le Roc.

Le terme grec « aletheïa » suggère davantage le dévoilement ; littéralement : l'Éveil (sortir de la « lèthé », de la léthargie dans laquelle nous sommes la plupart du temps). Se tenir dans la Vérité, c'est s'éveiller sans cesse, sortir de l'Oubli. Il y a là tout un dynamisme de vigilance.

Jésus n'a jamais dit : j'ai la vérité, mais : « Je Suis la Vérité. » Il ne s'agit pas d'avoir la vérité (et cela veut dire généralement avoir raison sur les autres, être le plus fort), mais d' « *être* la vérité », d'être vrai, et cela suppose : éveil, vigilance. Être plein de grâce et de vérité, c'est tenir ensemble l'extrême lucidité et l'extrême amour, le don et la vigilance, cette plénitude de gratuité et d'éveil est chez le Christ : « Une présence filiale, monogène, qu'il tient du Père. »

Son mode de présence dans le monde est en effet une présence filiale, une relation ininterrompue avec Celui qu'il appelle « son Père et notre Père ». Ce mode de présence peut être dit « monogène », dans le sens où il est Unique, particulier, mais aussi dans le sens où il est « d'une seule gène (*mono-gène*), d'un seul mouvement, d'un seul jet, vers le Père. Toute l'œuvre de l'Esprit-Saint, c'est de faire des êtres dispersés, multiples que nous sommes, des « monogènes », des unifiés, des fils « uniquement » tournés vers le Père (*pros ton théon)*, comme au commencement...

Le premier commandement : « Tu aimeras le Seigneur ton Dieu de tout ton esprit, de tout ton cœur, de toutes tes forces » a pour but de nous réunifier (*monogénéiser*) dans l'orientation de notre désir vers Dieu.

Le Logos, par son Incarnation, fait entrer le monde dans la vie intra-trinitaire ; il le met en « relation » avec son fondement et son origine dans la simplicité d'une Présence unifiée, attentive... La relation d'intimité que peuvent parfois connaître un père et un fils en est le symbole.

15. ***Iohanân lui rend témoignage.***
Il crie :
Voici celui dont j'ai dit :
« Lui qui vient après moi
est passé devant moi,
parce qu'avant moi Il était. »

Iohanân, le témoin de la Lumière, est aussi appelé dans l'Évangile : « La voix qui crie dans le désert. » Il atteste que Celui dont il a préparé le chemin le dépasse, lui est supérieur : « Je ne suis pas digne de dénouer la courroie de sa sandale. » Il proclame également que Celui qui est devant est le même que Celui qui était avant.

« Avant qu'Abraham fut : Je suis », dira Jésus et cela lui vaudra d'être lapidé et crucifié, puisqu'ainsi « il se fait Dieu ».

Il prononce dans sa bouche d'homme le tétragramme innommable : « JE SUIS. »

Il aurait pu dire « avant que Jean-Baptiste fut : je suis », et cela, Iohanân le sait, le reconnaît, et il se tient proche de Celui qui est la proximité même de l'Origine.

16. ***De sa Plénitude, nous avons tous reçu,***
et grâce sur grâce.

De sa plénitude, littéralement : de son plérôme, nous avons tous reçu, une grâce, puis encore une grâce.

D'abord la grâce de la création : nous pourrions ne pas exister ; le simple fait de respirer est de l'ordre de la gratuité, du don. La vie n'est pas absurde, elle est grâce ; elle est gratuite ; elle ne découvre sa raison d'être que dans la liberté de l'Être qui donne la Vie.

Mais pour découvrir un sens au don de l'existence, il fallait une seconde grâce, la grâce de la Thora, c'est-à-dire de l'enseignement reçu par Moïse, l'information qui nous apprend que nous sommes par Lui (le *Logos,* le *théos*) et que nous sommes pour Lui. La création trouve son sens en Lui.

La dernière grâce enfin, c'est la grâce de la filiation, la participation à la vie même du Créateur, la Relation que nous pouvons avoir ou plutôt que nous pouvons *être* avec l'origine n'est pas une relation de cause à effet, une relation de l'ordre de la nécessité, mais une relation d'intimité filiale, de personne à personne, c'est-à-dire de liberté à liberté, divinisation qui ne s'opère pas naturellement ou mécaniquement, mais qui appelle notre collaboration, notre « bon vouloir ».

La création, la Thora, la filiation ; être créé, être instruit, être engendré : grâce après grâce, nous entrons dans la Plénitude de « Celui qui est Tout en tous ».

17. La Thora nous a été donnée par Moshé.
La Grâce et la Vérité nous sont venues
par Ieschoua, le Messie.

Le grec « nomos » traduit l'hébreu « Thora » qu'il vaut mieux ne pas traduire en français par « loi ». La Thora, c'est en effet beaucoup plus que l'ensemble de prescriptions juridiques qu'évoque pour nous le mot « loi ».

La Thora, c'est l'Instruction, l'Information, que Dieu communique à Moshé pour faire d'Israël son peuple, un peuple conforme au Logos. Il y a la Thora écrite dans les livres ; il y a aussi la Thora écrite dans le cœur de l'homme et la Thora écrite dans la nature.

Le sens de « Thora » n'est pas loin alors du sens du mot sanscrit « dharma » qu'on traduit également par « loi », loi inscrite dans l'ensemble des phénomènes et somme des comportements nécessaires pour s'ajuster (être juste) à la grande harmonie cosmique. Dans le grec « nomos », il y a l'idée de « norme ». Suivre la loi, c'est obéir aux normes, c'est suivre la nature.

Moshé nous transmet ces normes, ces points de répères, ces ajustements pour que nous retrouvions notre vraie nature et la conformité au dessein de Dieu.

Ieschoua, le Messie, en incarnant la Thora, en vivant et en accomplissant le moindre de ses préceptes, nous montre la grâce et la vérité qu'elle contient : « Je ne suis pas venu abolir, mais accomplir. » La grâce couronne et accomplit la nature, elle ne la détruit pas, elle l'éclaire du dedans. Ieschoua éclaire la loi du dedans en la vivant comme une expression de l'Amour ; son obéissance n'est pas servile, mais filiale ; elle est pleine de grâce ; il répond à l'Amour par l'amour, à la gratuité par la gratuité.

Il nous révèle ainsi que nos actes n'ont de valeur que par la liberté et l'amour qu'on y introduit ; c'est ce qui leur donne leur « poids » de gloire...

Le nom de Ieschoua mériterait bien des commentaires.

Les kabbalistes ont montré qu'il contenait les lettres du Tétragramme YHWH, en y introduisant cependant une nuance de miséricorde : Dieu sauve. Dieu met au large. Ieschoua : Dieu Sauveur. Dieu libérateur.

Saint Jean nous révèle peut-être le secret de ce Nom, en nous disant que « Dieu est Amour ». Il n'y a en effet « nul autre Nom par lequel nous puissions être sauvés », si ce n'est celui-là.

N'est-ce pas l'amour qui nous sauve, qui nous libère de nous-même, de nos angoisses comme de nos volontés de puissance ; n'est-ce pas l'amour qui nous « met au large » (*cf.* la racine *Yasâ* qui, en hébreu, veut dire : sauver).

Ieschoua est aussi appelé : Messie.

« Maschiah » en hébreu, « Christos » en grec. Le verbe hébreu « maschiah » signifie : oindre... Le Maschiah, le Messie, le Christ, c'est donc Celui qui a reçu l'onction.

Les Pères de l'Église faisaient remarquer que c'est là un titre trinitaire.

Messie, Christ, c'est-à-dire « Oint », cela suppose : celui qui oint, celui qui est oint, et l'onction = le Père, le Fils et le Saint Esprit.

Le Messie, c'est celui sur qui repose la Plénitude de l'Esprit-Saint — celui qui est totalement habité par le Souffle, par l'Onction de Dieu.

Ieschoua manifeste cette Plénitude. Il accomplit la Thora.

Il en incarne la Vérité avec grâce, avec amour.

Il inaugure le Temps Messianique, c'est-à-dire le Temps-Éternité, un corps, un Univers rempli de la Connaissance de YHWH.

18. Nul n'a jamais vu Dieu.
Le Fils monogène
qui demeure au sein du Père,
Lui, nous le fait connaître
(exegesato).

Saint Jean, et à sa suite une multitude de théologiens et de mystiques, rappelleront le caractère inaccessible et incompréhensible de Dieu. « Nul n'a jamais vu Dieu », « On ne peut pas voir Dieu sans mourir », « Dieu habite une lumière inaccessible que nul d'entre les hommes n'a vu, ni peut voir » (Saint Paul : 1 Tm 6,16).

Si Dieu est encore appelé, dans la Bible, un « Dieu caché », c'est qu'il échappe aux investigations de l'intellect humain. « Tout concept formé par l'entendement pour tenter d'atteindre et de cerner la nature divine ne parvient qu'à façonner une idole de Dieu, non à le faire connaître », disait l'évêque Grégoire de Nysse[1]. Il importe de garder cette attitude apophatique qui est celle des grands théologiens des premiers siècles.

« Dieu, nous ne savons pas ce qu'il est, seulement ce qu'il n'est pas » (Saint Thomas d'Aquin), et nous n'avons que des termes négatifs pour le désigner : Il n'est pas fini (infini), il n'est pas créé (Incréé), il n'est pas dans le temps (Éternel), etc.

Aussi, tout ce que nous savons de Dieu, c'est toujours un homme qui le dit, et il le dit d'après son expérience, d'après ce qu'il en a éprouvé : « Était-ce dans son corps, était-ce hors de son corps ?[2] »

1. In *Vie de Moïse,* P.G. 44, 377.
2. *Cf.* St. Paul : II Cor. 12/3.

On peut dire que dans le cas de Ieschoua de Nazareth, c'était « dans son corps » et c'était en même temps « hors de son corps ». Le fils monogène a planté sa tente parmi nous et en même temps « il demeure au sein du Père », il ne quitte pas l'abîme de la Divinité et c'est là l'infini paradoxe de l'Incarnation… « Jésus-Christ est vraiment Dieu et vraiment homme, sans confusion, sans séparation » (*cf.* Chalcédoine).

L'Éternel et le temps en lui ne sont pas séparés. L'Incréé et le créé se tiennent ensemble. Le « samsara » et le « nirvana », diraient les hindous et les bouddhistes, ne font qu'un et c'est là la « Réalisation ultime ».

Dans ce contexte, la contemplation de l'Inaccessible peut se faire dans le quotidien. Le corps de l'homme est le Temple de l'Esprit…

Un grain de sable contient des univers innombrables… Nul n'a jamais vu Dieu et pourtant, il n'est pas impossible de voir Dieu en toute chose ; « Voir toute chose enveloppé d'Invisible. » Il suffirait de changer de regard, de connaître « le regard du Christ »… Lui, qui demeure dans l'Ouvert, pose des actes, des gestes infiniment précis, c'est ainsi qu'il nous fait connaître le Père (littéralement : qu'il nous en fait « l'exégèse » — « exegesato », nous dit le texte), qu'il met les points sur les « i » et nous montre que la moindre virgule d'humanité contient en secret le Nom de la Divinité.

Il nous explique, Il nous montre « qui est Dieu ». Il fait de l'exégèse avec sa chair, avec son sang, avec ses mains percées et pleines de lumière. La Croix est vraiment théologienne ; elle nous « explique » quel Amour est Dieu.

L'Incarnation du Logos ne détruit pas le mystère, elle l'approfondit au contraire.

Dire que Dieu est inaccessible, après tout, quoi de plus raisonnable ?

Dire que Dieu s'est fait humain, qu'il a pris chair, qu'il nous a manifesté dans le corps transfiguré et dans le corps défiguré de Ieschoua les profondeurs de son

Amour : quoi de plus fou ? Comme le disait Maxime le Confesseur : « La Mort et la Résurrection du Christ contiennent tous les mystères », et le mystère, ce n'est pas « que le monde soit incompréhensible, mais que le monde — de temps en temps — soit compréhensible » (Einstein).

Le mystère, ce n'est pas que Dieu soit inaccessible, c'est qu'il soit proche, et qu'il soit les deux en même temps : transcendant et immanent.

Nul n'a jamais vu Dieu, et pourtant : on ne voit jamais que Lui ! Plongé dans les méandres du fleuve, le Fils nous réapprend à goûter la Source.

Cette Connaissance est d'une grande fraîcheur… Le « vieux monde » qui est en train de disparaître prend alors le visage inconnu d'un Enfant Éternel.

« Il fait Dieu. »

Pour les amateurs de Kabbale et de gématrie, signalons la rétroversion hébraïque du Prologue de Jean et son équivalence gématrique qui le met en résonance extrême avec le texte de la Genèse.

Pour Bernard Dubourg, cette équivalence gématrique « par le calcul qu'elle suppose de la part des évangélistes-rédacteurs, contredit sans recours possible la thèse indéfiniment rabâchée des Évangiles comme recueil-de-reportages-sur-le-vif-dus-à-des-disciples-illettrés, à la Renan, Bultmann et autres[1] ».

Que penser d'une telle lecture chiffrée de la Bible, en ex-hausse-t-elle le sens ou au contraire en est-elle une réduction ?

Le « chiffre » d'un visage, n'est-ce pas son sourire, son regard, plus que la « somme » des éléments qui le composent ?

Le « chiffre » de l'Évangile de Jean, n'est-ce pas cette

1. Bernard Dubourg : « L'invention de Jésus », *L'Hébreu du Nouveau Testament,* Gallimard, 1987, p. 186.

relation mystérieuse qui s'établit en nous, quand le poids et la complexité des lettres s'effacent... dans une vaste et étrange sensation de Présence ?

La gématrie du premier verset de la Bible hébraïque (de la Thora) se calcule de la façon suivante (sur un parcours de 28 lettres) :

mots	*traduction vulgaire*	*gématries*
BR'ŠYṬ	« au commencement »	913
BR'	« créa »	203
'LHYM	« Dieu »	86
'Ṭ-HŠMYM	« le ciel »	796
W'Ṭ-H'RṢ	« et la terre »	703
		total : 2701

La gématrie du début du Prologue de Jean se calcule pareillement :

mots	*misérables équivalents-résidus dans les versions courantes*	*gématries*
BR'ŠYṬ	« au commencement »	913
HYH	« était »	20
HDBR	« le verbe »	211
WHDBR	« et le verbe »	217
HYH	« était »	20
LYHWH	« auprès de dieu »	56
WYHWH	« et dieu »	32
HYH	« était »	20
HDBR	« le verbe »	211
HW'	« il »	12
HYH	« était »	20
BR'ŠYṬ	« au commencement »	913
LYHWH	« auprès de dieu »	56
		total : 2701

L'équivalence entre les deux textes n'a rien à voir avec une « allusion » ou avec un « renvoi ». Et elle est un exemple — un exemple entre tant d'autres — des travaux arithmétiques dont sont truffés les textes du Nouveau Testament.

Équivalence dont le calcul porte sur plusieurs dizaines de lettres (28 dans le premier cas, 55 dans le second — en tout 83 signes graphiques chiffrés) ; équivalence qui n'est donc en rien un effet du hasard ou une coïncidence.

Ça n'est pas non plus par hasard que la somme arithmétique des initiales de tous les mots de ce début du Prologue de Jean vaut 111 ; 111 est (outre la gématrie de 'LP, l'*aleph* qui figure *en tête* de l'alphabet hébraïque) la somme des rangs des finales de tous les mots de *Genèse* I, 1 :

— initiales du début du prologue de Jean : B + H + H + W + H + L + W + H + H + H + H + B + L = 2 + 5 + 5 + 6 + 5 + 30 + 6 + 5 + 5 + 5 + 5 + 2 + 30 = 111 ;

— gématrie (classique) de 'LP : 1 + 30 + 80 = 111 ;

— finales de *Genèse* I, 1 : Ṭ + ' + M + Ṭ + M + Ṭ + Ṣ = 22 + 1 + 13 + 22 + 13 + 22 + 18 = 111 (gématrie par rangs).

CLEFS ET ITINÉRAIRES

Dans les pages qui suivent, quelques clefs de lecture de l'Évangile de Saint Jean sont proposées.

Expliciter tel ou tel mot du vocabulaire johannique ou situer un contexte peut, en effet, faciliter la compréhension. Mais quand on a la « clef », il reste encore à trouver la porte et à ouvrir… si le désir nous tient.

De la même façon, on peut reconnaître dans l'Évangile tel ou tel itinéraire initiatique, se sentir en résonance avec tel ou tel archétype, mais il reste encore à marcher. « La carte n'est pas le territoire… » Ces itinéraires sont à vérifier, c'est dire qu'ils sont à vivre autant qu'à comprendre.

SEPT PAROLES

« Si le grain de blé ne tombe en terre
et ne meurt,
il reste seul.
S'il meurt, il porte beaucoup de fruits.
Qui s'attache à sa vie
la perd.
Qui ne s'attache pas à sa vie en ce monde
la garde pour la Vie Éternelle. » (XII, 24-25.)

Ieschoua donne ici la loi ontogénétique fondamentale : il faut mourir pour vivre, il faut descendre en terre pour porter fruit dans la lumière.

Il ne se contentera pas de le dire, il le vivra et nous donne — après vingt siècles — à contempler la fécondité d'une vie donnée. Celui qui ne risque pas sa vie en aimant risque fort de se scléroser, de se racornir et de mourir avant d'être mort. Cela se vérifie dans différents domaines : l'évolution, l'économie, la psychologie [1].

Le grain de blé, c'est cette étincelle de la divinité qu'il faut faire descendre dans l'obscur, dans les méandres de l'inconscient, comme le levain dans la pâte et là, perdre conscience de toute dualité, être un avec la terre, comme on a été un avec le ciel. Laisser mûrir cette

1. *Cf.* J. Y. Leloup, « La Transmission de la connaissance dans le Christianisme », in *Civilisations et Transmission de la Connaissance*, Éd. de l'Ouvert, 1984.

graine d'éveil, croire qu'elle grandit au moment même où nous n'en avons plus conscience. Puis, quand sera venu son printemps, l'heure de sa manifestation, laisser monter ce sourire d'une joie inconnue, passée par la « destructuration-restructuration » des profondeurs, une joie qui n'a plus rien à apprendre, ni à craindre de la mort.

Le texte grec de l'Évangile est peut-être plus explicite que nos traductions habituelles : à la place de « Celui qui aime sa vie la perd », on peut lire « Celui qui s'attache à sa " psyché " la perdra ». Le mot grec « psyché » a été traduit en latin par « anima » et en français par « âme » ou « vie ».

La « psyché » recouvre ce que nous appellerons par la suite : le psychisme, conscient et inconscient, rationnel et irrationnel, avec ses passions, ses pulsions, ses conceptions, ses idéologies, etc. Être attaché à ce monde psychique peut être une entrave à l'Éveil du monde spirituel, pneumatique, qui — pour Saint Jean — est le seul monde réel.

Être attaché à nos représentations, à la grille que nous projetons sur le Réel — déterminée par l'acuité plus ou moins vague de nos instruments de connaissance (sensoriels ou scientifiques) —, prendre cela pour le Réel, c'est risquer de tout perdre parce qu'au moment de l'Éveil nous verrons que le monde tel que nous nous le représentons n'existe pas, que la vie, l'identité, auxquels nous sommes attachés, n'existent pas.

Nos représentations n'existent pas, elles n'ont pas d'être en elles-mêmes. N'existe que ce qui EST, au-delà de toute représentation.

Celui qui n'est pas attaché aux formes, aux représentations qu'il se fait du Réel, a plus de chance de le contempler « tel qu'il EST ».

Garder sa psyché pour la vie éternelle, cela conduit donc à dire : préserver son psychisme de toute définition, de toute appropriation du Réel, que ce soit à travers le langage ou l'affectivité. Le garder dans l'Ouvert, disponible pour une vie non représentée et d'ailleurs non identifiable, parce que n'étant pas déterminée par l'espace-temps.

Celui qui n'est pas attaché à sa vision « psychique » du monde et de la vie et celui qui est capable d'endurer la « mort » de ses représentations et de ses identifications peut naître alors à une nouvelle conscience, entrer dans la dimension « pneumatique » ou spirituelle de son être, entrer dans le domaine de la non-mort, de la non-temporalité, que Ieschoua appelle : la vie éternelle, pour la distinguer (mais non pour la séparer) de la vie temporelle, car c'est au cœur même de cette vie passagère, « psychique », que peut se produire l'Éveil et la genèse de notre être de lumière.

« C'est le Pneuma qui vivifie,
la chair ne connaît rien.
Les paroles que je vous dis
sont le Souffle et la Vie. » (VI, 63.)

La traduction habituelle : « c'est l'Esprit qui vivifie, la chair ne sert à rien. Les paroles que je vous dis sont Esprit et Vie », ne rend pas compte de la puissance du terme « Pneuma » — le souffle — (*ruah* en hébreu), et en y projetant les catégories de l'anthropologie platonicienne ou cartésienne, on risque alors de lire dans cette parole une confirmation du dualisme « corps-esprit », le corps étant le tombeau de l'âme et l'esprit la fine pointe de l'âme, seule partie vraiment humaine et vraiment divine de l'homme. Il y a antagonisme entre les deux — l'homme est déchiré entre la matière et l'esprit, la chair et la raison, etc.

Ieschoua vient de tenir à son entourage un discours « dur à entendre » et plusieurs de ses disciples pensent même le quitter.

Il leur a dit :

« Si vous ne mangez la chair du Fils de l'Homme
si vous ne buvez son sang,
vous n'aurez pas la vie en vous.
Qui mange ma chair et boit mon sang
à la Vie Éternelle,
je le ressusciterai au Jour à venir.
Ma chair est vraiment une nourriture,
mon sang est vraiment une boisson.
Qui mange ma chair
et boit mon sang
demeure en Moi
et moi en Lui. » (VI, 53-56.)

Il est bien évident que de telles paroles prises au sens littéral font penser à de l'anthropophagie ou à du « cannibalisme ».

Dans un sens spirituel, on peut comprendre que le Christ nous demande de L'assimiler totalement, de faire « nôtre » son enseignement, afin que ses paroles deviennent notre chair et notre sang, notre vie quotidienne, que son Souffle (Son *Pneuma*) soit notre souffle, que Sa Vie soit notre vie.

Le rituel de l'Eucharistie qu'il instituera avant d'entrer dans sa Passion a pour but de nous rappeler que nous avons d'une certaine façon à devenir « consanguins du Christ », et par là même nous devenons « consanguins » les uns des autres, nous sommes de la même famille, de « la race de Dieu », dira saint Paul.

Ieschoua ne nous dit pas que la chair est mauvaise, qu'elle est le tombeau de l'âme, il nous dit qu' « elle ne connaît rien ».

Elle ne connaît rien « par elle-même », et il est vrai qu'une matière, si elle n'est pas animée, informée du dedans, les différents éléments qui la constituent se décomposeront. Une matière sans information, sans âme ou sans souffle, ce n'est plus un corps, c'est un cadavre.

De la même façon, si nous lisons les Écritures « à la lettre », nous pouvons passer à côté du Souffle qui les anime. Il faut un « accord des souffles et des intelligences » pour entrer dans leur compréhension. Plus grave : on peut se servir de la lettre des Écritures pour juger, condamner, tuer, au lieu de transmettre le Souffle et la Vie qu'elles contiennent, car Dieu a parlé « pour que nous ayons la vie et la vie en plénitude » (X,10). Saint Paul dira, lui aussi, que « la lettre tue et que c'est l'Esprit qui vivifie ». Mais loin d'instaurer un dualisme ou un mépris de la chair et de la lettre, Ieschoua invite à y introduire le Pneuma qui « vivifie ».

Il ne faut pas adorer les pierres du Temple, il ne faut pas cracher non plus sur ses autels, le Temple est là pour accueillir l'Esprit, non pour l'enfermer ou le contenir. De la même façon, il ne s'agit pas d'idolâtrer la lettre des Écritures, ni de la mépriser, mais d'y recueillir le Souffle, le Sens qui orienteront notre vie. De la même façon encore, il ne s'agit pas d'idolâtrer le corps humain et la matière, ni de les considérer comme des ennemis ou des « pourritures », il s'agit de reconnaître en eux la Présence d'un Souffle, d'une Vie, qui ne passent pas.

« La chair ne connaît rien » : le fini ne peut comprendre l'Infini, le temps ne peut pas appréhender l'Éternel, mais la chair qui accueille le Pneuma devient capable de connaissance. Il ne s'agit pas de nier ou de s'enfermer dans l'histoire, mais de l'ouvrir à un « quelque chose d'autre » que le temps. Ce « quelque chose » Saint Jean l'appelle le Pneuma, Souffle, qui vient d'Ailleurs, d'une autre Conscience, Souffle qui vient de l'Autre que Ieschoua appelle : Son Père.

« Voilà pourquoi je vous ai dit que nul ne vient à moi, si cela ne lui a été donné par le Père » (VI, 65).

Nul ne connaît le Je Suis essentiel de son être s'il n'est animé du Souffle qui vient de l'Origine.

Ouvrir les yeux ne crée pas la lumière.

Nul ne s'éveille si ne lui est donné le Jour.

« Je vous laisse la paix,
je vous donne ma paix.
Je ne vous la donne pas
comme le monde la donne.

Que votre cœur cesse de se troubler
et de craindre. » (XIV, 27.)

La Paix que vient nous donner le Christ n'est pas la paix des tranquillisants, ce n'est pas un confort, une sécurité que l'on peut acquérir par une accumulation de biens ou une technique d'auto-apaisement. Ce n'est pas la paix que le monde de l'avoir, du savoir ou du pouvoir peut nous donner.

C'est la Paix de l'Être, l'œil du cyclone, qui demeure immobile quand tout autour est turbulence, une Paix qui ne dépend pas des circonstances, non conditionnée, non provoquée par l'extérieur. Si la Paix que le Christ venait nous transmettre était dans le monde, elle serait aussi fragile que ce monde passager.

La Paix du Christ, c'est son Autre, c'est Celui qu'Il appelle : Son Père. La Paix, c'est Quelqu'un — ce n'est pas une sensation, un sentiment, un climat psychique. C'est un Autre, dont « l'Autreté » est inaliénable, transcendante.

Je peux souffrir dans mon corps, être blessé dans mes sentiments, perdre la mémoire ou la raison, cela n'empêchera pas Dieu d'être Dieu. Ceci explique qu'on peut être en Paix spirituellement et en même temps perturbé psychiquement. L'un n'est pas le garant de l'autre. On connaît également des personnes « psychiquement » très fortes, qui ne se laissent toucher ou perturber par rien et qui ont ainsi les apparences de la paix, mais qui sont « spirituellement » mortes. Contre ces « fausses paix », le Christ a levé le glaive de sa Parole, car rien de plus grave ne peut nous arriver que de nous laisser enfermer dans la paix illusoire et béate d'une auto-hypnose.

Mieux vaut l'insécurité, les tempêtes, et les difficultés psychiques que cela peut entraîner, cela éveille au moins en nous le désir d'une paix et d'une béatitude véritables « non née — non créée », et qui ne mourra pas comme tout ce qui est « né et crée ».

Désir de l'Autre en qui « notre cœur cesse de se troubler et de craindre ». « Son Père et notre Père, Son Dieu et notre Dieu » — l'Inconnu qui nous guide, nous conduit et dont nous n'avons pas conscience.

Si nous en avions conscience, si nous étions éveillés à sa Puissance, nous serions alors en Paix, parce que Son Être est Paix.

Si nous en avions conscience, nous ne pourrions plus penser à nous-mêmes, nous ne serions plus « sous l'emprise du petit moi ».

C'est là un des secrets de la Paix que le monde (le monde de l'ego) ne peut donner.

« Recevez l'Esprit-Saint.
Ceux à qui vous pardonnerez les fautes
seront pardonnés.
Ceux à qui vous ne pardonnerez pas
ne seront pas pardonnés. » (XX, 22-23.)

Ieschoua, après sa Résurrection, transmet son Souffle à ses disciples. « Recevez l'Esprit », c'est-à-dire : Recevez le Pneuma, Ma Puissance, Mon Énergie.

Cette puissance et cette Énergie sont puissances de libération. Ieschoua n'envoie pas ses disciples pour juger, pour condamner, mais pour pardonner. Il veut que l'homme soit pour l'homme l'instrument du pardon de Dieu. Comme il veut que le père et la mère de l'enfant soient les instruments de sa fécondité créatrice. Les chrétiens n'ont peut-être rien d'autre à faire dans le monde que de manifester la Miséricorde de Dieu et délivrer ainsi les hommes de leurs plus anciennes et plus folles culpabilités.

« Soyez des êtres de bénédiction ! Bénissez, ne maudissez pas... »

Mais il y a cet avertissement terrible :

« Ceux à qui vous ne pardonnerez pas ne seront pas pardonnés. »

Le non-pardon, non seulement nous aliène, mais aliène aussi les autres.

Les chrétiens ont peut-être trop appris à juger, à condamner, à voir tout ce qu'il y a d'impardonnable en eux et dans le monde, comme s'il ne suffisait pas déjà d'être né pour se sentir coupable ! (Que ce soit de la « faute de mes parents » ou de « ma faute », selon les théories karmiques, c'est toujours une faute que d'être né !) On n'a pas assez appris l'art de bénir en toutes circonstances, jusqu'à l'ultime circonstance : « Dieu a donné, Dieu a repris, Dieu soit béni. »

L'art de pardonner est d'abord l'art d'accepter l'autre tel qu'il est, de lui donner le droit à l'erreur, de lui permettre d'être une créature faillible et imparfaite. Mais pardonner, cela ne veut pas dire excuser ou justifier n'importe quoi, c'est avoir assez d'amour pour comprendre qu'effectivement « n'importe quoi » peut arriver, mais savoir et parfois demander que n'importe quoi ait à changer.

Paul Ricœur faisait remarquer que l'homme contemporain est enfermé dans la culpabilité parce qu'il n'a pas de juge plus grand que lui-même, plus grand que sa propre conscience. Une psychanalyse bien menée peut certes réduire une culpabilité névrotique, mais ira-t-elle jusqu'à la racine ? Ne va-t-elle pas en sécréter une plus subtile, où certains se culpabiliseront de « se sentir coupables » ?... Narcisse n'échappe à son image qu'en s'y noyant, comme le psychotique n'échappe à sa culpabilité et à sa douleur qu'en sombrant dans l'inconscience.

C'est chez Saint Jean encore que nous trouvons la parole que les chrétiens devraient avoir à cœur de citer le plus souvent dans le ministère de réconciliation :

> « Si ton cœur te condamne,
> Dieu est plus grand
> que ton propre cœur. » (IJn 3,21)

De quel Esprit sommes-nous ? De quel Souffle ? Quelle parole avons-nous reçue de Ieschoua ?

« Pardonner jusqu'à soixante-dix fois sept fois » ou condamner sans cesse et empoisonner notre vie et celle des autres ? Pourtant, il faut le savoir : le pardon n'est pas naturel. Il est « normal » que nous ne pardonnions pas à ceux qui nous ont calomniés, détruits ou qui détruisent les autres. Ce qui est « normal », ce qui est « sain » et naturel, c'est : « œil pour œil, dent pour dent », n'importe quel psychologue, non égaré dans les méandres de la sublimation de l'agressivité, le dira. Pour pardonner, il faut faire appel en nous à plus grand que nous. « Qui peut pardonner, si ce n'est Dieu seul ? »

En nous demandant de pardonner, Ieschoua veut faire de nous non seulement des fils d'homme, mais des fils de Dieu.

Miséricorde est divinisation de l'homme.

Le premier pas vers cette divinisation, c'est de nous rendre compte que nous sommes incapables de pardonner, de nous pardonner à nous-mêmes d'abord, de n'être que ce que nous sommes. Le commencement du pardon : c'est de recevoir l'Espritp-Saint, qui nous fait vivre — respirer — aimer, dans un Soi plus grand que notre « moi », ou pour reprendre la terminologie biblique : « dans un cœur plus grand que notre cœur ».

« Si vous demeurez dans ma parole,
vous serez mes disciples.
Vous connaîtrez la Vérité.
La Vérité vous rendra libres. » (VIII, 31-32.)

« Demeurez dans la parole » — c'est un thème qui revient souvent dans l'Évangile de Saint Jean. Il s'agit d'être de plus en plus « informé » au sens quasi génétique du terme par les paroles de Ieschoua, pour lui devenir semblable et devenir ainsi des disciples du Logos, des êtres habités par l'Intelligence et l'Harmonie Créatrice.

La pratique, c'est-à-dire la vérification dans le quotidien des informations évangéliques, va nous conduire à l'expérience de « l'aléthéïa » — « aléthéïa » qu'on traduit généralement par Vérité, veut dire « dévoilement de l'être, sorti de la *léthè*, l'oubli de l'être véritable » — l'écoute des paroles du Christ et leur mise en pratique sont en effet un moyen habile pour nous garder dans la mémoire concrète de l'Être, et nous délivrer de l'oubli ou de l'ignorance de ce qui se vit réellement en nous et à travers nous.

Cet état d' « aléthéïa » — état d'Éveil et de Vigilance — nous rend libres. Libres d'abord de l'ignorance dans laquelle nous sommes de notre être véritable, libres ensuite des empreintes et des mémoires que nous projetons sans cesse sur le Réel. La parole du Christ est invitation concrète à l'amour. En nous demandant d'aimer « ce qui est » plutôt que « ce qui devrait être », elle ne nous permet pas de nous éloigner du Réel.

Le Réel, c'est l'Autre, aimé dans son Êtreté et dans son Autreté, rien ne peut nous obliger d'aimer ainsi, rien ne peut nous en empêcher, nous sommes libres de préférer le Réel.

Rien ne peut nous obliger à être vrai, rien ne peut nous en empêcher, nous sommes libres d'être fidèles à nous-mêmes, à ce qu'il y a de plus grand, de plus aimant, de plus intelligent en nous (le Logos, le Pneuma, les dimensions divines de notre être).

Pour celui qui vit à partir de ce centre transcendant de lui-même, « il n'y a plus de loi », il y a fidélité — instant après instant — à la vérité de son être.

« Amén, Amén, je vous le dis :
Tout homme qui commet le péché
en est l'esclave.
L'esclave ne demeure pas dans la maison,
le Fils y demeure toujours.
Si le Fils vous affranchit,
vous serez réellement libres. » (VIII, 34-36.)

Commettre le péché (*amartia*), c'est vivre dans l'oubli de l'Être, c'est s'écarter de la finalité pour laquelle nous sommes créés (littéralement, c'est : « manquer la cible »), c'est vivre dans un état de non-vérité, de « non-aléthéïa », c'est-à-dire de non-vigilance, de non-éveil. C'est vivre endormi à la surface de soi-même, bercé ou déchiré par ses illusions, être esclave d'une fausse image de soi. Celui qui ignore son plus profond désir devient l'esclave de ses « petits désirs », celui qui ignore sa plus profonde béatitude devient l'esclave de ses « petits plaisirs », il est conditionné, enchaîné par eux : s'ils viennent à lui manquer, il croit que c'est l'Être qui lui manque.

De quoi, de qui sommes-nous les esclaves, sinon de nous-mêmes, de notre vision des choses ?

De grands témoins nous disent qu'on peut être libre dans une prison et garder la dignité de son regard ; on peut être libre face aux ennemis qui nous détruisent, libre de leur pardonner « parce qu'ils ne savent pas ce qu'ils font », comme on peut vivre dans un monde sans contraintes et être esclave de ses pulsions, de ses passions, de ses idées et des idées communes. L'esclave n'habite pas dans la demeure de l'Être. Le Fils y demeure, c'est-à-dire notre affiliation, notre rattachement à l'Être véritable. Seul un homme qui est vrai, un avec lui-même — quelles que soient les incompréhensions qui l'entourent — peut se dire libre, il est fondé sur quelque chose qui n'appartient pas à l'espace-temps.

Notre affiliation à l'Être, notre rattachement à la Source Incréée de la Vie, nous rend réellement libres, en ce sens où nous appartenons désormais à la Liberté Créatrice qui engendre les Univers.

Le fils de Dieu en nous est infiniment libre. Il n'est plus esclave de ses besoins, il est « sujet » de son désir.

Qui pourra jamais l'obliger, qui pourra jamais l'empêcher de désirer et d'aimer ce qui EST, et ce désir totalement accordé au Réel est — lui aussi — infiniment libérateur : aimant et acceptant les êtres tels qu'ils sont, il leur permet d'évoluer vers le meilleur de ce qu'ils sont, de se donner enfin dans leur être véritable, dans leur inaliénable liberté.

« Je vous propose une expérience nouvelle :
Aimez-vous les uns les autres,
comme je vous aime. Aimez-vous
A cela tous vous reconnaîtront
pour mes disciples :
à cet « agapè » que vous aurez
les uns pour les autres. » (XIII, 34-35.)

On traduit généralement : « Je vous donne un commandement nouveau. » Le terme hébreu pour « commandement » est « mitswah ». Chaque « mitswah » est un exercice que Dieu propose à son peuple, pour ramener Sa Présence, la Shekinah, sur la terre, pour saturer le quotidien d'Éternel. Les préceptes de la loi n'ont pas d'autre but.

Ieschoua lui aussi propose une expérience qu'il qualifie de « nouvelle ». Il propose, il n'impose rien, car s'il y a quelque chose qui ne se commande pas, c'est bien l'amour.

Obliger quelqu'un à vous aimer, c'est par là même l'en empêcher. Commander à ses disciples de s'aimer, c'est tôt ou tard en faire des hypocrites qui « obéiront au commandement », quand bien même l'amour aura déserté leur cœur.

Le Christ n'a pas dit « Tu aimeras », dans le sens de « tu dois », « il faut » aimer, mais dans le sens de « tu peux » — « tu es capable » — d'aimer. « Tu aimeras » n'est plus ainsi une parole d'obligation, mais une parole d'espérance. « Essayez. » C'est en aimant que vous aimerez et que vous connaîtrez l'amour que j'ai éprouvé pour vous. « Je vous propose une expérience nouvelle. »

En quoi cette expérience est-elle nouvelle ?

L'amour n'est-il pas vieux comme le monde, les « mitswot » (les commandements) ne sont-ils pas des exercices connus de tous, par lesquels « le cœur de pierre peut devenir un cœur de chair », c'est-à-dire capable d'aimer Dieu ?

Pour les hommes de la Bible, « le cœur dur » ou « le cœur de pierre », la pire des maladies, la sclérose de l'être et de la vie, est un manque d'« exercice ». Les préceptes (*mitswot*) sont autant de moyens d'assouplir le cœur, de lui conserver la santé et la vie, car « celui qui n'aime pas demeure dans la mort ».

Ieschoua parle néanmoins de « nouveauté », non seulement dans le sens où l'amour devrait être toujours neuf (on n'aime pas de mémoire et chaque rencontre devrait être une première fois, puisque cet instant précis n'a encore jamais été et ne sera jamais plus).

La nouveauté de l'exercice que Ieschoua propose apparaît dans le vocabulaire qu'il emploie, vocabulaire auquel les traductions françaises sont malheureusement peu sensibles, le mot « amour » ne rend pas compte de la qualité et du type d'amour que Ieschoua propose à ses disciples.

En grec, on distingue : l'amour — désir, désir de l'inférieur pour le supérieur (*Éros*), l'amour — amitié, amour d'égal à égal (*Philia*), et l'amour gratuit, l'amour de surabondance pour lequel les Grecs ont dû forger un mot « nouveau », cette gratuité ou « grâce » n'ayant pas encore place dans leur philosophie : le mot *Agapè*.

Or, Saint Jean — dans le grec de l'Évangile — ne parle ni d'« Éros », ni de « Philia ». Il emploie ce mot « nouveau » : *Agapè*.

Ainsi, ce que Ieschoua demande à ses disciples, c'est de faire l'expérience non seulement du désir ou de l'amitié, mais d'essayer d'aimer gratuitement, « pour rien », pour le plaisir de « laisser Être l'Amour qui est Dieu » vivre en nous. Aimer l'autre tel qu'il est, sans rien attendre en retour : « l'amour est à lui-même sa propre récompense », comme Lui-même a aimé, gratuitement, généreusement, jusqu'à « donner sa vie pour ses amis ».

Ieschoua ne nous demande pas d'être amoureux les uns des autres, de nous désirer avec passion ou avec tendresse. Il ne nous demande pas de nous forcer à être l'ami de nos ennemis, à embrasser sur la bouche ceux qui ne cessent de nous vomir. Il parle d'« Agapè », d'acceptation sans retour de l'autre quel qu'il soit, tel qu'il est, l'aimer non pour soi — comme Narcisse qui cherche partout un miroir ou comme un enfant qui cherche partout la mère ou le lait dont il n'est pas sevré — mais aimer l'autre pour lui-même, vouloir ce qu'il est, vouloir son indépendance, sa liberté, et surtout son salut qui est libération de tout ce qui l'opprime, le fait souffrir, tout ce qui empêche son cœur et son intelligence de « vivre au large ».

« Agapatè allelous » : prenez soin les uns des autres, respectez-vous mutuellement, guérissez-vous de la souffrance et du malheur.

« A cet *Agapè* que vous aurez les uns pour les autres, tous vous reconnaîtront pour mes disciples. »

Disciples d'un amour libéré des entraves de l'ego, qui témoigne d'une grande nouveauté, d'une « gratuité » qui n'est pas de ce monde. L'amour simple et gratuit, sans demande, sans attente, qui déborde du cœur avec lucidité et tendresse, cet amour-là témoigne d'une source autre que celle de nos manques...

La communauté des disciples ne peut pas ainsi devenir une communauté de type « fusionnelle » (et donc régressive), ni de type militaire ou hiérarchisée, mais une communauté de libertés, de personnalités adultes, en voie de libération de leurs désirs, l' « Éros » et la « Philia » étant encore « désir du désir de l'autre ».

L' « Agapè », lui, est simplement « désir de l'Autre ». Il y a là vraiment « nouveauté », transmutation des structures mêmes du psychisme, ouverture à une fonction qui transcende et en même temps accomplit le désir.

Les communautés chrétiennes témoignent-elles de cette maturité et de cette chaleur non aliénante que présuppose l' « Agapè » ? Ou sont-elles au contraire des sociétés perverses qui manipulent les désirs au nom d'un amour qui n'a pas encore été purifié de ses narcissismes et de ses volontés de pouvoir ?

Sans doute faut-il revenir à la parole évangélique, et malgré les tonnes d'ambiguïté que charrient les siècles autour de cette parole, essayer de s'ouvrir à sa nouveauté : aimer le plus gratuitement et le plus concrètement possible, avec tendresse et lucidité, « faire l'expérience », tenter de vivre : apprendre à aimer.

DEUX FEMMES

La femme adultère

> *« Les Sophérim et les Pérouschim*
> *lui amenèrent alors une femme surprise*
> *en flagrant délit d'adultère. » (VIII, 3.)*

Les Sophérim et les Pérouschim sont les sages d'Israël, ils connaissent la Thora, l'interprètent rigoureusement et essayent de la mettre en pratique. Ils sont considérés et se considèrent eux-mêmes comme des justes, gardiens de la loi, gardiens de l'ordre divin sans lequel leur peuple ne peut subsister, Israël trouvant sa cohérence et son unité dans la fidélité aux paroles transmises par Moshé. Pour eux l'adultère est considéré comme une faute grave.

Le Lévitique comme le Deutéronome règlent avec précision le comportement « juste », particulièrement en ce qui concerne le manger et le coucher. En bref, Israël est un peuple « saint », ce qui veut dire « Autre », « différent ». Sa différence, son « Autreté », il doit la manifester dans sa vie quotidienne, ce qui le rendra « inassimilable » aux autres nations. Il ne doit pas manger n'importe quoi et n'importe comment et il ne doit pas coucher avec n'importe qui, n'importe quand. « Vous n'agirez point comme on fait au pays d'Égypte où vous avez habité ; vous n'agirez point comme on fait au pays de Canaan » (Lv., 18-3).

Si vous faites cela, vous bafouez la Sainteté d'Israël, vous tuez l'Esprit de vos pères, vous êtes donc passible de mort. C'est dans ce contexte qu'il faut situer la rencontre de Ieschoua et de la femme adultère.

Coucher avec un animal, avec un homme quand on est un homme, avec son père ou sa mère, avec la femme d'un autre ou le mari d'une autre, toutes ces « coucheries » sont sanctionnées par la mort :

> « L'homme qui couche avec un homme comme on couche avec une femme c'est une abomination qu'ils ont tous deux commise, ils devront mourir, leur sang retombera sur eux.
>
> La femme ou l'homme qui s'approche d'un animal quelconque pour s'accoupler à lui, ils devront mourir, leur sang retombera sur eux.
>
> L'homme qui couche avec la femme de son père a découvert la nudité de son père. Tous deux devront mourir, leur sang retombera sur eux.
>
> L'homme qui commet l'adultère avec une femme mariée ; l'homme qui commet l'adultère avec la femme de son prochain devra mourir lui et sa complice. » (Lv. chap. 20,8 sq.).

Dans la situation de cette femme qui est devant Ieschoua, la sentence est claire :

C'est Dieu lui-même qui la prononce par la bouche de Moshé :

> « Si l'on prend sur le fait un homme couchant avec une femme mariée, tous deux mourront : l'homme qui a couché avec la femme et la femme elle-même. Tu feras disparaître d'Israël le mal » (Deut. 22,22).

— Le texte de saint Jean ne nous dit rien de l'homme adultère... Est-il déjà mort ? A-t-il réussi à prendre la fuite au risque de perdre son âme en devenant comme les « goim », ces païens impurs qui couchent avec n'importe qui et n'importe quand? Osera-t-il alors toucher une femme pendant ses règles sans craindre le châtiment ? Pour les Sophérim et les Pérouschim plutôt que d'imaginer une telle infamie mieux vaut penser qu'il est mort, lavé de sa faute à grands coups de pierres.

Maintenant, occupons-nous de la femme... Mais avant de lui infliger le juste châtiment prescrit par la loi, demandons à Ieschoua ce qu'il en pense, nous verrons ainsi au nom de quel Dieu il parle :

Ils la mettent debout, bien en vue et disent à Ieschoua :
— Rabbi, cette femme a été surprise en flagrant délit d'adultère. Dans la Thora, Moshé nous a prescrit de lapider ces femmes-là. Toi, qu'en dis-tu ?
Ils lui disaient cela pour le mettre à l'épreuve et afin de pouvoir l'accuser.
Ieschoua se baissant se mit à écrire avec son doigt sur la terre. (Jn VIII, 3-6).

— L'attitude de Ieschoua est étrange, inattendue, il baisse les yeux, il ne fusille pas la femme de son beau regard, il ne la lapide pas comme les autres avec des yeux de pierre, où se mêlent les silex de la haine et de la convoitise. Ieschoua baisse les yeux, il ne regarde pas le mal, il touche la terre.

Maître Eckart dit que « Dieu ne voit pas le mal, il ne s'intéresse pas à nos péchés ». (Il fut lui aussi condamné pour avoir dit cela.)

Dieu ne regarde pas les grimaces de l'homme. Il s'intéresse au visage, derrière la grimace, au-delà du masque de plaisir ou de douleur; il contemple le vrai visage de l'homme « à son image et à sa ressemblance ».

Ieschoua est comme Dieu, il ne regarde pas le mal, cela ne veut pas dire qu'il l'ignore, mais là où les autres voient une adultère, lui, il voit une femme; là où les autres voient une caricature lui il voit un visage. Et dans cette assemblée hurlante, ils sont deux à se taire, deux à être seuls. Deux à souffrir sans doute, car on apprend à juger l'autre pour ne pas avoir à souffrir de sa peine.

Ieschoua sait que cette femme est malheureuse, courageuse aussi, parce que malgré les risques de l'adultère elle n'a pas renoncé à suivre son désir et à chercher l'amour.

L'a-t-elle connu au moins cet amour auprès de son amant ? L'a-t-elle goûté Cette Vie, ne serait-ce qu'un instant, pour oublier les entourages de la mort ? Ou s'est-elle « trompée » encore ? Ieschoua sait que cette femme est malheureuse et cette femme c'est l'humanité tout entière, qui cherche le bonheur et l'amour et ne le trouve pas chez soi, ne le trouve plus en soi. « Il est venu dans le monde non pas pour juger ou condamner le monde mais pour que le monde soit sauvé. » (Jn-III, 17). L'adultère, c'est se tromper soi-même, chercher le bonheur en dehors de Dieu là où on ne peut pas le trouver, chercher l'amour là où il ne peut que nous décevoir, parce que cet amour, ce bonheur ne sont pas l'Être même, l'infini. L'obscur objet de notre désir est cet infini et aucun être fini si beau soit-il ne peut le combler. L'humanité ne peut être qu'adultère et malheureuse quand elle ne cherche plus Dieu en Dieu, et qu'elle prend la création, les créatures pour le créateur.

L'adultère c'est se tromper de Réalité, prendre pour réel l'irréel.

Ieschoua est là, au milieu d'eux, pour leur révéler quel est le vrai bien, le vrai bonheur, pour les sauver de l'adultère, les sauver de l'illusion.

A quoi pense-t-il lorsque le visage baissé il écrit avec son doigt sur la terre ?

Peut-être est-il fatigué de toutes ces observances sur le manger, le boire et le coucher. L'essentiel n'est-il pas ailleurs ? Tout est pur pour celui qui est pur, tout est sale pour celui qui a le cœur vicié. Combien d'étreintes avec sa femme ou son mari « légitime » ne sont-elles pas souillées par le manque d'amour ? Combien couchent dans le même lit et dorment dans d'autres rêves ? Celle ou celui qu'on tient dans ses bras n'est pas toujours celle ou celui qu'on tient dans sa pensée et son désir. Et puis, que sait-il du mariage, lui ? de son ennui de sa violence parfois. Les raisons pour lesquelles on se marie ne sont pas toujours celles pour lesquelles on reste marié.

Lui qui connaît le cœur de l'homme combien en a-t-il connu de mariages heureux ? de passions durables ?...

Peut-être cherchait-il à les compter en dessinant sur le sable ? Peut-être pensait-il encore à la souffrance de cette femme qui s'était laissé séduire. Dans le désert de sa vie conjugale, elle avait cru à un mirage de tendresse, cherchant chez celui qui passait là quelques heures d'oasis...

Si Ieschoua comprenait la femme, il comprenait aussi les Pérouschim et les Sophérim. Le mariage est quelque chose de sacré ; dans l'union de l'homme et de la femme Dieu est réellement présent. Dans chacune de leur relation il poursuit Son œuvre créatrice et inscrit Sa jubilation jusque dans les corps. « Il ne faut pas séparer ce que Dieu a uni » (ce que l'Amour a uni car « Dieu est Amour »). Mais quand Dieu n'est plus invité aux noces, quand le vin vient à manquer et que l'amour est absent ? Le mariage de ce fait même n'est-il pas « dissous » puisque Dieu n'est plus là pour « unir » ?

Ieschoua comprend les Sophérim : si dans le mariage on ne « sent » plus l'amour, cela ne veut pas dire que l'amour est absent. Il y a des degrés de dépouillement ; on ne reste pas fidèle à l'autre seulement parce qu'on se sent amoureux de lui et parce qu'il occupe tout notre désir, mais aussi parce qu'on « veut » l'aimer, l'amour sensible peut devenir un amour volontaire. On devient capable alors de transcender son propre plaisir et de vouloir l'autre dans son « autreté ». L'amour d'enfant qui cherche toujours à combler ses propres manques devient amour d'adulte capable d'assumer ses propres manques et de penser à ceux de l'autre...

Ieschoua comprend les Pérouschim et les Sophérim, leur idéal du mariage, de la fidélité, mais il faudrait pouvoir se marier adulte, attendre que le principe de réalité l'emporte sur le principe de plaisir[1]. Pour certains il faudra attendre longtemps, « mieux vaut alors ne pas se marier » disent ses disciples...

L'adultère vient aussi perturber l'ordre social ; cela peut engendrer le crime, les règlements de comptes. On se dressera familles contre familles. Cela peut briser l'unité de la nation, mieux vaut qu'un homme et une femme meurent...

Ieschoua comprend tout cela. Il ne juge ni les uns ni les autres. Il continue à regarder la terre, la poussière dont l'homme est formé. Qui a mis dans cette poussière de telles aspirations, de telles exigences ?

Il se tait, il écoute la voix du Dieu qui est en lui et il s'étonne que cette même voix puisse dire dans un seul souffle « tu ne tueras point » et ordonne la mort des adultères...

De même qu'il peut y avoir une forme de « prostitution légale » dans le mariage, n'y aurait-il pas une pratique du « meurtre légal » dans la fidélité aux commandements ?

Cela permettrait d'assouvir sans trop de mauvaise conscience les pulsions de mort et de violences qui sont dans l'homme. Tout en rappelant que dans une société idéale où règne la Thora il n'y aura plus besoin de tuer, mais tant que le mal est au milieu du peuple il faut l'extirper, il faut enlever la pomme pourrie du panier sinon elle risque de contaminer toutes les autres. Tant qu'il reste un seul homme, une seule femme pourris dans le monde « Tu ne tueras pas » demeurera un rêve.

Silencieusement, Ieschoua se tient courbé sous le poids de cette divine contradiction : « Tu ne tueras pas. » — « Vous conduirez les impurs aux portes de la ville et vous les lapiderez jusqu'à ce que mort s'en

1. Selon F. Dolto : « Convoiter la femme d'un autre c'est revivre sans le savoir son œdipe qui est de convoiter la femme d'un autre (la mère) ou le mari d'une autre (le père). Accéder à cette convoitise c'est aller contre l'éthique, la morale qui interdit l'inceste. », *L'Évangile au risque de la psychanalyse,* t. 2, p. 85, Delarge, 1978.

suive. » — « Tu feras disparaître le mal du milieu de toi. »

Pourtant dans ces paroles il entend autre chose que les Sophérim et les Pérouschim, il entend peut-être ce qui sera le cœur de sa mission : « Tu feras disparaître le mal du milieu de toi. » Là où les Pérouschim entendent : « Tu feras disparaître la faute, le péché et les pécheurs du milieu de toi », Ieschoua entend : « Tu feras disparaître le malheur du milieu de toi. »

Là où les Pérouschim voient une faute qu'il faut condamner, Ieschoua voit un malheur qu'il faut guérir. Ils regardent le péché, ils ne voient pas la souffrance. Ieschoua voit la souffrance et il baisse les yeux devant le péché. Il ne cherche pas à tuer la femme, il cherche comment la guérir, la délivrer, car « Dieu ne prend pas plaisir à la mort du pécheur, il veut qu'il vive ». On ne peut être délivré d'un désir que par un plus grand désir, on ne peut être libre d'un amour que par un plus grand amour.

Et voici que la femme adultère se sent tout à coup plus aimée par Ieschoua que jamais elle ne le fut par son mari ou par ses amants. Saint Jean ne nous dit rien de ses larmes. Elle s'attendait à la justice, elle rencontre la miséricorde. Elle se préparait aux jugements des hommes, elle rencontre le jugement de Dieu. La terre est mouillée de ses larmes, les paroles de Ieschoua peuvent alors s'inscrire en relief dans le sable :

« Il se redressa et leur dit :
“ Que celui qui est sans péché
lui jette la première pierre. ” » *(VIII,7.)*

Que celui qui n'a jamais regardé une femme
avec convoitise lui jette la première pierre.
Que celui qui n'a jamais été malheureux,
assoiffé de tendresse, lui jette la première pierre.
Que celui qui ne s'est jamais laissé séduire
par aucun mirage,

Que celui qui ne s'est jamais trompé
lui-même et trompé les autres,
lui jette la première pierre.
Que celui qui est sans désir, celui que
n'effleure aucun doute, que celui qui
n'a jamais menti, lui jette la première pierre.
Que celui qui ne s'est jamais vautré
dans les ombres de sa nuit lui jette
un rayon de sa lumière...

Ieschoua renvoie chacun à son propre cœur, et combien se découvrent trop lâches pour avoir été adultères, trop faibles pour avoir été criminels...

Comment pourraient-ils encore juger les autres ?

Ieschoua propose qu'on se serve de la loi non pour juger autrui mais pour se connaître soi-même. Les Pérouschim et les Sophérim tendent le miroir de la Thora pour que les autres s'y voient et se sentent condamnés, ils ne s'en servent peut-être pas assez pour s'y regarder eux-mêmes.

Par cette simple et fulgurante parole, Ieschoua retourne le miroir, et après la femme adultère chacun à son tour peut y voir son propre visage et les méandres de son propre cœur.

« A ces mots ils se retirèrent un à un
en commençant par les plus vieux. » *(VIII,9.)*

Saint Jean remarque que ce sont les plus vieux qui se retirent les premiers, non pas parce qu'ils auraient davantage péché que les autres (ce qui est aussi possible) mais sans doute parce que dans leur grand âge il y a moins d'adultère refoulé et donc moins de violence, et puis le sentiment de leur mort prochaine leur a peut-être enlevé le goût de tuer. Les plus jeunes ont davantage de mal à partir ; si on ne lapide plus ces femmes-là, ils vont se retrouver face à leur désir, et sans menace pour l'exorciser... Ils ne savent pas encore que c'est l'amour plus que la menace du châtiment qui délivre de l'emprise des sens et des liens de la passion... L'amour est capable d'aimer « un autre qui aime un autre » il n'entraîne pas à l'adultère...

Ils ne comprennent pas encore mais ils laissent tomber leurs pierres... D'où leur vient tout à coup ce bonheur de trouver dans leurs mains réouvertes la caresse du vent ?

« Ieschoua resta seul avec la femme.
Se redressant Il lui dit :
Femme où sont-ils ?
Personne ne t'a condamnée ?
Personne, Seigneur.
Ieschoua lui dit :
Moi non plus je ne te condamne pas
Va, désormais ne pèche plus. » ***(VIII, 9-11.)***

Ieschoua se redresse comme au sortir d'un rêve. « Où sont-ils ? » Sans doute est-il heureux : on ne s'est pas servi de la Thora pour ajouter le meurtre à l'adultère ; on ne s'est pas servi de Dieu pour tuer avec bonne conscience.

L'ayant délivrée de la peur, il peut alors regarder la femme en face et la voici tout à coup lavée par les eaux vives de son regard. Lavée et brûlée à la fois ; elle comprend que le paradis et l'enfer c'est la même chose : c'est le même regard, qui révolte ceux qui ne veulent pas s'y noyer, et qui relève ceux qui osent y plonger.

« Femme où sont-ils ?
Personne ne t'a condamnée ? » ***(VIII, 10.)***

Le seul qui pourrait la condamner, c'est lui, parce qu'il est le seul qui pose sur elle un regard sans ombre de convoitise, sans désir de la séduire ou de la posséder.

Ieschoua a un regard d'enfant étonné (nous serons jugés par un regard d'enfant). La seule question qu'il pourrait lui poser est : Femme as-tu cessé de souffrir ?

Es-tu encore malheureuse ? Sais-tu maintenant que l'amour que tu cherches au-dehors est en toi, et tant que tu ne l'auras pas trouvé en toi, tu ne le trouveras pas au-dehors ? Si cet Amour est en toi, tu es capable d'aimer quelles que soient les circonstances, favorables ou défavorables, rien ni personne ne peut t'empêcher d'aimer, tu es libre, tu es capable d'aimer, même tes ennemis, même ton mari...

« Va, désormais ne pèche plus. » (VIII, 11.)

Désormais ne t'écarte plus de cette source qui est en toi, ne vise pas « à côté » du but de ta vie [1].

« Cherche d'abord le Royaume », c'est-à-dire le règne de l'Esprit en toi et « tout le reste te sera donné par surcroît ».

Désormais va ! ne te retourne pas en arrière, ce qui est passé est passé, voici que tu peux faire toutes choses nouvelles.

Ieschoua n'enferme pas dans le remords ou la culpabilité. Sa joie est de voir cette femme marcher, aller de l'avant, réouverte dans son désir, ce désir qui fut un instant désorienté par l'adultère. Va ! ne perds pas ton temps.

Aie confiance en Dieu. Le Maître de l'impossible te donnera chaque jour la force d'aimer :

VA ! Sois heureuse.

L'histoire ne nous dit pas si elle le fut vraiment ; si elle retourna chez son mari ; si celui-ci lui pardonna ou si la porte resta close.

— Ieschoua a donné une orientation à son désir, il ne lui a pas dit exactement ce qu'elle « devait » faire.

Elle est partie. Elle marche peut-être encore ? le cœur dans l'Ouvert...

1. Étymologiquement le mot péché : « hamartia » — veut dire : « viser à côté », « manquer la cible ».

La Samaritaine (Jn IV,1)

Se rendant en Galilée, Jésus « doit » *(édei)* passer par la Samarie. Il aurait pu prendre un autre chemin, par exemple suivre la vallée du Jourdain, comme cela se faisait couramment, et éviter ainsi ces « hérétiques » qu'étaient pour les Iehoudim (Judéens) les Shomronim (Samaritains).

« La région de la Samarie, appelée ainsi du nom de sa capitale, fondée par le Roi Omri (886-875) [1], correspond à l'Ancien Royaume israélite du Nord. En 722, les Assyriens s'en étaient emparés, ils avaient déporté une partie des habitants et installé des colons. Quand le grand prêtre juif Jean Hyrkan (134-104) réussit à conquérir le pays, la population locale provenait de deux souches, la juive et la païenne. Les descendants des Israélites avaient conservé leur foi ancestrale, mais ne reconnaissaient que la tradition du Pentateuque et ils considéraient que leur mont Garizim, où avait été placée la bénédiction de YHWH sur Israël, était l'authentique lieu du culte ; en outre des éléments empruntés aux religions étrangères se mêlaient à leur croyance.

Pour ces motifs, les juifs les tenaient pour des schismatiques, sinon des hérétiques. Selon Mt. 10,5, Jésus recommande aux disciples de ne pas se rendre en Samarie ; selon Lc 9,51-56, les disciples qui traversent la contrée y reçoivent un accueil plus que réservé. Jésus toutefois a distingué un Samaritain, le seul des dix lépreux guéris, qui s'était montré reconnaissant et il a donné en exemple, dans une parabole, le « bon samaritain », l'opposant aux lévites du Temple [2].

Relié au projet de se rendre en Galilée, le passage de Judée en Samarie fait songer à la prophétie d'Isaïe, selon laquelle les deux royaumes séparés (Israël et Juda)

1. Cf. 1 R 16,24.
2. Cf. Lc 17, 11-19 ; 10, 30-37.

seraient un jour réconciliés[1]. Il y est dit que le roi juste sur lequel reposera l'Esprit de Dieu « regroupera les bannis d'Israël, il rassemblera les dispersés de Juda[2] ».

C'est dans ce contexte qu'on peut comprendre pourquoi Jésus « doit » passer par la Samarie. Son enseignement ne s'adresse pas seulement aux purs, aux parfaits, mais aussi à ceux que l'on considère comme des exclus, des « excommuniés », parce qu'ils ont tenté de vivre leur foi au milieu des nations païennes.

Et c'est à une femme de Samarie, c'est-à-dire à une hérétique, qu'il va révéler les mystères de la prière en « esprit et vérité ».

Peut-être que l'oreille de cette femme n'était pas fermée par la suffisance des pseudo-certitudes, mais demeurait ouverte à l'écoute, habitée par un désir qui la rendait susceptible d'une initiation.

C'est en effet un véritable « itinéraire initiatique » que nous découvrons dans ce récit de Saint Jean, extrêmement bien construit. Il peut être aussi pour nous — comme il le fut pour la Samaritaine — le chemin qui mène de cette vérité acquise, relative, que nous sommes supposés contenir, vers une vérité infiniment plus haute, plus vaste, qui nous contient.

« Ieschoua, fatigué par la route, s'assied au bord du puits. C'est environ la sixième heure » (IV, 6).

Saint Augustin dira qu'en Jésus, c'est Dieu qui est fatigué. Cette route, c'est celle des siècles, des millénaires...

Il est en quête d'une humanité où Il pourrait se poser — se reposer — « Dieu est en quête de l'homme »...

A l'origine d'une authentique expérience spirituelle, il y a souvent cette découverte que ce n'est pas nous qui cherchons Dieu, mais que c'est Dieu qui nous cherche. Il est difficile de se laisser trouver, de se laisser aimer

1. Xavier-Léon Dufour : *Lecture de l'Évangile de Jean*, Seuil, 1988, p. 341.

2. Is. 11,12. *Cf.* Os. 2,2 ; Jn 3,18 ; 35,50 ; Ez. 37,16-24.

« tels que nous sommes ». La route est longue avant d'arriver à ce moment d'acceptation totale :

« C'est environ la sixième heure » — « l'heure de midi », l'heure où le soleil est abrupt et ne laisse plus de place aux ombres. C'est l'heure de la soif et du désir, le moment d'une lucidité qui laisse peu de chances aux mensonges.

On est « au bord du puits ». C'est là que Ieschoua nous attend. Dans le texte grec, l'Évangéliste emploie le mot « pegè » = source : Ieschoua nous attend à la source de notre être, là où on peut saisir la vie dans son premier jaillissement, dans sa gratuité.

Le puits est aussi symbole du cœur humain. Il s'agit de descendre dans ses profondeurs pour y découvrir la Source. S'asseoir au bord du puits, c'est se mettre en état d'écoute et de résonance pour entendre la voix ou le murmure qui monte du fond des eaux : « Donne-moi à boire » (IV, 7).

Étrange paradoxe. C'est l'Eau qui demande à boire…

C'est la Source qui a soif d'être bue… Ainsi peut-on comprendre l'appel de Dieu : la Source demande à être reconnue, elle demande du temps, de l'attention. « Donne-moi de ton silence, de ta solitude », et c'est toujours une surprise de se sentir ainsi interpellé du fond de l'Être, dans cet acte de lucidité, d'acceptation et d'assise à l'heure de midi, près de la Source, se sentir ainsi attendu, désiré, par plus Soi que soi-même et par Tout Autre que soi-même, par l'Inconnu des Profondeurs. Et de ce premier Éveil naît l'étonnement : pourquoi « moi » ?

« Comment toi, qui est Iehoudim,
tu me demandes à boire
à moi, une Samaritaine » ? (IV, 9.)

Comment toi qui appartiens à la classe des sages, des justes, des élus, tu me parles à moi, une Samaritaine, une hérétique, une exclue ? « Les Iehoudim (Judéens) en effet n'ont pas de relations avec les Shomronim (Samaritains) » (IV, 9).

Littéralement : ils n'ont pas d'objets en commun. Tout ce que touche un Samaritain est considéré comme impur pour un juif. A un niveau spirituel, nous pourrions dire que la créature s'étonne de se sentir ainsi appelée par une « Autre dimension », car « le créateur et la créature n'ont pas de commune mesure, donc pas de relation », surtout si cette créature mène une vie considérée comme « impure »...

Or, voici que la relation s'établit. Le contact avec l'Altérité radicale se révèle possible... De cette expérience peut naître ce que Maslow appelle « le complexe de Jonas » : Jonas reçut un jour l'ordre de Dieu de marcher vers Ninive, la grande ville, pour lui dire de se convertir. Mais celui-ci, trouvant la mission trop difficile ou trop haute, s'enfuit vers Tarsis... « Cela est trop beau, cela est trop grand pour moi » — telles sont les paroles « symptomatiques » du complexe de Jonas. Ne pas oser croire à la possibilité de cette Rencontre, de cette Union avec Celui qui se tient à la Source.

La réponse de Ieschoua à cet étonnement craintif est un pas de plus dans l'épaisseur des révélations qu'il communique :

> ***« Si tu savais le Don de Dieu***
> ***et qui est Celui qui te dit :***
> ***“ Donne-moi à boire ”.***
> ***c'est toi qui l'en aurais prié***
> ***et il t'aurait donné de l'Eau Vive. » (IV, 10.)***

Si tu avais « la gnose de l'*Agapè* », la connaissance de cet Être qui est Amour, l'expérience de l'Être comme Don, pure gratuité ! (C'est cette gnose que le Christ est venu nous donner, pas un savoir acquis à force d'études, mais l'expérience directe de la générosité divine, l'*Agapè*.)

« Connaître l'Amour de Dieu qui surpasse toutes

connaissances », telle est la gnose véritable dont parleront Saint Paul et les Pères de l'Église. Cette gnose, c'est Jésus Christ.

Le connaître, c'est connaître aussi Son Père, Source de tous les Dons et de toutes les Lumières.

« Si tu savais qui est Celui qui te dit " donne-moi à boire ", tu aurais reconnu en lui la voix de la Source, la Présence même de l'Être que cherche ta soif. »

« C'est toi qui l'en aurais prié, et il t'aurait donné de l'Eau Vive. »

De l'eau vive, pas une eau croupissante, pas une eau embouteillée qui rafraîchit un moment, mais de l'eau vivante...

Dans un pays où l'eau est rare, une source, un puits, est symbole de vie. Parler d'eau vive, c'est parler de vie surabondante : oasis. C'est croire que le désert peut devenir un jardin.

La femme garde les pieds sur terre, elle ne rêve pas. Elle symbolise ici un réalisme sain et raisonnable, peu enclin à croire ce qui dépasse son entendement, elle dit :

> ***« Seigneur, tu n'as rien pour puiser***
> ***et le puits est profond.***
> ***D'où la tires-tu donc***
> ***cette eau vive ?***
> ***Es-tu plus grand que notre Père Iaaqôb***
> ***qui nous a donné ce puits ?***
> ***Il s'y est abreuvé, lui, ses fils***
> ***et ses bêtes. » (IV, 11-12.)***

Selon une légende rabbinique, le patriarche Jacob qui avait creusé ce puits avait aussi fait monter et déborder par-dessus la margelle du puits une eau surabondante [1]. La Samaritaine ne s'attend pas à une révélation métaphysique, tout au plus à une sorte de miracle.

1. *Cf.* G. Bienaimé : *Moïse et le don de l'eau dans la tradition juive ancienne,* Targum et Midrash, Rome, 1984.

Les Pérouschim demandaient : « Es-tu plus grand que notre Père Abraham ? » Jésus avait répondu : « Avant qu'Abraham fut, Je Suis. » La Samaritaine demande : « Es-tu plus grand que notre Père Jacob ? » Elle attendra encore un moment avant d'entendre elle aussi dans la bouche d'un homme le « Je Suis » de YHWH.

Mais Ieschoua essaie d'abord d'éveiller en elle le désir d'une eau qui ne peut tarir. Ce n'est pas de l'eau et des satisfactions matérielles dont il est question :

« Celui qui boit de cette eau aura soif à nouveau » (IV, 13).

C'est là un enseignement de sagesse universelle : ce qui apaise le désir un moment devient lui-même le commencement d'un autre désir. Rien ne peut étancher la soif humaine. Il y a, dans l'homme, un désir infini que l'Infini seul peut combler, et nous ignorons en tant qu'êtres finis ce que peut être cet Infini.

C'est la condition humaine : impermanence de toute chose, bonheurs fragiles, parfois décevants, mécanismes de répétition, enchaînements du plaisir et de la douleur. Les sages de toutes les traditions l'ont dit de bien des manières :

> « Vanité des vanités[1] — tout est vanité. Quel intérêt a l'homme à toute la peine qu'il prend sous le soleil ?...
> Tous les fleuves marchent vers la mer et la mer ne se remplit pas [...]. Ce qui fut, cela sera [...] il n'y a rien de nouveau sous le soleil[2]. »

Après avoir redit cela à sa façon : « Quiconque boit de cette eau aura encore soif », Ieschoua annonce pourtant

1. Littéralement : « buée de buée », *cf.* traduction André Chouraqui.
2. Qohelet ou l'Ecclésiaste, chap. I, Prologue.

quelque chose de nouveau, une eau qu'on n'a pas encore bue sous le soleil :

> ***« Celui qui boira l'eau***
> ***que je lui donnerai***
> ***n'aura plus jamais soif.***
> ***L'eau que je lui donnerai***
> ***deviendra en lui une source***
> ***jaillissement de vie éternelle. » (IV, 14.)***

Ieschoua affirme qu'il existe une vie, un apaisement qui ne sont pas dépendants des circonstances extérieures.

Le bonheur, tant qu'on ne l'a pas trouvé au-dedans de soi, on ne peut pas non plus le trouver à l'extérieur. Rien ne peut nous rassasier si on n'a pas éveillé en soi la Source de toutes les satisfactions. C'est un lieu commun de dire qu'il existe des gens heureux en toutes circonstances, même défavorables, et des gens qui ont « tout pour être heureux » et qui pourtant vivent dans une authentique insatisfaction.

Ieschoua ne nous propose pas des objets ou des circonstances qui nous procureraient le bonheur, il veut nous faire goûter ce qui est à la Source, une « qualité d'être heureux » en toutes circonstances. De même, il ne nous propose pas d'aimer quand telle ou telle personne de notre choix vit dans notre proximité, mais il veut partager avec nous un Amour Essentiel, enraciné dans l'Être, quel que soit l'entourage.

L'eau la plus pure, coupée de sa source, ne tardera pas à croupir. Quelle que soit l'intensité de nos bonheurs et de nos amours, s'ils manquent de Source, ils ne dureront pas. On peut se construire des citernes, elles aussi finiront par tarir.

Or, Ieschoua veut que nous soyons Un avec le jaillissement même de la vie, « Un avec le Père [1] », dira-

1. Le « Père » dans la patrologie grecque est souvent appelé « Pégè » = « la Source ».

t-il dans un autre langage. Il s'agit de remonter à la racine non dépendante, incréée, de tout ce qui existe, dans ce non-temps, (donc inaccessible à la mort), qu'on appelle : l'Éternité.

Celui qui boira de l'eau que je lui donnerai ne sera pas sans désir, mais il ne sera plus sous la dépendance du désir. Il ne sera plus esclave, mais fils. Il connaîtra en lui la Source non mortelle de la Vraie Vie, de la Vraie Joie.

Cette parole — pour l'entendre — il faut au moins l'avoir goûtée, ne serait-ce qu'une seconde : une Paix qui vient d'ailleurs, gratuite, « non causée », et qui — par là même — échappe à la loi de la cause et de l'effet que les Hindous appellent « karma ».

La femme interprète la parole de Ieschoua selon sa capacité.

Elle imagine qu'en possession de cette eau, elle n'aura plus à peiner, à souffrir pour obtenir l'objet de son désir. « Seigneur, donne-moi de cette eau, que je n'aie plus jamais soif et que je ne vienne plus ici pour puiser » (IV, 15).

De nouveau, Ieschoua va la conduire un pas plus haut, essayant de la faire passer de ses désirs humains au Désir de Dieu : « Ieschoua lui dit : Va chercher ton mari et reviens ici » (IV, 16). Littéralement : « Dis-moi avec quoi, avec qui tu es mariée en ce moment, avec qui éprouves-tu le rassasiement de ton désir — qu'est-ce qui te donne en ce moment la joie et le bonheur ? »

« Je n'ai pas de mari,
répondit la femme.
Ieschoua lui dit :
Tu as raison de dire
" Je n'ai pas de mari. "
Tu en as eu cinq
et celui qui est avec toi
n'est pas ton mari. » (IV, 17-18.)

Ieschoua révèle à la femme que celui avec lequel elle s'unit en ce moment ne lui donne pas le bonheur. Elle le sait. Elle a eu cinq maris et pourtant elle n'a jamais connu l'unité, la paix. Elle a essayé cinq fois de connaître l'amour, la sixième fois n'est pas encore la bonne. La soif est toujours là. Mais qui sont ces cinq maris ?

Certains exégètes disent qu'il s'agit des cinq dieux des Samaritains dont parle le Deuxième Livre des Rois (17, 29-41). Aucun d'eux n'est l'Époux véritable, le Vrai Dieu.

D'autres pensent aux cinq nations qui oppriment Israël : les Égyptiens, les Assyriens, les Babyloniens, les Perses, les Grecs et la sixième nation, ou sixième mari, au temps où parle Jésus et la Samaritaine, ce sont les Romains. Ce n'est pas d'eux, bien sûr, qu'il faut attendre le rétablissement et la joie d'Israël. Origène a pensé un moment qu'il s'agissait des cinq livres ou rouleaux de la Loi, le Pentateuque, seuls livres sacrés que conservaient les Samaritains. Mais il s'est rattaché par la suite à cette tradition naissante qu'on retrouvera en Occident chez Saint Augustin, qui tend à voir dans les « cinq maris » les cinq sens, à travers lesquels nous pensons trouver la connaissance, l'union avec ce qui EST.

Même le sixième mari, qu'on appelle parfois « le sixième sens », n'est pas encore la gnose véritable, non-dualité avec l'essence même du Réel.

Ce que perçoivent les sens et les instruments scientifiques de plus en plus sophistiqués qui les prolongent, ce n'est pas le Réel, c'est ce qu'ils peuvent contenir, appréhender de ce Réel, « c'est la vérité, mais non pas toute ».

Le rôle des sens est de nous conduire « au-delà des sens ». Il ne faut pas « se marier avec eux », c'est-à-dire prendre pour la Réalité ce qu'ils en perçoivent. Ne pas identifier le Réel avec les « objets » qu'ils découpent dans « la robe sans couture » de l'Unique Réalité. Par ailleurs, on peut dire qu'identifier le Réel, avec ce que nous pouvons voir, toucher, sentir, appréhender par des instruments très perfectionnés, va devenir cause de souffrance, car, comme le dit Saint Paul : « Le monde, tel que nous le voyons, est en train de disparaître. » Rien ne résiste à la loi de l'entropie. Il n'y a que le Réel « non fait, non né, non composé » qui ne sera pas défait, dé-composé.

Et c'est vers ce Réel invisible, increé, que le Christ veut orienter notre désir.

Que la parole de Ieschoua soit interprétée dans un sens religieux (les cinq dieux), politique (les cinq nations), psychologique (les cinq sens), métaphysique (les cinq agrégats ou les diverses composantes de l'être), la femme Samaritaine reconnaît que Jésus voit clair et que sa vision est « éclairante ».

« La femme lui dit : Seigneur, je sais que tu es un voyant » (IV, 19). Littéralement : un « nabi » qu'on traduit parfois par prophète ou « inspiré ». Le « nabi » hébreu, comme le « rishi » védique, c'est celui qui voit le Réel dans sa profondeur, et c'est dans la profondeur du présent qu'il peut percevoir le passé et l'avenir. Le présent est « l'effet », le résultat des causes passées, il est aussi la cause des « effets » futurs.

La Samaritaine se voit reconnue dans sa totalité. Elle n'a plus rien à cacher, elle avoue son manque, son insatisfaction.

Ses expériences sensibles, émotives, affectives — même les plus subtiles (obtenues grâce au « sixième » sens, le dernier mari !) — n'ont fait qu'aviver sa soif et son désir. Ainsi, son esprit peu à peu s'oriente vers la Source de l'Être dont Ieschoua lui parle.

Au commencement, son désir était mêlé aux besoins, aux satisfactions élémentaires, puis ayant connu quelque satiété à ce niveau, elle s'éveilla au désir de l'autre, cinq fois, six fois. Elle reconnaît maintenant en elle « l'Autre désir » et elle peut interroger Ieschoua sur la prière, sur « la juste louange » (*orthodoxia,* en grec) :

« Nos pères ont adoré sur cette montagne,
et vous, vous dites,
c'est à Ieroushalaïm que l'on doit adorer.

Ieschoua lui dit :
Femme, crois-moi, l'heure vient
où ce n'est ni sur cette montagne
ni à Ieroushalaïm
que vous adorerez le Père. » (IV, 20-21.)

Ieschoua cherche à délivrer la Samaritaine de toute idolâtrie : grâce à son enseignement, elle a déjà compris qu'il ne fallait pas adorer la créature, demander à un être fini l'Infini, l'amour parfait à un être imparfait. Ieschoua lui enseigne maintenant à ne pas idolâtrer un lieu de culte particulier, temple ou montagne sainte.

L'idolâtrie spirituelle est peut-être la plus dangereuse. Elle limite, elle « enferme » Dieu dans une forme, dans un lieu. Pourtant, Ieschoua ne renie pas la forme dans laquelle Lui-même est né, la tradition dans laquelle il a grandi. Il précise à la Samaritaine : « Le salut vient par les juifs » (IV, 22), ou plus exactement : « La libération a commencé par les juifs. »

La libération de quoi ? De toutes les formes d'idolâtrie justement ! et c'est là le premier message des patriarches — d'Abraham à Moïse — « Dieu n'est pas l'œuvre de mains d'hommes », il n'est pas l'idole sécrétée par nos esprits ou nos imaginaires en quête de consolation ou de sécurité. Dieu est le Réel Absolu, « Celui qui EST », au-delà de toutes les formes et pourtant présent en chacune d'elles.

Ieschoua ne fait que reprendre cet enseignement : « Il y a dans le monde quelque chose qui n'est pas de ce monde. »

Il y a dans l'homme quelque chose qui n'est pas de l'homme, et s'il n'y avait pas cette Présence Incréée, il n'y aurait pas d'issue, pas de salut à la vie humaine, la mort aurait le dernier mot. Cet enseignement originel du Judaïsme a pu lui aussi se perdre : la Thora, le Temple sont devenus de nouvelles idoles, de même que le Mont Garizim pour les Samaritains, mais son message de liberté et de salut demeure.

« L'heure vient,
nous y sommes,
où les vrais adorateurs
adoreront le Père
dans l'Esprit et la Vérité.
Ce sont là
les adorateurs tels que les veut
le Père. » (IV, 23.)

On interprète généralement cette parole en pensant que Ieschoua nous demande de prier « intelligemment », avec une « tête » dégagée de toutes images sensibles...

Il est intéressant de voir ce que dit le texte grec :

Il s'agit de prier « èn pneumati kai aléthéïa » = prier dans le Pneuma, dans le Souffle, respirer profondément... C'est tout autre chose qu'une méditation intellectuelle. Prier dans l' « aléthéïa », traduit par « vérité ». Littéralement, il faudrait dire : « hors de la léthè », hors de l'oubli et de toute « léthargie » de la conscience, prier dans un état d'éveil et de vigilance, dans une mémoire ininterrompue de l'Être. Prier « èn pneumati kai aléthéïa », c'est prier avec tout son souffle et en toute conscience. Les Pères de l'Église verront dans le Pneuma le Saint Esprit ; et dans l'aléthéïa, le Christ. Il nous est demandé, dans ce cas, de prier « dans l'Esprit-Saint et dans le Christ » !

Nous pourrions dire, en restant proches du texte : « Prier dans le Souffle et la conscience éveillée du Fils. »

« Prier, c'est respirer » : c'est là un thème que reprendra par la suite la tradition hésychaste, qui demande d'introduire sur le rythme respiratoire le Saint Nom du Dieu-Homme ou de l'Homme-Dieu, et de garder ainsi le cœur vigilant (en état d'aléthéïa).

« Dieu est Esprit (*Pneuma*), et dans l'Esprit et la Vérité, on doit adorer » (IV, 24).

« Pneuma o théos ! » Littéralement : « Souffle, le Dieu ! »

Le grec « pneuma » traduit ici l'hébreu « ruah » : le

Grand Souffle, la grande Haleine de la Vie, vent violent ou brise légère.

« Le vent, tu ne sais ni d'où il vient, ni où il va. Ainsi en est-il de tout homme né de l'Esprit (*pneuma*) », disait déjà Ieschoua à Nicodème.

Quand on dit en français que « Dieu est Esprit », qu'il faut « prier en esprit », combien oublient cette dimension « respiratoire » de la prière et de la méditation ? Cette présence du Souffle subtil qui anime et ré-anime sans cesse tout l'Univers ?

Ces paroles sur l'Esprit touchent la Samaritaine dans son désir de Dieu, mais aussi dans son désir de voir « Celui sur qui le Souffle repose », « l'Oint », en hébreu le « Messiah », en grec le « Christos » : « Je sais que le Messie, quand il viendra, nous expliquera tout » (IV, 25).

Il sera « l'exégèse » de Celui que nul ne peut voir, son Incarnation, sa Présence parmi nous.

Ieschoua lui dit : « Moi qui te parle, Je Suis » (IV, 26).

Dans cette parole, Jésus non seulement révèle qui il est : « Le Messie, c'est moi », mais il fait entrer la Samaritaine dans la proximité même du « JE SUIS »[1], dans la Présence brûlante et éclairante qui a parlé à Moïse autrefois dans le Buisson...

C'est bien là le propre d'un cheminement initiatique : tous ces détours, ce jeu de patience, de questions, de réponses, d'interrogations à chaque fois plus profondes, pour en arriver à voir « ce qui EST », « Celui qui est là », devant ses yeux..., mais l'histoire ne s'arrête pas ici.

Après cette expérience de « Celui qui Est là », elle peut témoigner dans la ville, témoigner de son éveil et de sa rencontre : elle « laisse là sa cruche » (IV, 28), c'est-à-dire sa façon habituelle de « puiser » la connaissance, ne porte-t-elle pas en elle une Source désormais ?

1. Le texte grec dit bien « Ego Eimi », *cf.* le Nom imprononçable, le tétragramme sacré : YHWH.

Si on voulait résumer l'itinéraire de la Samaritaine et y trouver quelques résonances dans celui qui est ou qui fut le nôtre, on pourrait y distinguer dix étapes :

1. Marcher vers le puits : Éveiller en soi le désir de la connaissance.
2. S'asseoir près du puits : Se mettre à l'écoute, dans une assise silencieuse.
3. Donner à boire à « Celui qui est là » : Donner de son temps, de son espace. Répondre à l'appel de « Celui qui est là », dans la profondeur.
4. Découvrir le Don de Dieu — « Si tu savais le Don de Dieu » : Accepter « d'être aimé de l'Être », infiniment au-delà de ce que nous pouvons penser ou imaginer.
5. Découvrir que ce Don ne vient pas combler nos manques, nos besoins ou nos désirs habituels : S'éveiller à un autre Désir, à une autre Soif, celle de « l'Eau Vive », de la Connaissance, qui demeure.
6. Chercher son mari et se découvrir « non marié » : Chercher le mode à travers lequel nous pensons trouver l'unité. Se découvrir dans une lucidité sans crainte : non satisfait, non unifié — Relativiser « la science » obtenue à travers nos différents instruments de connaissance.
7. « Ni au temple ni sur cette montagne » : Ne plus chercher « Celui qui EST » dans un lieu particulier, sous une forme particulière, et pourtant accepter que « le salut vienne par les juifs », c'est-à-dire que la Révélation de l'Universel se fasse par le particulier (un peuple, une personne) et que la liberté incréée se manifeste dans des actes concrets au cœur de l'espace-temps.

8. Vivre dans l'oraison du Souffle, l'adoration consciente de ce qui respire en nous. Entretenir à chaque instant la mémoire de l'Être (*aléthéïa*).

9. Découvrir alors en nous : le Messie, le Maître intérieur. Le Maître de notre souffle et de notre vie. Le seul « Je Suis » qui ne soit pas un masque ou une illusion. Le « Je Suis » pur du Vivant, sans qualificatifs. Notre identité véritable, notre être d'Éternité.

10. Témoigner dans le monde de sa Présence, « sans cruche », au-delà des connaissances acquises. Transmettre à chacun la question ou le désir qui le mettra en chemin vers sa propre source, qui l'attend, au fond de son propre puits.

TROIS HOMMES

Nathanaël

> ***« Philippos rencontre Nathanaël.***
> ***Il lui dit :***
> ***Celui dont il est question***
> ***dans la Thora de Moshé,***
> ***dans les paroles des prophètes,***
> ***nous l'avons trouvé.***
> ***C'est Ieschoua, fils de Iosseph le Nazaréen. » (I, 45.)***

Le ton de Philippos est celui de la certitude. Il a rencontré celui dont on « parle ». Il ne le connaît pas seulement par ouï-dire, il l'a vu.

Il ne suffit pas de lire les Écritures, les paroles de Moshé et des Prophètes, il faut revivre pour soi-même ce qu'eux ont expérimenté. Il y a le Messie extérieur, il y a aussi le Messie intérieur, l'Avènement en nous de la Sainte Présence (la Parousie).

Trouver Ieschoua, le fils de Iosseph, le Nazaréen, est pour Philippos une grande joie, c'est trouver le Maître de la Vie, incarné dans l'espace-temps, pour notre guérison et notre éveil (salut). Plus grande sera sa joie lorsqu'il aura « trouvé » en lui le Logos, le Fils de Dieu. Le Maître intérieur que vient réveiller en lui Ieschoua Ben Iossef, son « Maître extérieur ».

> ***« Nathanaël répond :***
> ***De Nazareth***
> ***peut-il sortir quelque chose de bon ?***
> ***Viens et vois,***
> ***lui dit Philippos. » (I, 46.)***

Nathanël connaît les Écritures. Il sait que le Messie : « on ne sait ni d'où il vient, ni où il va ». Nazareth est une bourgade insignifiante en Israël, aucune prophétie ne concerne ce lieu, ce qui peut en sortir, c'est un Messie comme les autres, un grand Rabbi peut-être, un thaumaturge, un faiseur-de-miracles, comme on en voit beaucoup à l'époque, mais certainement pas celui qu'on attend, celui qui libérera Israël, c'est-à-dire, au sens profond, celui qui libérera dans l'homme la vision de Dieu et le rendra de nouveau capable de l'aimer en vérité et en toute sérénité.

« Viens et vois », répond Philippos, et c'est un écho de ce qu'il vient d'entendre de la bouche même de Ieschoua, quand les disciples lui demandaient « où demeures-tu ? » il répond : « Venez et voyez » (I, 39). Pour connaître la Demeure du Logos, le lieu de l'Être, il faut y aller, se mettre en chemin, creuser son puits vers la Source, et Boire.

Philippos ne reproche pas à Nathanaël d'être sceptique, il ne lui impose pas sa croyance, au contraire, il aime cet homme qui résiste, qui ne donne pas son cœur et son intelligence à n'importe quoi, il l'invite pour qu'il vérifie lui-même : « Viens et vois. »

Ne rien croire sans le vérifier, ne se fonder que sur le Réel, c'est à cela que fut invité Philippos, c'est à cela qu'il invite Nathanaël.

> ***« Ieschoua voyant s'approcher Nathanaël***
> ***lui dit :***
> ***Voici un vrai fils d'Israël,***
> ***un homme sans artifice. » (I, 47.)***

Qu'est-ce qu'un vrai fils d'Israël, un vrai juif ?

Le peuple d'Israël est appelé un « peuple saint », non

pas dans le sens seulement moral ou éthique du terme, mais dans un sens métaphysique, et dans ce sens, la sainteté, c'est l'affirmation d'une « Autreté », l'affirmation de la différence.

Israël est inassimilable aux autres nations parce qu'il est un peuple « saint », autre, différent. Un véritable Israélite, c'est un homme qui est sorti de la conscience commune (symboliquement : sorti d'Égypte) et qui affirme un mode d'être et d'agir « autre ». Nathanaël est un vrai Israélite, sans concession, sans artifice, sans hypocrisie. Il n'est pas prêt à réduire l' « Autreté » du Messiah qu'il attend à l'ascendant que peut avoir sur son ami Philippos un beau Rabbi ou un grand gourou de passage.

C'est son sens de la Transcendance qui en fait un véritable Israélite, son exigence. De même qu'on ne peut pas confondre le Dieu Saint avec les éléments les plus subtils de l'Univers, on ne peut pas confondre le Messiah, celui qui porte en lui le Souffle d'une Autre Conscience, avec n'importe quel prophète qui prêche sur les collines.

Ieschoua approuva cette attitude de Nathanaël ; il lui fait le plus beau compliment qu'on puisse faire à un homme : d'être un homme vrai, sans artifice, sans souci de plaire, sans désir d'être séduit ou rassuré — un homme sans dualité, un et nu.

> ***« D'où me connais-tu ?***
> ***demande Nathanaël.***
> ***Avant que Philippos ne t'appelle,***
> ***quand tu étais sous le figuier,***
> ***je te voyais » (I, 48.)***

Nathanaël se sent reconnu. Ieschoua lui parle un langage qu'il comprend ; il lui parle du « figuier ». « Être sous le figuier », en effet, cela veut dire pour les anciens Rabbins « être dans la méditation des Écritures ».

Nathanël sait que pendant la méditation des textes

sacrés, le Logos l'a déjà visité. Il a connu ces moments de clarté, de vision, qui font de lui un véritable fils d'Israël[1].

Cet homme qui lui parle à l'extérieur, c'est le même qui lui a parlé silencieusement à l'intérieur, la lumière de ses yeux, c'est cette étoile qu'une longue nuit de veille il avait trouvée dans les lettres de la Thora...

A chacun son « figuier ». Celui de Nathanaël n'est pas obligatoirement le nôtre, mais nous avons tous connu dans notre vie des moments privilégiés où l'Être nous touche, où le Logos nous illumine. Le figuier symbolise également, dans le Judaïsme, l'Arbre de la Connaissance, du bonheur et du malheur[2].

« Quand tu étais sous le figuier », c'est-à-dire lorsque tu luttais pour connaître ce qui est bien, ce qui est mal, ce qui fait le bonheur de l'homme, ce qui fait son malheur, lorsque tu souffrais dans les impasses de la dualité, tu as connu ce moment non duel, ce moment d'unité, au-delà du bien et du mal, au-delà du bonheur et du malheur, tu as connu l'essence de la Vie. Le fruit de l'Arbre de la Connaissance du Bien et du Mal fut un instant sans amertume et sans sucre. Tu goûtais à un autre fruit, tu entrais dans une autre conscience, sur tes lèvres et dans ton cœur, tu savourais la grande figue nue de l'amour, le fruit de l'Arbre de Vie.

A chacun son figuier. Ici encore, celui de Nathanaël n'est peut-être pas le nôtre, mais nous avons tous connu de ces moments où nous étions « dans notre axe », bien enracinés en terre, avec cette verticale, ce déploiement plein de sève, vers la lumière, et dans cette non-dualité de la matière et de l'esprit, du psychique et du spirituel, dans ce moment de Transparence, nous avons goûté quelque chose d' « Autre », d'infiniment simple et d'infiniment harmonieux, un moment de paradis, dit-on, un moment où délaissant les Jeux de nos dualités,

1. Cf. l'étymologie du mot Israël : Celui qui voit Dieu.
2. Cf. Rabbi Aquiba dans Eccl. Rabba 5,15 — Cf. *ibid.* Lt. 4,4, (Billenbeck II, 371), Cf. Gn. 3,7.

déchirements ou contradictions, nous étions comme un arbre planté au milieu du « jardin » qui se laisse regarder et nourrir par le plein soleil de midi.

> ***« Nathanaël, lui répond :***
> ***Rabbi, tu es Fils de Dieu,***
> ***Tu es Roi d'Israël.***
> ***Parce que je t'ai dit.***
> ***“ je t'ai vu sous le figuier ”, tu crois.***
> ***Tu verras mieux encore.***
> ***Amén, amén, je te le dis,***
> ***vous verrez les cieux ouverts***
> ***et les anges de Dieu monter***
> ***et descendre au-dessus du Fils de l'Homme. » (I, 49-51.)***

Nathanaël reconnaît la Présence du Logos, Fils de Dieu, en lui. La voix continue et lui affirme qu'il verra les cieux ouverts. Dans la Bible, on dit que les cieux sont fermés lorsqu'il n'y a plus de relation ou de communication entre Dieu et l'homme. Les cieux fermés sont les intelligences closes sur elles-mêmes, incapables de penser la différence, et donc de s'ouvrir réellement à l'Autre.

Narcisse ne sait pas que le Réel c'est l'Autre. Il n'a d'yeux que pour lui-même.

Les yeux de Nathanaël sont ouverts, l'Autre peut exister. Les cieux sont ouverts, le Haut et le Bas communiquent, l'interrelation de l'humain et du divin peut se manifester en d'authentiques noces. Dans cette ouverture, l'esprit s'offre à la possibilité de divers états de conscience que Ieschoua appelle « des anges qui montent et qui descendent au-dessus du Fils de l'Homme ».

La reconnaissance de l'Être Essentiel nous ouvre également à l'expérience de son déploiement dans les univers intelligibles et sensibles.

La référence aux anges permet d'exprimer de façon « imaginale » la doctrine métaphysique des états multiples de l'Être. L'Unique se reflète dans une multitude d'états spirituels, hiérarchiquement reliés et qui donnent lieu à un nombre indéfini de manifestations.

Les anges sont à la fois des êtres et des états spirituels. Ils symbolisent et réalisent tous les états supérieurs de conscience qu'il est possible à une créature de réaliser. Ieschoua précise que ces anges pourront « monter et descendre ». Il ne s'agit pas seulement de monter, mais aussi de descendre. L'intelligence est appelée à connaître les états de conscience les plus subtils ; elle est appelée aussi à faire descendre l'Esprit dans la matière, à incarner le souffle dans les méandres obscurs de l'humain et à ne se fixer dans aucun de ses états.

Les cieux ouverts, c'est aussi cette possibilité offerte à la conscience de sortir de ce monde unidimensionnel et de visiter les états multiples de l'Être.

Le Fils de l'Homme est surtout représenté comme une échelle qui relie le ciel et la terre, chaque barreau de l'échelle représente un niveau de réalité avec le niveau de conscience qui lui correspond. L'esprit ouvert, l'homme aux yeux angéliques, contemple l'Unique Réel, et se réjouit de son incarnation dans les réalités multiples.

Telle pourrait être la traduction « métaphysique » de la « bonne nouvelle », annoncée à Nathanaël. Traduction d'une expérience « sémite » dans les catégories de la philosophie grecque.

El'Azar

Avant de se ressusciter lui-même, Ieschoua ressuscite les autres... On est tenté d'aller tout de suite au sens spirituel et de dire que ces résurrections sont des symboles, des mythes pleins de signification. C'est vrai, mais ce sont des symboles concrets, en chair et en os.

Ieschoua a réellement tiré de la mort le fils de la veuve de Naïm (Lc 7, 11-17), la fille de Jaïre (Mc 5, 21-42) et son ami El'Azar.

A l'heure où les techniques de réanimation sont les

plus sophistiquées, pourquoi faut-il que cela étonne ? N'a-t-on pas recueilli récemment les témoignages de personnes ayant connu un coma profond ou même ayant été déclarées cliniquement mortes[1] ? Que savons-nous du moment de la mort ?

L'électro-encéphalogramme plat est-il un critère suffisant ? Les traces trouvées dans certains cercueils témoignent que beaucoup d'hommes et de femmes ont été enterrés vivants. Le principe d'information ou d'animation (« l'âme » en langage philosophique ou religieux) peut cesser d'informer la dimension matérielle de l'être humain, qui alors se décompose. Ce principe d'information « rappelé » dans la dimension matérielle de l'être humain peut parfois le « re-composer », informer de nouveau ses atomes et ses cellules de façon cohérente.

Peu connaissent la technique de ce rappel du principe d'information dans une matière, et beaucoup doutent de son utilité (à quoi bon réanimer un corps qui, de nouveau, devra se décomposer) ?

Ieschoua connaissait cette technique et avant lui, le Prophète Élie. Le premier Livre des Rois nous donne quelques détails pratiques :

> « Elie monta le fils de la veuve dans la chambre haute où il habitait et le coucha sur son lit. Puis il invoqua Celui qui Est, et dit : YHWH, mon Dieu, veux-tu donc aussi du mal à la veuve qui m'héberge, pour que tu fasses mourir son fils ? — Il s'étendit trois fois sur l'enfant et il invoqua le Vivant, " Celui qui Est " : YHWH, mon Dieu, je t'en prie, fais revenir en lui l'âme de cet enfant ! " Le Vivant ", " Celui qui Est ", exauça l'appel d'Élie, l'âme de l'enfant revint en lui et il reprit vie. Élie le prit, le descendit de la

1. Cf. R. Moody, *La vie après la vie,* Laffont, 1988, et l'abondante littérature contemporaine à ce sujet.

> chambre haute dans la maison et le remit à sa mère. Élie dit : “ Voici, ton fils est vivant. ” » (1 R 17, 19-23.)

Élisée, le disciple d'Élie, reprendra la pratique de son Maître.

> « Là était l'enfant mort et couché sur son propre lit. Il entra, ferma la porte sur eux deux et pria Celui qui Est. Puis, il monta sur le lit, s'étendit sur l'enfant, mit sa bouche contre sa bouche, ses yeux contre ses yeux, ses mains contre ses mains, il se replia sur lui et la chair de l'enfant se réchauffa. Il se remit à marcher de long en large dans la maison et se replia sur lui jusqu'à sept fois : alors l'enfant éternua et ouvrit les yeux. » (2 R 4, 32-37.)

Que savons-nous de cette transmission de la vie à la vie ? Même les ossements d'Élisée étaient capables de ressusciter les morts :

> « Il arriva que des gens qui portaient un homme en terre [...] le jetèrent dans la tombe d'Élisée et partirent. L'homme toucha les ossements d'Élisée : il reprit vie et se dressa sur ses pieds. » (2 R 13, 21.)

Après cela, quoi d'étonnant que Ieschoua, dont les pouvoirs thaumaturgiques[1] sont évidents, ressuscite son ami El'Azar ? Si Saint Jean prend la peine de nous rapporter les détails de cette Résurrection, c'est que cela peut être lu à un autre niveau. L'interprétation intériorisée et contemplative des Anciens pourrait être la suivante :

1. Ce que les Hindous appellent les « siddhis », pouvoirs supranaturels : lévitation, vision à distance, guérison, marche sur l'eau, sur le feu, résurrection des morts, autorésurrection, etc.

La scène se passe à l'intérieur de chacun d'entre nous : Lazare représente la connaissance de Dieu, « la vraie gnose », dirait Saint Irénée. Cette gnose est l'amie de Jésus, car « Dieu n'aime que celui qui vit avec la Sagesse ». Cependant, suite à l'éloignement ou à l'oubli du Logos, la Gnose est morte, elle est enfermée dans le tombeau des rationalités et des habitudes acquises. Marthe et Marie — la foi et l'amour — intercèdent auprès de Ieschoua pour qu'il La ressuscite, La réveille.

Le récit de Saint Jean décrirait alors un itinéraire initiatique où peuvent se lire les approches du Logos dans l'âme, en écho des événements et des paroles historiques : « Seigneur, celui que tu aimes est malade » (XI, 3).

La foi et l'amour découvrent que la Gnose — « la vraie connaissance de Dieu » — est malade ; elle s'est prostituée avec des pseudo-sciences et ignore l'essentiel qui est Présence du Logos à la source de toute pensée et de tout acte — cette Présence incarnée en Ieschoua, intuition filiale du Vivant qu'il appelle Son Père.

> ***« Entendant cela, Ieschoua leur dit :***
> ***Cette maladie n'est pas mortelle,***
> ***elle est pour la Gloire de Dieu***
> ***afin que, par elle, le Fils de Dieu soit glorifié. » (XI, 4.)***

L'ignorance n'est pas mortelle. L'oubli du Logos ensommeille l'âme, mais ne la tue pas. Cette maladie montrera que la Puissance de l'Éveil peut toucher même les endormis. La Présence du Logos peut naître de nouveau et de nouveau co-naître en chacun.

> ***« Ieschoua aimait Martha, sa sœur,***
> ***et El'Azar. » (XI, 5.)***

Le Logos est Ami de la vraie gnose, et ami de la foi et de l'amour. À ces « deux ou trois, rassemblés en son Nom », il aime se rendre présent.

> ***« Quand il apprit que El'Azar était malade,***
> ***il resta encore deux jours à l'endroit***
> ***où il se trouvait. » (XI, 6.)***

Le Logos attend parfois deux jours, et deux fois deux jours (il viendra au tombeau le quatrième jour), afin que soit consommée toute dualité.

> ***« Après cela, il dit à ses disciples :***
> ***Allons, retournons en Judée. » (XI, 7.)***

Retournons d'où nous venons, posons la question de l'origine.

> ***« Ses disciples lui dirent :***
> ***Rabbi, les Iehoudim veulent te lapider***
> ***et tu retournes là-bas ! » (XI, 8.)***

La multitude des mémoires sont autant de pierres qui empêchent de voir dans la clarté de l'Origine.

> ***« Ieschoua leur répondit :***
> ***N'y a-t-il pas douze heures dans le jour ?***
> ***Quand on marche le jour,***
> ***on évite les obstacles***
> ***parce qu'on est dans la lumière.***
> ***Mais quand on marche dans la nuit,***
> ***on n'évite pas les obstacles***
> ***parce qu'on n'est plus dans la lumière. » (XI, 9-10.)***

Le Logos est la lumière véritable qui éclaire tout homme venant dans ce monde, mais cette lumière, on peut l'oublier. Alors, on marche dans la nuit, on vit dans la mort.

> ***« Ieschoua leur dit clairement :***
> ***El'Azar est mort. » (XI, 14.)***

Le sommeil de l'âme est pire que la mort du corps. C'est cela perdre connaissance : « être sans Logos ».

> ***« Dès que Martha apprit que Ieschoua arrivait,***
> ***elle partit à sa rencontre.***
> ***Miryam était assise à la maison. » (XI, 20.)***

La foi court à la rencontre du Logos, blessée d'avoir perdu la connaissance. La charité demeure assise et le contemple à l'intérieur d'elle-même.

> ***« Martha dit à Ieschoua :***
> ***Si tu avais été là,***
> ***mon frère ne serait pas mort.***
> ***Mais maintenant encore,***
> ***je sais que tout ce que tu demanderas***
> ***à Dieu, Dieu te l'accordera. » (XI, 21-22.)***

Si le Logos avait été là, la gnose ne serait pas morte. Mais maintenant encore, Il est cette Puissance de Résurrection qui peut la faire revivre.

Là où est le Logos : la gnose, la foi et l'amour revivent.

> ***« Ton frère ressuscitera,***
> ***lui dit Ieschoua. » (XI, 23.)***

La gnose, la foi et l'amour seront de nouveau réunis par le Logos.

> ***« Martha répondit :***
> ***Je sais qu'il ressuscitera à la résurrection***
> ***au dernier Jour. » (XI, 24.)***

C'est le propre de la foi de croire au lendemain meilleur et de mettre la résurrection à la Fin des Temps. La foi ne connaît pas encore — à la différence de la gnose — ce qu'elle croit et espère.

« Ieschoua lui dit :
Je Suis la Résurrection et la Vie.
Qui adhère à Moi,
fût-il mort, vivra. » (XI, 25.)

Parole fondamentale. Celui qui adhère au Logos, qui ne fait qu'un avec lui, celui qui laisse monter (*anastasis*) en lui le « JE SUIS » de l'Être et de la Vie, fût-il mort, vivra.

Qu'est-ce que la gnose, sinon cette adhésion de tout l'être au « Je Suis Essentiel » du Vivant en nous ?

Qu'est-ce que Lazare, sinon l'archétype de cette adhésion inconsciente au Logos qui vient le rejoindre jusque dans la mort ?

« Celui qui vit et croit en moi
ne mourra jamais.
Es-tu certaine
de cette vérité ? » (XI, 26.)

Le Logos ne peut pas mourir puisqu'il n'est jamais né. Celui qui adhère à ce « non-né — non-fait — non-composé » de son être ne mourra jamais…

Celui qui s'est ouvert, ne serait-ce qu'un instant, à la vastitude de l'Incrée est déjà plus vaste que l'enchaînement des vies et des morts.

Sommes-nous certains de cela ?

« Elle lui dit :
Oui, Seigneur, je crois que tu es le Messie,
le Fils de Dieu, Celui qui devait venir en ce monde. » (XI, 27.)

La foi répond : « oui, j'adhère à cela » — je crois que cet Éternel peut se manifester dans le temps, que le Logos peut s'incarner dans le monde.

Je crois — il ne me manque que la gnose pour goûter, expérimenter cela.

« Ayant dit cela,
elle va chercher sa sœur Miryam.
Elle lui dit, comme en secret :
Le Maître est là, Il t'appelle. » (XI, 28.)

La foi cherche la charité. Elles ont le même secret : « Le Maître est là. » Le Logos est là, ici et maintenant.

« Arrivée à l'endroit où était Ieschoua,
Elle (Miryam) tomba à ses pieds et lui dit :
Seigneur, si tu avais été là,
mon frère ne serait pas mort. » (XI, 32.)

L'amour — comme la foi — expérimente la même détresse. Sans la gnose, elle ne peut vivre la plénitude (*pléroma*). Seul le Logos peut la lui rendre.

« Quand Il la vit pleurer,
et pleurer aussi les Iehoudim qui étaient avec elle,
Ieschoua frémit intérieurement,
blessé. » (XI, 33.)

Comment ce frémissement de Ieschoua n'aurait-il pas d'écho dans le cœur même du Logos ?

L'Intelligence Créatrice est blessée de ne pouvoir se communiquer à la connaissance des hommes. L'ignorance est la source de tous les maux et de toutes les souffrances. L'ignorance de la Vraie Vie, c'est elle qui tient l'homme dans les griffes de la mort.

El'Azar est mort — la gnose de la vie véritable est morte. Où les hommes trouveront-ils une issue à leur condition périssable ?

« Ieschoua pleurait. » (XI, 35.)

Peut-on parler de la souffrance, des larmes du Logos ? Si Dieu est Amour, il ne souffre pas en lui-même, il souffre dans les membres qui n'accueillent pas sa vie. Il souffre dans les intelligences qui se ferment à sa lumière.

« Voyez comme il l'aimait. » (XI, 36.)

Pouvons-nous croire que Dieu aime nous voir « plein de connaissance » et blessé par notre mépris de la vraie gnose : « La vie éternelle, c'est de te connaître, toi le seul véritable Dieu et celui que tu as envoyé, Jésus-Christ. »

« Frémissant de nouveau en lui-même,
Ieschoua se rendit au tombeau.
C'était une grotte fermée
par un bloc de pierre à l'entrée. » (XI, 38.)

Où avons-nous enterré la gnose ? Quelle est cette grotte fermée et ce bloc de pierres à l'entrée ?

Certains reconnaîtront dans la grotte l'inconscient avec tout ce qu'il peut avoir d'obscur, et la pierre à l'entrée, ce blocage, ce nœud fondamental qui empêche l'Énergie de la Connaissance de se manifester en nous.

A chacun sa pierre, à chacun son tombeau, à chacun ses mémoires, à chacun son oubli — le désespoir, l'ennui, la haine, le mépris : tout ce qui aveugle la lumière, tout ce qui nous enferme dans l'inconnaissance.

« Ieschoua leur dit :
Enlevez la pierre.
Martha lui dit :
Seigneur, il sent déjà,
c'est le quatrième jour. » (XI, 39.)

Le Logos nous invite à enlever la pierre, à lever la censure, à ne pas avoir peur de ce qui sent déjà la pourriture en nous. L'essentiel, c'est de ne pas s'enfermer dans notre culpabilité, dans la lente destructuration de la conscience où nous a conduit l'Oubli de l'Être, de faire face à notre mauvais néant.

> ***« Ne t'ai-je pas dit,***
> ***reprit Ieschoua,***
> ***que si tu crois,***
> ***tu verras la Gloire de Dieu ? » (XI, 40.)***

Si tu crois, si tu adhères de tout ton être au Logos, au cœur même de ton néant, tu verras « le Poids de la Présence », ce que les Anciens appellent « la Gloire de Dieu ».

> ***« On enleva la pierre.***
> ***Ieschoua, les yeux tournés vers le ciel,***
> ***disait :***
> ***Père, je te rends grâce***
> ***de m'avoir exaucé.***
> ***Je sais que tu m'exauces toujours***
> ***tu m'entends et me réponds,***
> ***mais c'est pour tous ces hommes***
> ***qui m'entourent***
> ***que je parle***
> ***afin qu'ils croient que tu m'as envoyé. » (XI, 41-42.)***

Le Logos rend grâce pour « ce qui est », non-dualité du fleuve avec sa source.

S'il parle dans l'espace-temps, c'est pour que chacun adhère aux vagues du fleuve qui coulent à travers Lui et goûte ainsi à la source.

> ***« Puis, Il cria d'une voix forte :***
> ***El'Azar, viens et sors ! » (XI, 43.)***

Le tombeau, c'est l'ego, le « petit moi ». Le Logos nous invite à en sortir, à ne plus nous identifier avec les mémoires qui le composent, à sortir des traumatismes du passé, à laisser advenir le Logos en nous :

La gnose retrouvée, la connaissance du Soi.

« Le mort sortit,
les pieds, les mains liés de bandelettes,
le visage enveloppé d'un suaire.
Ieschoua leur dit :
Libérez-le
et laissez-le aller. » (XI, 44.)

On a beau sortir du tombeau, sortir de l'ignorance : on en garde encore les traces. La connaissance est encore entourée de « bandelettes ». Le visage est enveloppé d'un voile. Ce n'est pas encore la totale vision. Les conceptions de l'ego sont encore là. Chaque jour, il faudra davantage se « délier », se « libérer du connu » — avancer dans le mystère — laisser-être — Laisser aller le Logos, devenir avec Lui le Chemin, la Vérité, la Vie.

Les différentes lectures de ce récit ne s'opposent pas, elles nous font prendre davantage conscience que le miracle est le symbole d'un autre miracle. La réanimation d'un corps est le symbole de la résurrection d'une âme.

El'Azar, l'ami de Ieschoua, est le symbole de la Gnose, amie du Logos.

La foi et l'amour intercèdent en nous pour qu'elle (la Gnose) revive et illumine de nouveau.

L'Aveugle-né

« Passant,
il vit un homme
aveugle de naissance.
Ses disciples lui demandèrent :
Rabbi, qui est fautif,
lui ou ses parents,
pour qu'il soit né aveugle ? » (IX, 1-2.)

La grande question est posée : Qui est coupable ?

S'il y a du mal, de la souffrance dans le monde, il y a bien une cause à cela ? Si un homme naît aveugle, c'est qu'il a péché. Mais quand aurait-il péché, s'il est né ainsi, est-ce dans une vie antérieure ?

Sa cécité est-elle la « dette » qu'il doit payer pour ses actes passés, est-ce le résultat de son mauvais « karma[1] » ? ou est-ce la faute de ses parents ? De leur code génétique, des actes répréhensibles qu'ils auraient pu commettre avant ou après l'accouplement, est-ce un enfant de l'adultère ?

Dieu ne laisse aucun crime impuni. N'a-t-il pas proclamé autrefois à Moshé :

> « YHWH — YHWH Celui qui Est, qui Était, qui Vient, Dieu de Tendresse et de Pitié, lent à la colère, riche en grâce et fidélité, qui garde sa grâce à des milliers, tolère faute, transgression et péché, mais ne laisse rien impuni et châtie la faute des pères sur les enfants et les petits-enfants, jusqu'à la troisième et quatrième génération. » (Exode 34, 6-7.)

On se souvient aussi des amis de Job. Si celui-ci a perdu ses terres, ses enfants, sa santé, il y est évidemment pour quelque chose. Qu'il examine sa conscience, il y trouvera certainement quelque faute cachée, car

> « Dieu est si éloigné du mal,
> Shaddaî, de l'injustice,
> qu'il rend à l'homme selon ses œuvres,
> traite chacun d'après sa conduite. » (Job 34, 10-11.)

La question des disciples est légitime : Qui a péché, lui ou ses parents ? Quelle est la cause du mal ? Ieschoua répond :

> ***« Ni lui, ni ses parents.***
> ***C'est pour qu'en lui soient***
> ***manifestées les œuvres de Dieu. » (IX, 3.)***

1. Karma : la loi de la cause et de l'effet. Tel acte entraîne telle conséquence. Un acte néfaste entraîne une conséquence néfaste, dans cette vie ou dans une autre.

Étrange réponse, véritable koan[1], qui brise la loi de la cause et de l'effet, la loi de la relation entre la faute et le malheur, entre le péché et la souffrance.

« Ni lui ni ses parents » — Ieschoua veut éveiller ses disciples à une nouvelle conscience, libre à l'égard des lois de la pensée rationnelle, c'est-à-dire de la pensée causale.

Cela ne veut pas dire qu'il la nie, mais ce qui est vrai à un certain niveau de réalité et de conscience ne l'est plus à un autre.

Ieschoua veut initier ses disciples à un ordre qui n'appartient pas au monde de la cause et de l'effet, un monde libre à l'égard du « karma ». Ce qui importe, ce ne sont pas les causes qui ont provoqué tel malheur ou telle maladie, mais ce que nous en faisons. Les disciples regardaient vers la cause, Ieschoua les « retourne » (*métanoïa*) vers le but...

Il affirme la possibilité que nous avons de faire de l'épreuve une occasion de manifester l'œuvre de Dieu, c'est-à-dire de ne plus la subir comme un destin impitoyable, mais comme la chance d'un passage vers un Au-delà de la cause et de l'effet, un Au-delà du monde et de la pensée rationnelle.

Ieschoua veut ainsi déraciner en nous l'esprit d'accusation, l'esprit mauvais que l'Apocalypse appelle « l'accusateur de nos frères », l'esprit qui cherche toujours un coupable.

Pourquoi suis-je comme cela ? C'est de ma faute, c'est de la faute de mes parents, c'est de la faute de la société, de la nature, cherchez le coupable...

Ieschoua dit : « Ne cherchez plus », ne perdez pas votre temps, vous ne le trouverez pas. Vous ne connaîtrez pas la cause du mal. Regardez, acceptez ce que vous êtes. Faites-en une occasion de grandir, de manifester l'Action Créatrice en vous. Sortez de cet esprit culpabi-

1. Les maîtres japonais emploient de petites phrases dont le sens n'est pas accessible à la pensée rationnelle, pour éveiller l'esprit de leurs disciples à une autre conscience. Par exemple : « Quel est le son d'une seule main ? »

lisé et culpabilisant, faites de vos yeux aveugles un chant ou un cri à la lumière...

« Je suis la Lumière du monde », ajoute Ieschoua. Hors des enchaînements de la cause et de l'effet, il est une Lumière, un Je Suis que rien ne peut atteindre ou détruire. C'est à cette Lumière qu'il s'agit avant tout de s'éveiller. Certains iront jusqu'à dire que les aveugles ont « la chance de ne pas se disperser dans de vains spectacles et sont moins distraits de l'essentiel, de l'Invisible Lumière ». Mais Ieschoua ne dit pas cela.

Il est venu pour que l'homme soit en plénitude et pour qu'il connaisse la lumière, au-dedans et au-dehors, et que ne soient plus opposés l'intérieur et l'extérieur, le créé et l'incréé, le causal et le non-causal...

« Il cracha à terre,
fit de la boue avec sa salive,
puis de cette boue, il fit une onction
sur les yeux de l'aveugle. » (IX, 6.)

Ieschoua, dans ce geste, ne pratique pas seulement une médecine douce, il rappelle aux disciples la genèse de l'homme : quand Dieu mêla son Souffle et sa Salive à la glaise du Terreux (*Adamah*) (Gen. 2,7).

Il leur rappelle que tout homme est né aveugle de naissance, que la matière par elle-même ne voit rien, ne connaît rien, si elle n'est pas animée par l'Esprit, le Souffle du Vivant.

L'homme est poussière et il retournera à la poussière. Qu'est-ce qui — dans la poussière — est capable de voir la Lumière ?

Ieschoua fait de la boue avec sa salive. Dans cette salive, il y a son souffle et sa parole. Il y a son énergie, son intimité : c'est le baiser de Dieu. La poussière en devient vive.

« Et il fit de cette boue une onction sur les yeux de l'aveugle. » De cette condition humaine, où se mêlent la poussière et le Souffle, cette condition pour le moins embourbée, boueuse, Ieschoua fait une onction, une bénédiction.

Cette boue — disent les Pères de l'Église — c'est l'humanité même du Christ, son Incarnation, sa condition terreuse. Si nous posons sur nos yeux son visage, nous guérirons, nous deviendrons capables de voir Dieu dans l'homme, la Lumière dans la poussière, capables de voir enfin « la Lumière du monde ».

Ieschoua fait avec de la boue une onction, l'aveugle devient lui aussi « l'oint du Seigneur ».

> ***« Il lui dit :***
> ***Va te laver à la piscine de Schiloah***
> ***(ce qui se traduit : envoyé).***
> ***L'aveugle y est allé,***
> ***il s'est lavé.***
> ***Au retour : il voyait. » (IX, 7.)***

Certains diront aujourd'hui que Ieschoua savait utiliser les vertus « miraculeuses » de l'eau et de l'argile et que c'était un bon guérisseur. Le texte de Saint Jean nous rappelle que la guérison physique est aussi utilisée par Ieschoua comme « signe » de la guérison spirituelle.

Après avoir cru aux vertus de l'Incarnation — disent les Pères — il faut encore aller se plonger dans la piscine du baptême : se laver de tout son passé et « renaître d'eau et d'Esprit ». La piscine de « Schiloah » fait allusion au baptême prescrit par « l'Envoyé » — Ieschoua — « l'Élu de Dieu ».

> ***« L'aveugle y est allé.***
> ***Il s'est lavé.***
> ***Au retour : il voyait. » (IX, 7.)***

L'itinéraire spirituel, inscrit en filigrane dans le texte de l'Évangile, est intéressant :

1. accepter notre condition humaine, voir que nous ne voyons pas la lumière ;

2. accepter le Souffle et la Parole (la salive) qui habitent notre poussière (la présence de l'Autre) ;

3. plonger (*baptizaï*) notre condition humaine et ses rationalités dans une nouvelle conscience (la conscience de l'Autre) « envoyée d'en haut », « née d'en haut », y être lavé de toutes ses mémoires, sortir du temps ;

4. après ce retournement de la conscience, de retour sur la place du marché, ne plus projeter ses mémoires, ses grilles, ses références au passé, sur ce qui EST ; voir ce qui est tel que cela est, avec clarté et conscience ; voir les choses telles qu'elles sont dans la Lumière de Dieu.

Après avoir suivi cet itinéraire, que peut-on dire de plus que ce que disait l'aveugle : « Je ne sais pas ce qui s'est passé. J'étais aveugle, maintenant je vois ! »

Je ne comprenais rien au monde, à la vie, à la souffrance, maintenant je vois. Je vois avec Une Lumière qui n'est pas celle de mes yeux. Le sens qui m'a été révélé n'est pas une explication, une justification, parce qu'à une raison on pourra toujours opposer une autre raison. La connaissance dans laquelle j'ai été plongé est Éveil et Vie. Le monde n'a pas changé et pourtant rien n'est plus pareil. Je ne peux plus poser sur lui les mêmes yeux, les mêmes regards. « J'étais aveugle, maintenant je vois. »

« Qui t'a guéri ? demandent les Pérouschim.

— Je ne sais pas.

L'Inconnu, qu'on l'appelle l'Esprit de Prophétie ou le Souffle de Dieu, m'a visité, m'a éveillé. »

L'Inconnu qui illumine les yeux éteints, qui éclaire la mèche qui fume, qui pose une étoile au cœur des nuits sans chemin, de quel Nom pourrais-je le nommer ?

L'hérédité n'explique rien, le « plus » ne sort pas du « moins ».

« Ses parents répondirent :
Nous savons que c'est notre fils
et qu'il est né aveugle,
mais comment il voit maintenant,

nous ne le savons pas,
ni qui lui a ouvert les yeux.
Il est assez grand,
il peut s'expliquer lui-même. » (IX, 20-21.)

Les Iehoudim, les Pérouschim — d'hier et d'aujourd'hui — disent : « ce n'est pas possible ». On ne peut pas voir et être aveugle. Tout cela est imposture, illusion.

Qu'est-ce que cette vision? Excitation du cortex cérébral? Cet aveugle a pris des hallucinogènes.

Il n'y a pas d'issue à la condition humaine. Il n'y a rien à voir au-delà, ailleurs ou autrement, tous nous mourrons. « Il n'y a rien à voir — Circulez! » cet aveugle a eu un accident. Il a un trou dans la tête et il dit que ses yeux se sont ouverts.

« Jamais, on n'a entendu parler
de quelqu'un qui ouvre les yeux
d'un aveugle de naissance.
Si cet homme-là n'était pas de Dieu,
il ne pourrait rien faire. » (IX, 32-33.)

rétorque l'aveugle devenu voyant. Il confesse ainsi que ce qui lui a été révélé à travers Ieschoua ne vient pas « de la chair et du sang », mais de Celui qui déborde et contient l'Espace et le Temps. Ieschoua dit alors :

« C'est pour un jugement
que je suis venu dans le monde
pour que voient ceux qui ne voient pas
et pour que ceux qui voient
soient aveuglés. » (IX, 39.)

Le commencement de la Sagesse, c'est de reconnaître son ignorance. Le commencement de l'Éveil, c'est de se surprendre endormi, accablé de rêves.

« Si vous vous reconnaissiez aveugles,
vous ne seriez pas égarés.

Mais vous dites : “ nous voyons ”,
votre égarement demeure. » (IX, 41.)

Dire qu'on voit l'invisible est un non-sens. Le propre de l'invisible est de ne pas se voir...

Dire qu'on connaît Dieu est un mensonge. Le propre de Dieu est d'être inconnaissable... Ce n'est que Dieu seul qui peut connaître Dieu. Il n'est pas visible à vue humaine. Et c'est là le drame des Pérouschim ; ils pensent qu'il suffit de lire la Thora, de la commenter, de l'appliquer, pour connaître Dieu.

Oui, il suffit de lire la Thora, de la comprendre, pour comprendre qu'on ne peut pas la vivre, l'appliquer... A chaque page, Dieu y demande de l'impossible. Croire que nous pouvons résoudre cet « impossible » par nos propres forces est présomption, sinon stupidité. Le but de la Thora est de nous faire prendre conscience de notre impuissance, de notre ignorance, mais de façon non désespérée, car c'est « lorsque je suis faible que je suis fort ». Je suis obligé alors de mettre ma confiance dans celle d'un Autre. Je ne m'appuie plus sur moi-même, mes petits pouvoirs, mes grandes subtilités, je m'appuie sur la fondation vertigineuse de mon être, sur la puissance incréée qui fait les yeux et donne la lumière.

Être aveugle, pour Ieschoua, c'est demeurer enfermé en soi, c'est fermer ses fenêtres au soleil et proclamer : « Il n'existe pas. »

Égarement tragique de l'autosuffisance, l'eau même la plus pure coupée de sa source ne tardera pas à croupir. Les yeux, même les plus vifs, les plus perçants, ne verront rien, s'ils ne se baignent dans la lumière.

« Ceux qui ne voient pas verront » — le paradoxe est étrange. Il nous introduit pourtant au cœur du mystère qui se vit dans chacune de nos relations. Si je dis « je connais quelqu'un », d'une certaine façon je le possède, subtilement je le réduis à moi-même, à ce qu'il y a de « même » en moi et en lui. Je passe à côté de sa différence, de son « Autreté », c'est-à-dire de son mystère. Si je dis : « Je le connais, et pourtant je ne le connais pas ; ce qu'il est vraiment me demeure inconnu », je m'ouvre ainsi au mystère de l'autre. Je me mets en chemin vers ce point inaccessible où se rencontrent nos regards.

Je ne regarde pas l'image ou la représentation que j'ai de lui (c'est cette image, cette représentation, c'est-à-dire cette mémoire qui me fait aveugle), je le regarde, lui, dans cet instant, tel qu'il n'a jamais été, tel qu'il ne sera jamais plus — infiniment neuf.

Ainsi, être guéri de notre aveuglement, c'est devenir capable non seulement de se connaître soi-même et de connaître ce qu'il y a de « même », de connaissable dans l'autre, mais c'est aussi s'ouvrir à ce qu'il a de proprement inconnaissable, sa différence, son « Autreté ».

Être aveugle, c'est ne pas pouvoir sortir de soi, de ses conceptions, de ses représentations. C'est vivre toujours dans « le même », sans jamais faire place à l'Autre.

Saint Jean dira plus tard :

> « Celui qui n'aime pas son frère
> est dans les ténèbres.
> Il marche dans les ténèbres,
> il ne sait pas où il va,
> parce que les ténèbres ont aveuglé ses yeux.
> Celui qui aime son frère
> demeure dans la Lumière... » (I Jn 2, 9-11).

En chacun de nous, le Fils de Dieu vient mêler son Souffle à la terre dure et aveugle de notre cœur, afin que nous devenions capables d'aimer, capables de l'Autre, capables de Dieu...

« Dans Sa Lumière, nous voyons la Lumière. »

UNE NOCE : QANAH

La scène se passe à Qanah en Galilée, petite localité dont Nathanaël est originaire. Le site mentionné par l'historien Josephe est aujourd'hui localisé à Hirbet Cana, à environ quatorze kilomètres de Nazareth.

> ***« Le troisième jour,***
> ***il y eut des noces à Qanah en Galilée.***
> ***La mère de Ieschoua s'y trouvait.***
> ***Ieschoua et ses disciples***
> ***étaient également invités. » (II, 1-2.)***

Le thème des noces, dans la pensée biblique, évoque l'Alliance avec Dieu, l'amour humain étant le lieu d' « expérimentation » de la Présence Divine, le lieu où les énergies humaines s'unissent à l'Énergie Créatrice du Vivant.

Depuis l'expérience conjugale d'Osée, jusqu'au Cantique des Cantiques et à Jésus lui-même qui a présenté le Règne des Cieux comme un Festin de Noces (Mt. 22,2 ; 25,1), l'union de l'homme et de la femme est le symbole concret de la connaissance.

Lorsque « Adam connaît Ève », cela veut dire qu'ils se connaissent existentiellement dans une relation d'intimité tout aussi charnelle que spirituelle.

Le gnostique — diront les Anciens — c'est celui qui vit existentiellement cet « état de noces » à l'intérieur de lui-même, entre le créé et l'incréé.

Le mot « noces » apparaît donc d'une polysémie riche et variée. De même lorsqu'on parlera du Christ comme de l'Époux, est-ce l'intellect humain qui épouse la Volonté de Dieu ? Ou est-ce le Logos Divin qui s'unit à l'intelligence humaine ?

Quoi qu'il en soit, on peut revenir au sens littéral du texte : Ieschoua est invité avec sa famille et ses amis à un repas de noces, et penser que ce n'est pas par hasard qu'il a choisi un moment de joie humaine pour révéler quelque chose de son Mystère. Qanah sera en effet son premier miracle, son premier acte public.

C'est un jour de noces qu'il inaugure sa mission.

Saint Jean précise : « le troisième jour » — comme le remarque Thomas d'Aquin à la suite des Pères de l'Église : « Le fait que ces noces eurent lieu le troisième jour n'est pas sans signification. Le premier jour, en effet, est celui de la loi naturelle, le second celui de la loi écrite ; quant au troisième, c'est le temps de la grâce où le Seigneur, né dans la chair, célébrera ses noces (union du fini et de l'Infini, de l'Éternel et du temps). »

« Après deux jours, il nous rendra la vie ; le troisième jour, il nous relèvera et nous vivrons en sa présence » (Os. 6,2). Saint Thomas continue en disant que ce lieu convient bien au mystère de ces noces : Qanah, en hébreu, a le sens de « bouillonnement », « ferveur », « zèle »[1] et Galilée, le sens de « passage » ou littéralement de « transmigratio »[2].

Le Logos se rend présent à une expérience qui est celle d'une ferveur, d'un bouillonnement, dans le tréfonds de l'être et d'un passage, d'une migration vers... ?

Vers le Soi, vers l'Autre ?

Être dans la ferveur et le transit, n'est-ce pas l'attitude

1. En latin : *zelus*. Qanah signifie en hébreu « zèle ». Cf. Ex. 20,5. Joseph Bell IV, 3,9. Cf. Vigouroux, Dict. de la Bible, Paris, 1899.

2. La racine hébraïque « gâlil » qui signifie « ce qui est rond, ce qui tourne », et par extension « circonscription, région », provient elle-même d'une racine plus primitive : « gâlah » qui signifie « émigrer, être emmené en captivité, être exilé » (cf. Is. 8,23 ; Jos. 20,7) d'où l'interprétation de « transmigratio ».

de celui qui sait habiter l'Instant ? L'Instant n'est-il pas le lieu des plus hautes noces ? « l'occasion » de changer de conscience, de passer de l'eau au vin ?

> ***« Ils n'avaient plus de vin.***
> ***La mère de Ieschoua lui dit :***
> ***" Ils n'ont plus de vin " ». (II, 3.)***

« Ils n'ont plus de vin » — cette simple phrase de la mère de Ieschoua peut résonner en nous à de multiples niveaux. Le vin des noces est épuisé. Cela peut vouloir dire qu'après l'ivresse des premiers temps, il n'y a plus d'amour, plus de joie à vivre ensemble.

« Il n'y a plus de vin » — c'est un constat ; c'est aussi une prière. L'amour humain s'épuise si vite, il peut tourner en habitude, en eau grise et sans saveur.

Si le Christ n'est pas invité à nos noces, il manquera très vite une dimension à nos étreintes ; Le garder au cœur de nos relations entretient une flamme mystérieuse, et quand viendrait à manquer le désir, le sentiment ou l'idéal commun, l'Amour n'est pas éteint pour autant. Il n'y a rien de plus « soluble », dans le temps, que le mariage. Ce qui est « indissoluble », ce qui n'est pas « mortel », c'est cette référence au Christ, au Logos, ou à un Éternel évoqué ou prié ensemble, dans les méandres « transitoires » de l'épreuve ou de l'ennui partagé.

La tradition verra plutôt dans cette prière de Marie l'appel de la Vierge de Sion (un des noms donné au peuple d'Israël) au Dieu Vivant pour que s'accomplissent les oracles messianiques : « Voici venir des jours, oracle de YHWH, où les montagnes feront dégoutter le jus de raisin, toutes les collines en seront ruisselantes… » (Am. 9,13).

En Israël, le vin est sacré. Il est non seulement une denrée essentielle avec le blé et l'huile pour la vie humaine, il est aussi ce « surcroît » qui symbolise la Grâce ou la Présence de Dieu dans le cœur de l'homme.

La tradition chrétienne interprétera également ce

verset dans un sens messianique : avant la venue du Christ Messie, « le vin manquait ».

La Mère de Ieschoua lui dit donc : « Ils n'ont plus de vin. » Ici, nous devons savoir qu'avant l'Incarnation du Christ, trois sortes de vin manquaient : le vin de la justice, celui de la sagesse et celui de la charité ou de la grâce.

Le vin, en effet, est âpre, et c'est à ce titre que la justice est appelée « vin ». Le bon Samaritain versa du vin et de l'huile sur les plaies du blessé (Lc 10,34), c'est-à-dire la sévérité de la justice mêlée à la douceur de la miséricorde.

« Seigneur, tu nous as fait boire un vin de larmes » (Ps. 59,5).

Le vin, d'autre part, « réjouit le cœur de l'homme » (Ps. 103,15).

C'est en cela que la Sagesse est « vin », car sa méditation apporte la joie la plus vive.

« Sa société ne cause aucune amertume, ni son commerce aucun ennui, mais le contentement et la joie » (Sg. 8,16).

De même, le vin enivre : « Amis, buvez, enivrez-vous, mes bien-aimés » — pour cette raison, on dit de la charité qu'elle est un « vin ».

« J'ai bu mon vin avec mon lait » (Ct. 5,1). Et la charité est encore dite « vin » en raison de l'ardeur que celui-ci apporte : « le vin fait s'épanouir les vierges » (Za. 9,17).

Certes, le vin de la justice manquait dans l'ancienne loi, sans laquelle la justice était imparfaite : mais le Christ l'a rendue parfaite, lui qui a dit : « Si votre justice ne surpasse pas celle des scribes et des pharisiens, vous n'entrerez pas dans le Royaume des Cieux » (Mt. 5,20).

Le vin de la sagesse manquait aussi, car elle était cachée et figurative : puisque, comme le dit l'Apôtre, « Tout leur arrivait en figure » (1 Co. 10,11). Mais le Christ l'a rendue manifeste, car il les enseignait en homme qui a autorité (Mt. 7,29).

Enfin, le vin de la charité faisait aussi défaut, car ils

avaient reçu un esprit de servitude qui les laissait dans la crainte. Mais le Christ changea l'eau de la crainte en vin de l'amour, puisqu'il nous donne « un esprit d'adoption filiale qui nous fait crier “ *Abba,* Père ” » (Rm. 8,15) et « l'amour a été répandu dans nos cœurs par l'Esprit-Saint qui nous a été donné » (Rm. 5,5)[1]. »

A cette simple phrase : « ils n'ont plus de vin », qui peut éveiller en nous de multiples échos — théologiques, scripturaires ou psychologiques —, Ieschoua répond :

> ***« Femme, qu'y a-t-il entre toi et moi,***
> ***mon heure n'est pas encore venue. »*** *(II, 4.)*

Le ton de Ieschoua peut surprendre. Un fils s'adressant à sa mère devrait dire « imma » correspondant à « abba » (papa). Or, il lui dit « femme », la mettant ainsi à distance et relativisant selon son habitude les liens de famille.

A ceux qui s'émerveillaient devant la maternité charnelle de Marie, n'avait-il pas proclamé : « Heureux plutôt ceux qui écoutent la parole de Dieu et la mettent en pratique » (Lc 11,27).

A ceux qui lui annoncent que sa mère et ses frères le cherchent, n'a-t-il pas répondu : « Qui est ma mère et qui sont mes frères ? » (Mc 3,33).

Cette attitude semble être la sienne dès son plus jeune âge. Ieschoua est un enfant « fugueur ». Quand, après trois jours de recherches, on le retrouve enfin dans le Temple, il n'a rien d'autre à répondre que : « Pourquoi me cherchiez-vous ? ne saviez-vous pas que je me dois aux affaires de mon Père ? » (Lc 2,49). Sa mission passe avant tout, aucun lien affectif ne saurait le retenir.

Il continue : « femme, quoi entre toi et moi », en hébreu « ma li walak », en grec « ti emoi kai soi ». Cette formule propre au langage diplomatique met en ques-

1. Thomas d'Aquin : *Commentaire sur l'Évangile de Jean,* Éd. Les Amis de Jean, 1978, p. 332.

tion le lien qui existe entre deux partenaires, soit pour indiquer une rupture, soit pour attirer l'interlocuteur sur un point de divergence[1].

On peut donc de nouveau interpréter cette parole comme une mise à distance ou comme un quasi-refus.

Dans une autre direction, ne pourrait-on pas dire que Ieschoua est touché par cette demande de sa mère, qui symbolise en cet instant toute l'humanité malheureuse, qui manque de vin ? Ce constat et cette prière éveillent en lui la compassion, qui va le pousser à faire le miracle et à donner sa vie, à donner son sang, pour que — de nouveau — l'allégresse coule dans les veines de l'homme.

« Femme, que se passe-t-il entre toi et moi — ta compassion a éveillé mon amour pour les hommes, qui est faible que je ne sois faible ? qui vient à tomber, qu'un feu ne me brûle » (2 Co. 11,29).

Pourtant : « Mon heure n'est pas encore venue » (II, 4).

Ieschoua veut-il dire qu'il est encore trop tôt, qu'il est encore trop jeune pour devoir se manifester ?

Le grec : « oupo ékei hé ora mou » peut être entendu de façon négative, comme c'est généralement le cas : « Ce n'est pas l'heure. »

Les anciens manuscrits ne comportant pas de ponctuation, on pourrait également lire cette phrase de façon interrogative : « Mon heure n'est-elle pas arrivée ? » Ce qui change évidemment le sens. Dans cette dernière éventualité, Ieschoua dit à sa mère que c'est en effet le moment, ce qui explique qu'elle puisse murmurer avec confiance aux serviteurs : « Faites tout ce qu'il vous dira » (II, 5).

Cette expression se retrouve d'ailleurs littéralement dans la bouche du Pharaon, disant aux Égyptiens qui lui réclament du pain : « Allez trouver Joseph et quoi qu'il vous dise, faites-le » (Gn. 41,55).

Joseph donnait du pain à son peuple, Ieschoua du vin.

1. Jg. 11, 12 — 2 S 16,10 — 1 R 17,18 — 2 R 9,18.

Pour qui sait lire toutes ces résonances inter-textuelles, Jean veut montrer que Ieschoua est bien celui qui vient accomplir la loi, les patriarches et les prophètes. Nouveau Moïse et nouveau Joseph. Dieu lui-même ne dira-t-il pas encore au Jour de la Transfiguration : « Celui-ci est mon fils bien-aimé. Écoutez-le ! »

D'un point de vue spirituel : « Écoutez-le », « Tout ce qu'il vous dira, faites-le », est une invitation à suivre toutes les inspirations qui viennent du Logos, même si la mise en application de ses demandes peut sembler paradoxale. C'est « la femme », la Sophia ou Intelligence Intuitive qui nous le conseille.

« Il y avait là six jarres de pierre
pour les purifications rituelles des Iehoudim.
Elles contenaient chacune deux ou trois mesures.
Ieschoua dit aux serviteurs :
“ Remplissez d'eau ces jarres. ”
Ils les remplirent jusqu'au bord.
“ Puisez maintenant
et portez-en à celui qui préside
le banquet. ” Ils lui en portèrent.
Celui-ci goûta :
l'eau avait été changée en vin
et il en ignorait la provenance.
Les serviteurs qui avaient puisé l'eau,
eux, la connaissaient.
Il appela le jeune marié
et lui dit :
On sert toujours le bon vin d'abord,
quand les gens sont ivres,
on sert le moins bon,
mais toi tu as gardé le meilleur
jusqu'à maintenant.
Tel fut le premier des signes
accomplis par Ieschoua,
à Qanah en Galilée.
Il révéla sa gloire
et ses disciples crurent en lui. » (II, 6-11.)

Vous vous étonnez que le Christ change l'eau en vin ? disait saint Augustin, n'est-ce pas ce que fait la vigne tous les ans ? Mais vos esprits sont tellement bornés, incapables de voir l'œuvre du Logos dans la nature et le quotidien, qu'il vous faut des signes et des prodiges pour retrouver un peu d'étonnement...

Le miracle de Qanah peut donc être vu comme un prodige par lequel Ieschoua va susciter la foi de ses disciples. Le climat de discrétion dans lequel s'opère la Transmutation indique que saint Jean accorde plus d'importance à la signification symbolique qu'à la puissance « magique » de cet acte.

Il y avait là six jarres de pierre. Le chiffre 6 (7 moins 1) implique une idée d'imperfection. Selon saint Thomas, il s'agit des six époques du premier Testament durant lesquelles avaient été préparés et proposés en exemple de vie les hommes réceptifs aux Écritures. Ces jarres servaient à contenir l'eau des purifications rituelles des Iehoudim. Il y a un parallélisme entre les eaux purificatrices et le vin des noces : avec le baptême d'eau de Jean et le baptême de feu du Christ.

Dans un cas comme dans l'autre, Ieschoua inaugure une vie nouvelle.

Cette nouveauté à Qanah s'inscrit dans la continuité : c'est l'eau qui devient du vin, la première alliance n'est pas abolie, elle est conduite à son terme, car « je ne suis pas venu abolir, mais accomplir » (l'observance purificatrice de la loi, par la foi au Christ peut se transmuer en amour).

L'interprétation spirituelle verra, dans les six jarres, les cinq sens plus le « sixième sens », qu'il s'agit de vivre pleinement en harmonie avec le Logos. Alors l'eau de la vie quotidienne peut se transformer en vin de noces. Tout peut être occasion de fête, occasion de vivre « en union » avec la Source Créatrice de tout ce qui vit et respire.

On fait également cette remarque intéressante au jeune marié : « on sert toujours le bon vin d'abord ; quand les gens sont ivres, le moins bon ; mais toi, tu as gardé le meilleur jusqu'à maintenant ». Il s'agit bien sûr de la grâce qui accomplit la nature, mais c'est aussi le rappel que dans la vie spirituelle « on met longtemps à devenir jeune ». Si dans les yeux de l'enfant, il y a de la clarté, dans les yeux du sage, il y a de la lumière ; le meilleur est peut-être pour la fin. Le bon vin présuppose des fruits mûrs, le meilleur est toujours à venir, le meilleur de nous-mêmes n'a pas encore été révélé...

Si on voulait résumer l'épisode de Cana en un itinéraire initiatique, on pourrait dire :

1. D'abord s'éveiller à la conscience de notre manque. Il n'y a plus de vin, la joie des noces n'illumine pas nos cœurs et nos intelligences. Cet acte de lucidité est une prière au Logos.

2. Être à l'écoute de ce qu'il peut nous dire — Suivre ces impulsions silencieuses qui, parfois, nous habitent et mettre l'Évangile en pratique.

3. Accomplir toutes les possibilités de notre nature humaine. Donner la pleine mesure à tous nos sens. Vivre les Six Jours de la Création, avant de connaître le repos du Septième.

4. Puiser et goûter la Présence du Logos, dans l'eau des apparences et du quotidien, s'enivrer, se réjouir de ce qu'il y a de meilleur en toutes choses.

   Laisser mûrir le meilleur. Laisser grandir ce qui — d'abord — fut inapparent.

   Boire à l'Invisible Lumière —
   Demeurer en état de noces,
   à Qanah, en Galilée,
   dans la ferveur de l'Instant...

MÉDITATION SUR LES « EGO EIMI » DE L'ÉVANGILE DE SAINT JEAN

« La Gnose, c'est la connaissance du Nom et l'intelligence de l'Évangile. »

CLÉMENT D'ALEXANDRIE,
(Stromates I-IV, ch. IV)

Nous avons relevé dans notre traduction les nombreux « Ego Eimi »* que l'Évangile met dans la bouche de Ieschoua.

Ils sont traduits généralement par « Je Suis » ou « c'est moi ». Certains sont suivis par un qualificatif (Je Suis la Vérité, la Lumière, le Pain, etc.). D'autres ont le caractère abrupt ou ambigu d'une affirmation qui donne un poids inouï à la présence même de Ieschoua : « Avant qu'Abraham fut : JE SUIS. »

De nombreux auteurs anciens et modernes reconnaissent là le Nom même de Dieu révélé à Moïse dans le Buisson Ardent, ce qui expliquerait la colère des Iehoudim et leur accusation de blasphème quand ils entendent ce « Je Suis » dans la bouche de Ieschoua ; ce qui expliquerait également la terreur des gardes au moment de son arrestation :

« Quand il leur eut dit " Je Suis ", ils tombèrent à la renverse. » Saint Jean attribue ainsi au Nom une puissance qui ne s'adresse pas qu'aux croyants, les soldats romains n'étant pas des plus versés dans l'exégèse savante du Tétragramme Sacré.

Après avoir rappelé quelques interprétations de ce Tétragramme, il importe donc de savoir dans quels contextes Ieschoua « s'approprie » ainsi le Nom Divin, et comment ce « Je Suis » semble structurer et dessiner le « mandala » de l'Évangile de saint Jean. Nous pourrons ensuite nous interroger sur le caractère particulier de la Révélation contenue dans le « Je Suis » du Christ, en le mettant en résonance plus qu'en le comparant avec les « Je Suis » absolus de saints et de Sages appartenant à d'autres Traditions.

LE NOM DE L'ÊTRE OU L'ÊTRE QUI A POUR NOM « JE SUIS »

Le nom, pour un Sémite, c'est l'essence d'un être. C'est sa présence même.

Ainsi, le Nom de Dieu est redoutable, car c'est Dieu lui-même se manifestant.

A l'époque de la rédaction des Évangiles, le Nom était entouré d'un tel respect qu'il ne pouvait être prononcé que dans des cas très particuliers (par le Grand Prêtre, au Temple, le Jour des Expiations)[1].

Le désir de connaître le Nom de Dieu est néanmoins légitime. Ce fut le désir de Moïse et de son peuple. Le problème commence lorsqu'il s'agit de traduire ou d'interpréter ce Nom, source d'innombrables spéculations ; autant dire tout de suite qu'il est intraduisible :

« Moïse dit à Dieu : " Je vais trouver les enfants d'Israël et je leur dis : Le Dieu de vos pères m'a envoyé vers vous ! Mais s'ils demandent quel est son Nom, que leur répondrai-je ? " Dieu dit alors à Moïse : " Ehyèh asher Ehyèh. " Et il ajouta : " Voici en quels termes tu t'adresseras aux enfants d'Israël : ' Ehyèh ' m'a envoyé vers vous ". » (Ex. 3, 13/14).

Dans « Ehyèh », nous retrouvons la racine du verbe « être » (*hyh*). Ce verbe, en hébreu, signifie « une existence, une présence active », d'où la traduction la plus courante : « Je Suis. » La Bible grecque des

1. Cf. La Michna : Yoma 3,8, Tamid 3,8. Cf. Tamid 7,2. Cf. Annie Jaubert : *Approches de l'Évangile de Jean*, p. 162, Seuil, 1976.

Septante va traduire « Ehyèh asher Ehyèh » par « Ego Eimi ho ôn », et la Vulgate « Ego Sum qui Sum », d'où les traductions françaises qui s'en inspirent : « Je Suis Celui qui Est » — « Je Suis Celui qui Suis » — « Je Suis qui Je Suis ».

Le livre de l'Apocalypse propose une version développée de ce même Nom, « Ho ôn kai ho ên kai o erkhomenos » — Celui qui est et qui Était et qui Vient, rappelant ainsi que le « Je Suis » divin embrasse tous les temps[1].

Certains interprètent le « Je Suis qui Je Suis » comme un refus de la part de Dieu de se nommer.

« Tu verras bien Qui je suis — Marche en ma Présence et tu découvriras mon Être[2]... »

Thomas Merton va jusqu'à traduire : « Je suis Celui qui n'existe pas » pour rappeler que Dieu n'est pas un « existant » comme les autres, sinon il serait mortel comme tout ce qui existe. « Je n'existe pas — JE SUIS. »

Il rejoint là une des tendances de l'exégèse contemporaine qui tient à montrer que la signification du verbe hébreu « hayah » ne correspond pas à celle de son homologue indo-européen. La racine « es- » : se rapporte (cf. Benveniste) à ce qui est « authentique, consistant, vrai », à ce qui est immuable ; en revanche, le verbe hébreu signifie plutôt un devenir, « une existence se manifestant par une activité ».

« Je Suis qui je serai » — « Je Suis ce que je ferai avec toi. » Pour E. Jacob[3], YHWH est Celui qui Est, mais en un sens relationnel et non métaphysique. « Dieu est Celui qui est " avec " quelqu'un. » Il rejoint ainsi l'interprétation talmudique et midrashique[4] : « Je suis

1. D'où le Nom d' « Éternel » que lui donne Calvin et certaines traditions protestantes. Cf. *L'Institution de la religion chrétienne,* I, XIII, 23.

2. Cf. A.-M. Dubarle : « La signification du Nom » in *Revue des sciences philosophiques et théologiques.*

3. E. Jacob : *Théologie de l'Ancien Testament,* p. 38 à 43.

4. Rabbenu Shlomo — *Yishaqc de Troyes (1040-1105).*

(*Ehyèh*) " avec " eux dans cette détresse » et je suis « avec » eux dans les autres détresses.

Moïse dit devant lui : Maître du monde, à chaque moment suffit sa peine ! Dieu lui répondit : Tu l'as bien dit = ainsi, tu parleras aux fils d'Israël : « Ehyèh » m'envoie vers vous... C'est ainsi que Rashi résume l'enseignement des Anciens. En disant cela, les Anciens voulaient insinuer que par cette question « s'ils me disent : quel est son Nom ? » Moïse chercha que Dieu leur transmette le Nom qui apporte un enseignement complet concernant l'existence et la providence.

Le Saint, béni soit-il, leur répondit : Pourquoi demandent-ils mon Nom ? Ils n'ont pas besoin d'autre preuve, sinon que Je Suis avec eux en toutes leurs détresses. « Qu'ils m'invoquent, et je les exaucerai »[1].

Faut-il le rappeler : un des Noms de Ieschoua retenu par la tradition chrétienne est « l'Emmanuel », littéralement : « Dieu avec nous. »

Un autre aspect qu'incarnera Jésus et qui est aussi contenu dans le mystère du Nom, c'est la Miséricorde :

> « Sache que l'action du Nom Suprême, qui est EHYEH, est l'action de la Miséricorde Parfaite. C'est le Nom qui fait du bien et qui accorde le don gratuit. Il exerce la Miséricorde, car il n'est pas du côté du jugement, mais du côté de la Miséricorde Parfaite. Comme il est dit (Ex. 33,19) :
>
> Devant toi, je prononcerai le Nom de YHWH, je ferai grâce à qui je ferai grâce et j'exercerai la miséricorde avec qui j'exercerai la miséricorde ; le tout selon la volonté qu'aucun être créé ne peut connaître. Grâce à la mesure séphirotique du Nom Ehyèh, qui est entièrement Miséricorde, les Israélites sortirent d'Égypte[2]. »

1. Cf. Nicolas Sed, « L'interprétation kabbalistique d'Ex. 3, 4 selon les documents du XIIIe siècle », in *Celui qui Est*, Cerf, 1986.

2. Joseph Gikatilla, *Portes de la lumière,* chap. X, 1290 — Shaarey Orah, Édit. et F. Gottlieb, Jérusalem, 1970.

« Dieu avec », « Miséricorde » : le christianisme ancien reprendra ces thèmes, en précisant que le Nom Divin nous dit que « Dieu EST », mais ne nous dit pas « ce qu'il est ». Il demeure dans son « JE », « Au-delà de tout » (Grégoire de Naziance), au-delà même de l'Être (le Pseudo-Denys). Pourtant « ÊTRE » est le Nom qui lui convient le mieux. Pour Maître Eckhart et d'autres auteurs du Moyen Âge : « Dieu est l'Être — l'Être est Dieu. »

> « Ce qui est au-dessus de tout nom n'exclut aucun nom. Il inclut au contraire dans une indistinction d'égalité (*aequaliter* indistincte) toutes sortes de noms. Aucun d'eux, par conséquent, n'est propre à Dieu, à l'exception de Celui qui est au-dessus de tout nom, en raison de sa commune immanence à tous les noms. Or, l'Être est commun tant à l'universalité des noms qu'à l'universalité des Êtres. " Être " est donc le Nom Propre de Dieu seul[1]. »

Ainsi, pour Maître Eckhart, la Transcendance de Celui qui Est se manifeste pour ainsi dire dans sa Présence à tout ce qui est. De là, il tirera une conclusion importante pour l'expérience mystique : du simple fait d'être, nous « sommes en Dieu ». Il ira même plus loin, en disant : « Nous sommes Dieu[2]. »

> « Qu'est-ce que Dieu ? Celui sans lequel rien n'est. Il est autant impossible que quelque chose soit sans lui que lui, sans lui-même. Il est l'Être de lui-même et de toutes choses et ainsi, en quelque façon, lui seul EST, qui est son propre Être et l'Être de toutes choses[3]. »

1. Eckhart, cité par S. Breton in *Tradition et dépassement de l'onto-théologie,* « Être et Dieu », Cerf, 1986, p. 52.
2. Cf. Actes des Apôtres : « En lui, nous vivons, nous nous mouvons, nous sommes. » (17,28.)
3. Cité par Alain de Libéra in *Celui qui Est,* Cerf, 1986, p. 159.

Eckhart reprend ici les passages augustiniens du *De Consideratione* de Saint Bernard. Il cite également la Bible : « Si lui n'est pas, qui donc est ? » (Job 14,4.)

Peut-on penser alors au Christ ou à Hallaj qui, au moment de leur effacement suprême, laissent monter jusqu'à leurs lèvres d'homme le « Je Suis » de « Celui-là seul qui Est » ?

L'APPROPRIATION DU NOM DIVIN PAR IESCHOUA DE NAZARETH

La tradition ancienne du Christianisme voit dans l'Incarnation du Christ la Révélation et la Manifestation du Nom de Dieu. L'humanité de Ieschoua est le nouveau « buisson ardent » dans lequel brûle — sans le consumer — l'Éclat de la Divinité :

> « Quand Moïse a-t-il acquis la connaissance des commandements divins ? A coup sûr, lorsque le Seigneur lui apparaît.
>
> Sous quelle forme s'est-il manifesté à Moïse ? Sous celle d'une flamme de feu dans un buisson embrasé.
>
> Alors Moïse demande : " Qui es-tu Seigneur ? "
>
> le Seigneur lui répondit : " Je suis celui qui suis ", et lui communiqua un double flambeau : La Lumière de l'Être Éternel *(lumen essentiae aeternitatis)* et la Lumière de la Vérité Éternelle *(lumen aeternae veritatis)*.
>
> " Le buisson était embrasé sans se consumer " : cela nous indique le Mystère de l'Incarnation [1]. »

1. Saint Bonaventure, coll. « De decem praeceptis », vol. 2, n° 12 (V, p. 512).

Dans ses *Conférences in Hexaëmeron,* Saint Bonaventure explicite davantage, à la suite de Grégoire de Nysse, sa façon de comprendre le symbole du Buisson Ardent :

> « L'arbuste épineux signifie le corps passible du Christ ; la flamme, son âme ; la lumière conjointe au buisson, la divinité conjointe, unie au corps au moyen de l'âme. " J'irai donc voir " avec Moïse cette grande Révélation, c'est-à-dire comment Dieu est homme[1]. »

Dans les Évangiles, le lieu privilégié où Dieu se manifeste dans l'homme Ieschoua est le récit de la Transfiguration.

Dans son buisson d'humanité, Ieschoua manifeste la Lumière de la Divinité, le corps du Christ devient transparent à la Présence de l'Être qui l'habite.

Moïse et Élie attestent : c'est bien lui qu'ils ont contemplé dans le « buisson » ou dans la « brise légère ».

L'Évangile de Saint Jean ne relate pas ce récit de la Transfiguration. C'est davantage dans l'enseignement de Ieschoua, dans sa parole, que va affleurer la Présence du « Je Suis » qui l'habite.

On dirait même que tout son Évangile est construit autour de la révélation de ce Nom.

Lorsqu'on recueille en effet tous les « Ego Eimi » de l'Évangile de Jean, un véritable Mandala semble apparaître. Celui-ci pourrait être le support d'une authentique méditation à la fois ontologique et christo-centrée.

Ce Mandala est de type « solaire » :

> le centre ou le premier cercle symbolise l'Essence de l'Être : le cœur inaccessible du soleil. Chez Saint Jean, ce centre est le Tétragramme

1. In *Hexaëmeron,* Opera omnia, vol. 3, n° 13 (II, p. 345). Cf. Grégoire de Nysse, *La Vie de Moïse,* Cerf, S.C. 1 bis, p. 370.

sacré : « le Saint Nom », le grand « Je Suis », « Ego Eimi », mystère de son Être ;

le deuxième cercle symbolise l'Énergie ou le Rayonnement de l'Essence : les rayons du soleil.

Chez Saint Jean, ce deuxième cercle est ce qu'il appelle le « Royaume », c'est-à-dire la Vie dans le Rayonnement, l'Énergie de Celui qui EST, manifestés en Ieschoua de Nazareth.

Chaque rayon est une qualité ou un qualificatif de son Être ;

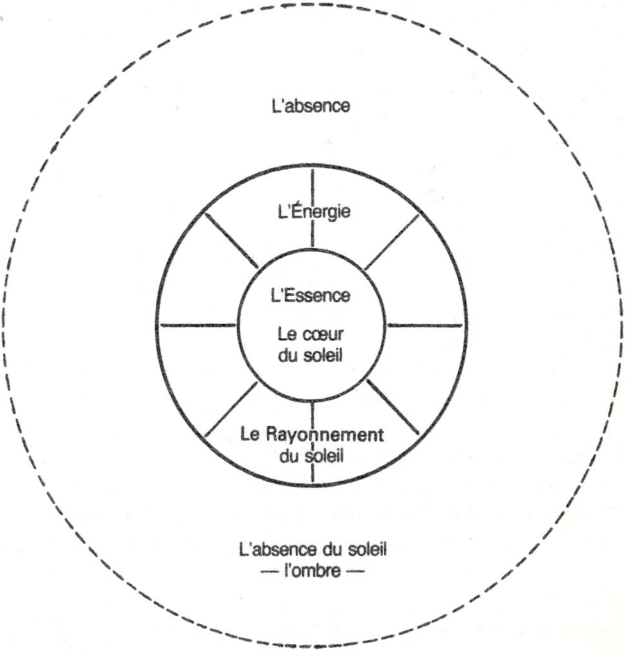

le troisième cercle — le plus éloigné du Centre — symbolise l'absence de lumière, l'ombre, où ne pénètre pas le rayonnement du soleil. Chez Saint Jean, ce troisième cercle est ce qu'il appelle « le monde », ce monde qui ne reçoit pas ou qui refuse la Présence de Dieu en lui.

Dans l'Évangile, le « monde » est constitué de ceux qui refusent l'Enseignement de Ieschoua et l'Illumination de son Souffle (*Pneuma*).

Grégoire Palamas et la tradition du Christianisme orthodoxe feront remarquer que l'Essence de Dieu — comme le cœur du soleil — demeure invisible, inaccessible, incompréhensible.

Dieu ne se fait connaître que dans Ses Énergies, dans le Rayonnement et le Don de Son Être qui sont le Pneuma (le Saint Esprit) et le Logos (le Christ).

Néanmoins, les rayons du soleil sont bien le soleil, ce qui permettra aux Pères de l'Église d'affirmer le réalisme de la divinisation (par le Fils, dans l'Esprit), tout en sauvegardant la Transcendance de Dieu.

Ce thème est déjà présent dans l'Évangile, quand Ieschoua proclame « Le Père et moi, nous sommes Un » (Le soleil et ses rayons sont Un), et en même temps : « Nul n'a vu le Père, le Père est plus grand que moi » (l'Essence du Soleil est inaccessible — on ne peut voir Dieu sans mourir).

« Ego Eimi » dans l'Évangile de Jean

L'itinéraire intérieur que nous propose ce Mandala, c'est de partir de là où nous sommes, c'est-à-dire du « monde », qui peut avoir pour chacun une tonalité différente.

C'est le monde de l'Absence.

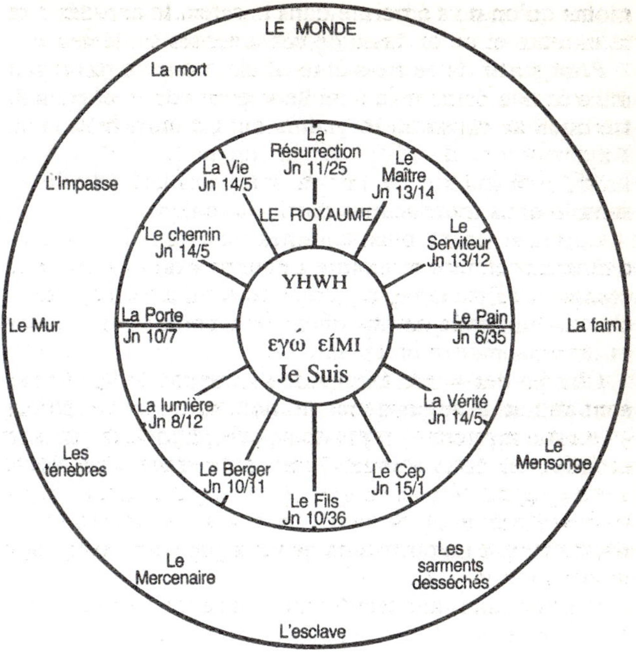

Absence d'amour, de lumière, de paix, sentiment d'être dans l'impasse, devant un mur, avec une faim insatiable au cœur ou une impression de sécheresse, de désolation (sarments desséchés).

Pour certains, c'est aussi la prise de conscience de leur aliénation, de leur dépendance à l'égard de leur passé, de leur entourage, la sensation d'être plus ou moins « l'esclave » de pulsions ou de passions perverses, etc.

L'État de Conscience symbolisé par le « troisième cercle » n'est pas heureux. C'est celui de l'absence et de l'ignorance de l'Être véritable, mais il peut devenir aussi le lieu favorable pour se poser la question : « qui suis-je ? » — quel est mon véritable « je suis » ? Il est au commencement de notre remontée vers « le cœur », à moins qu'on ne s'enferme dans le refus, le non-désir de la lumière et qu'on fasse de ces ténèbres sa demeure.

Pour sortir de ce troisième cercle, pour ne pas rester dans ce que Saint Jean appelle « le monde », et connaître quelque chose du Royaume qui est participation au Rayonnement de l'Être Divin, on peut se choisir un Nom, une qualité de l'Être, à travers lesquels l'Être semble nous toucher plus particulièrement.

Certains seront plus sensibles au Nom de « Vie », d'autres préfèrent le Nom « Lumière » ou « Vérité »... comme si l'Être Unique prenait un Nom particulier pour chacun, un mode de rayonnement capable de le toucher et de nous mettre en chemin.

Chacun des « Ego Eimi » de l'Évangile de Saint Jean sont autant de sujets de méditation, sur lequel Ieschoua — en son mystère — tente de nous rejoindre, là (dans le monde) où nous sommes, afin qu'à travers ce Nom, cette qualité, cette Énergie particulière, nous puissions le rejoindre à la Source, au Cœur, là où IL EST réellement. « Là où Je Suis, je veux que vous soyez vous aussi. » (XIV, 3.)

Peut-on, dans une lecture intériorisée, faire de chacun de ces « Je Suis » du Christ un chemin vers notre propre « je suis » essentiel ?

« Je Suis La Vie. » (XIV, 6.)

Plus que la vie, je connais la fatigue de vivre : « A quoi bon se fatiguer sous le soleil ? » Dès qu'un homme est né, il est assez vieux pour mourir. N'est-ce pas la mort qui aura le dernier mot, de mes efforts, de mes amours, de mes études ?...

Pourtant, en moi — plus moi que moi-même — une voix me dit : « Je suis la Vie. » Le sang coule dans mes veines, le Souffle est dans mon souffle, la sève des univers ne m'est pas inconnue.

Je suis malade, fatigué, mortel et pourtant : « Je suis la Vie. » La forme dans laquelle j'existe pourra disparaître, mais la Vie elle-même ne continuera-t-elle pas ?

Qu'est-ce qui meurt quand meurt un homme ? Ce n'est pas la Vie. « La vie continue », comme on dit. Ne peut mourir que ce qui est mortel... Avant toutes choses, IL EST la Vie, en LUI « je suis » la Vie... Je Suis.

« Je Suis la Porte. » (X, 7.)

« Être au pied du mur », « être dans un état à se cogner la tête contre les murs », « enfermé entre quatre murs » — autant d'expressions qui traduisent une expérience plus ou moins douloureuse où, extérieurement, on ne trouve pas d'issue.

Faut-il inventorier tous ces murs rencontrés, tous ces élans brisés ? Le mur, c'est ce qui nous empêche de « voir », de connaître, d'aller plus loin. Il peut se construire dans notre corps et poser, une à une, les briques de la sclérose ou de la maladie qui nous immobilisa. Il peut se construire dans le cœur et empêcher toutes relations : « Entre nous, il y a un mur. » Il peut être dans l'esprit, comme un « pas » qu'on n'arrive pas à franchir, une compréhension qui nous semble refusée...

Il ne faut pas fuir le mur. C'est en restant face à un mur durant de longues années que Bodhidharma connut l'Éveil. Face au mur, on ne peut trouver d'issue — de passage — qu'à l'intérieur.

Alors, je comprends que « Je suis la Porte » — c'est en moi que doit se faire la percée vers un Ailleurs. Il n'y a pas d'autre issue que moi-même, et c'est en moi que doit s'ouvrir la porte. La porte des sens, la porte du cœur, la porte de l'intelligence... mais cette porte, on ne doit pas la forcer !

On connaît l'histoire de cet homme qui poussait, poussait sur la porte, afin de l'ouvrir. Sans succès. Puis, épuisé, il se laisse tomber au pied de la porte, et celle-ci alors commence à s'ouvrir... de l'intérieur.

Je suis la Porte. Je suis la Clef.

Il suffit d'ouvrir, de s'ouvrir.

L'expérience relatée par l'Apocalypse peut alors être la nôtre : « Une porte s'est ouverte devant moi, et nul ne la ferme. »

Là où je voyais un mur, je découvre l'Espace. Là où je ne pensais plus entrer ni sortir, voici que je demeure dans l'Ouvert.

Il y a une issue au sans-issue.

« Lui en moi, moi en Lui » — « Je suis la Porte » — « JE SUIS ».

« Je Suis la Lumière. » (VIII, 12.)

Aux heures les plus sombres de ma nuit, simplement dire, simplement penser : « Je suis La Lumière », peut donner naissance à la plus pure étoile... celle qui se posera sur mon étable, mon écurie, et dans son éclair, la fange et les miasmes de mon être apparaîtront dans une clarté d'aurore...

Il est en moi — « plus moi que moi-même » — une lumière que les ténèbres ne peuvent atteindre, une clarté de braise que les cendres ne peuvent recouvrir, une étincelle de Déité que la pesanteur de tous les univers ne saurait écraser...

A l'heure de ma mort, j'aimerais trouver quelqu'un qui me dise : « Ne crains pas, tu es la lumière, la pure, la claire lumière, d'où naissent et où retournent tous les mondes. »

Cette parole, puisse-t-elle trouver en moi un écho qui lui réponde : « Oui, j'étais là avant que naisse le soleil, la terre, le cœur humain et les autres étoiles » :

« JE SUIS LA LUMIÈRE » — « JE SUIS. »

« Je Suis le berger. » (1) — (X, 11.)

Martin Heidegger parle de l'homme comme étant le pâtre, le « berger de l'Être ». La mission et le sens de l'homme, en effet, c'est de « prendre soin de l'être ».

Le mercenaire dont parle l'Évangile est un homme

qui cherche avant tout à maîtriser, à dominer, à domestiquer la nature, à l'aide de ses machines et de sa pensée technicienne.

Sa préoccupation, c'est ce que « produisent » les brebis, non les brebis elles-mêmes.

Le vrai berger ou le beau berger (*ò poïmen o kalos*), lui, a souci des brebis pour elles-mêmes. Il connaît chacune par son nom, c'est-à-dire qu'il établit une relation d'intimité avec elles et non seulement une relation de produit à producteur.

Le sens de l'être humain n'est pas dans ce qu'il fait, dans ce qu'il produit, dans ce qu'il transforme, mais dans ce qu'il EST. Nous avons à devenir les « bergers de l'Être », non ses patrons ou ses mercenaires, c'est-à-dire qu'à la pensée technicienne, efficace, nous pouvons substituer la pensée contemplative qui nous fait entrer non seulement dans l'utilité de l'être, mais dans la gratuité de l'Être.

Il y a en nous parfois des heures de silence, une pensée étendue comme le vert des prairies ou brève comme le buisson de haute montagne, c'est le moment de donner pâture et repos à l'être qui est en nous... laisser chanter un étrange pipeau :

« Je suis LE BEAU Berger » — « JE SUIS. »

« Je Suis le berger. » (2) — (X, 11.)

Ce que Heidegger ne dit pas, c'est que l'homme n'est pas seulement le « berger de l'Être », il est aussi le Berger de l'Autre, et la question posée à Caïn, ce n'est pas « qu'as-tu fait de l'Être ? » mais : « Qu'as-tu fait de ton frère, qu'as-tu fait de l'autre ? »

En ce sens aussi, nous pouvons être de beaux, de vrais bergers, ou des mercenaires. On peut se servir de l'autre, l'exploiter, l'utiliser pour son plaisir ou pour son pouvoir, ou prendre soin de l'autre, vouloir sa paix et son bonheur.

« Je suis venu pour que les brebis aient la vie, et la vie en plénitude. »

A l'heure où l'autre s'égare, que ce soit mon ami ou mon ennemi, à l'heure où il est blessé, quand ses pas ou son esprit chancellent, puissé-je entendre en moi une voix « plus moi que moi-même » : « Je suis le berger », l'ange, le gardien de mon frère...

A l'heure de son angoisse et de sa détresse, puissé-je me tenir devant lui, non comme la bête fauve qui se repaît de ses détresses, mais comme le berger qui a dans ses mains le geste sûr qui relève et qui console.

« Je SUIS LE BERGER » — « JE SUIS. »

« Je Suis le Fils. » (X, 36.)

« Arrête — pourquoi cours-tu ? Le Père en cet instant engendre en toi son Fils, le ciel est en toi, pourquoi le chercher ailleurs ? » demandait Angelus Silésius, et à la suite de Maître Eckhart, il rappelait que le but de la vie chrétienne, c'est de permettre à Dieu d'établir en nous cette relation filiale, incarnée et vécue pleinement en Ieschoua de Nazareth. « Que m'importe que le Christ soit né il y a deux mille ans à Bethléem, si aujourd'hui il ne naît pas en moi. »

Saint Paul dira également : « La preuve que vous êtes des fils, c'est que Dieu a envoyé dans vos cœurs l'Esprit (le *Pneuma*) de son Fils qui crie Abba, Père ! Aussi, n'es-tu plus esclave, mais fils » (Ga. 4/6).

Être fils, c'est se sentir vivant dans une relation d'intimité avec la Source de l'Être, une relation ontologique certes, mais où le cœur est Présent, relation non seulement de cause à effet, de créateur à créature, mais de Père à fils.

« Je suis dans le Père — le Père est en Moi » (X, 38).

Pouvons-nous reprendre à notre compte cette parole du Fils ? Connaître que la Source et le fleuve ne font qu'Un : l'être qui est en moi est Un avec l'Être qui est en Dieu.

« Le Père et moi, nous sommes Un. »

Dire cela, dire « je suis le Fils de Dieu », n'est-ce pas un blasphème ?

A cela, Ieschoua a déjà répondu : « N'est-il pas écrit dans votre loi : " j'ai dit, vous êtes des dieux " ? » (X, 34.)

La loi appelle donc « des dieux » ceux à qui s'adressait la parole de Dieu, et on ne peut abolir l'Écriture (X, 35) : « A celui que le Père a consacré et envoyé dans le monde, vous dites " tu blasphèmes " pour avoir dit " Fils de Dieu. Je suis " » (X, 36).

Notre identité véritable, ce n'est pas seulement d'être les fils de nos parents, les enfants du siècle et du monde dans lequel nous vivons, mais d'être aussi les fils du Vivant.

Je ne suis pas complètement déterminé par mon hérédité, par mon milieu. Je ne suis pas l'esclave de mes pensées, de mes désirs. Je ne suis pas seulement le fils du hasard et de la nécessité, atome parmi les autres atomes. Je suis « présence de l'Être Infini », « présence » de l'Infinie Liberté dans le monde. Je suis le fils de mon Père, à l'image et à la ressemblance de l'Être et de l'Amour.

« Je SUIS FILS DE DIEU » — « JE SUIS. »

Il y aurait encore bien d'autres « Je Suis » à méditer :

— « Je Suis le cep » — (XV, 1) — Découvrir en moi-même mon rattachement à la vie, l'unité avec les autres sarments, la communion dans la sève.

— « Je Suis le pain de vie » — (VI, 35) — Découvrir cette nourriture mystérieuse, cette manne intérieure (la manne, en hébreu : *man-ou,* voudrait dire : « qu'est-ce que c'est ? »), ce « je-ne-sais-quoi », ce presque rien, qui répond à nos faims les plus grossières comme les plus subtiles. Approfondir ces instants où je suis rassasié, comme si j'avais découvert en moi l'arbre-à-pain, comme la Samaritaine avait découvert en elle « la source-d'eau-vive ».

— « Je Suis la Vérité » — (XIV, 6) — Quels que

soient mes erreurs, mon mensonge, mes illusions, il y a en moi cette possibilité d'être vrai, d'être Un avec ce que je suis réellement. La Vérité est une qualité intrinsèque de mon esprit, c'est son adhésion non perturbée à ce qui Est.

Être et connaître, le connaissant et le connu sont « Un » : JE SUIS LA VÉRITÉ.

— « Je suis le chemin » — (XIV, 6) — Il n'y a pas d'autre chemin pour aller au bout de soi-même que soi-même. Pour « arriver » à son fruit, il faut accepter son arbre, reconnaître sa fleur, prendre un chemin de sève et mûrir jour après jour.

« Je suis le chemin » — Je ne suis pas le but. « Celui qui croit en moi, ce n'est pas en moi qu'il croit », disait Ieschoua.

Le but : c'est l'Autre. Cet Autre, cet Inconnu que nous sommes ou avec qui nous sommes « un », on ne le trouve qu'au bout de soi-même, dans l'accomplissement de tout ce que nous sommes, car « Je Suis » est venu accomplir et non abolir.

C'est au bout du « Je suis » de la chenille que s'envole le « Je suis » du papillon...

L'Ego est le chemin du Soi, comme la chenille est le chemin du papillon.

Le terme du chemin est le commencement d'un autre chemin...

L'important, c'est d'avancer — jour après jour — en rampant parfois, avec cette impatience qui est « démangeaison des ailes » jusqu'à cet « Instant » où mon « je suis mortel » s'éveillera au grand « Je Suis » de l'Éternel...

Cette méditation intériorisée des différents « Ego Eimi » de l'Évangile de Saint Jean ne doit pas nous faire oublier la dimension historique dans laquelle ils se sont incarnés, ni le caractère tragique des événements qu'ils ont suscités.

A chaque fois, en effet, que Ieschoua prononce dans sa bouche d'homme le Nom Divin, il est accusé de blasphème et menacé de mort.

Mais il faut avouer que Ieschoua se montre parfois provoquant :

> ***« Je m'en vais,***
> ***vous me chercherez,***
> ***vous mourrez dans votre égarement.***
> ***Là où je vais,***
> ***vous ne pouvez venir.***
> ***Les Iehoudim se disaient :***
> ***Va-t-il se donner la mort pour dire ainsi :***
> ***" Là où je vais, vous ne pouvez venir " ?***
> ***Il leur dit :***
> ***" Je Suis d'en haut,***
> ***vous êtes d'en bas,***
> ***vous êtes de ce monde,***
> ***je ne suis pas de ce monde.***
> ***Je vous l'ai dit :***
> ***vous mourrez dans votre égarement ;***
> ***oui, si vous ne croyez pas que " JE SUIS ",***
> ***vous mourrez dans vos péchés. " » (VIII, 21-24.)***

Pour nous aussi, aujourd'hui, ne pas croire, ne pas adhérer à ce Je Suis « d'en haut », à ce JE SUIS Essentiel qui n'appartient pas à l'espace-temps, c'est se condamner à vivre à la surface, loin de notre être véritable (*amartia*).

Ieschoua, par son Enseignement, vient nous délivrer de ce malheur. Il nous donnera sa vie pour cela.

« Lorsqu'il sera élevé de terre », nous verrons Qui IL EST. « Quand vous aurez élevé le Fils de l'Homme, alors vous saurez que Je Suis. » (VIII-28.)

Cela peut sembler paradoxal : Ieschoua nous dit que nous verrons « ce qu'il EST, QUI IL EST » au moment même où justement il ne sera plus, comme si c'était dans sa mort qu'était la Révélation de Son Être. En cet Instant, nous voyons en effet qu'il est tout entier dans le Père : « Je ne fais rien de moi-même. » « JE SUIS » est un Autre.

Il importe aussi pour nous-mêmes de ne pas faire de notre « je suis » un « ego en état d'inflation », car ce « Je Suis » est un AUTRE, une Autre Conscience, une Autre Vie. Le « petit moi » doit être relativisé, crucifié pour que se manifeste le Véritable : « Je Suis » — « plus fort que la mort. »

C'est ce « JE SUIS » que reçoivent, de plein fouet, les gardes quand ils viennent arrêter Ieschoua au jardin des Oliviers. Les traductions françaises ne traduisent pas toujours cet « Ego Eimi » et on comprend mal alors pourquoi les soldats tombent à la renverse :

> ***« Ieschoua, sachant tout ce qui allait***
> ***lui arriver, s'avança et leur dit :***
> ***“ Qui cherchez-vous ? ”***
> ***“ Ieschoua, le Nazaréen ”.***
> ***— “ EGO EIMI ” — JE SUIS —,***
> ***Quand Ieschoua leur eut dit :***
> ***“ Ego Eimi — JE SUIS ”,***
> ***ils reculèrent et tombèrent à terre ». (XVIII, 4-6.)***

C'est cet « Ego Eimi » qui va donner à la Passion selon Saint Jean son caractère serein et royal.

« Ma vie, on ne me la prend pas, c'est moi qui la donne » — Il est totalement conscient de ce qui est en train de se passer. « La coupe que le Père m'a donnée ne faut-il pas la boire ? » (XVIII-11.)

« Le Christ prend la croix comme le roi son sceptre, en signe de la Gloire qui est pouvoir universel sur toutes choses. Il la porte comme le vainqueur le trophée de sa victoire », dira Saint Thomas d'Aquin.

L'attitude royale du Christ dans l'Évangile de Saint Jean n'enlève pas le réalisme de sa souffrance et de sa mort. Elle nous rappelle que la croix — à travers l'acceptation de Ieschoua — est révélation de l'Être de Dieu. Le « Je Suis » de Ieschoua se révèle dans la croix comme étant le JE SUIS d'un Être qui Est Amour, et « d'un Amour qui est plus fort que la mort ».

Passion et Résurrection ne sont pas séparées chez Saint Jean. Elles sont le signe de la double appartenance de Ieschoua — au Temps et à l'Éternité.

Certains exégètes se sont posé la question : l'homme Ieschoua savait-il qu'il était Dieu ?

La fréquence des « Ego Eimi » que Saint Jean met dans la bouche de Ieschoua semble montrer qu'il en avait pleinement conscience. S'il n'avait pas eu cette conscience affirmée et provocante du JE SUIS — YHWH, il ne serait pas Dieu et il ne serait pas mort comme un blasphémateur.

Le moment le plus significatif à ce sujet reste le fameux passage où il déclare « être d'avant Abraham » et où il proclame avec un relief saisissant le Nom Divin :

> ***« Amén, Amén, je vous le dis :***
> ***avant qu'Abraham fût,***
> ***JE SUIS.***
> ***Ils ramassèrent alors des pierres pour le lapider. » (VIII, 58-59).***

RÉSONANCES AU « JE SUIS » DANS DIVERSES TRADITIONS

Si Saint Jean insiste sur ces différents « Ego Eimi » qui semblent structurer son Évangile, ce n'est pas seulement pour nous montrer la Divinité du Christ, c'est pour nous indiquer aussi la profondeur de l'homme, celle dont celui-ci est « capable » et à quelle vie il est lui-même appelé.

« Avant qu'Abraham fût, JE SUIS » — Tout homme peut le dire lorsqu'il a rejoint son être d'éternité, son être « déjà ressuscité », car — comme l'affirment les Pères de l'Église : « Si je ne connais pas la Vie Éternelle, dès cette vie, je ne la connaîtrai pas non plus dans l'autre... »

Si je ne m'éveille pas aujourd'hui à mon « Je Suis » essentiel et transcendant, je ne le connaîtrai pas plus tard.

Interroger les « Je Suis » du Christ, la conscience qu'il a lui-même d'être Un avec « Celui qui Est », c'est interroger la conscience de l'homme.

On peut se demander alors si cette expérience du « Je Suis » est propre au Christ et aux chrétiens, ou est-ce une réalité universelle dont on peut retrouver les échos dans d'autres traditions ?

Il ne s'agit pas ici de faire l'inventaire de tous les Saints et de tous les Sages qui — dans les grandes Traditions Spirituelles de l'humanité — témoignent de l'expérience d'un pur « JE SUIS », affirmation paradoxale qui leur coûtera parfois la vie, comme elle a provoqué la mort du Christ.

Ne citons que trois exemples : celui d'Hallaj, dans la tradition de l'Islam, et ceux de Çankara et de Nisagardatta dans la tradition hindoue.

Pour Hallaj, mystique musulman, condamné à mort en 922 pour avoir proclamé « Je Suis », il convient de citer Louis Massignon :

> « Hallaj paraît avoir pris conscience assez tôt (avant son voyage en Khurâsan) du but ultime de la voie mystique. Sa lucidité dans l'analyse et sa fixité dans le vouloir devaient l'amener à formuler l'échange mystique des volontés, l'heure venue, dans une constatation décisive, personnelle, sans ambiguïté, ni excuse. Et ce fut le mot " je suis la Vérité " — Anâ'l-Haqq, c'est-à-dire " mon *je,* c'est Dieu ", pour toute la tradition musulmane ultérieure. Ce mot caractérise Hallaj, c'est le signe de sa vocation spirituelle, le motif de sa condamnation, la gloire de son martyre [1]. »

Selon Roumi, Hallaj — dans cette affirmation « je suis la Vérité » — n'est ni un blasphémateur ni un monstre d'orgueil, comme le pensèrent ses accusateurs, mais il est au comble de l'humilité et du Fana (anéantissement) parce qu'il n'y a plus de « je suis » humain en lui, c'est la bouche même de la Vérité qui parle en lui. Il n'y a plus de place en lui que pour le « Je-Suis-de-Dieu ».

« Il croyait que le Sage — vis-à-vis de Dieu — est dans la même situation que le rayon vis-à-vis du soleil, dont il sort et où il rentre, et où il puise sa clarté », ajoute Fasawi.

Dans la tradition hindoue, les références à l'expérience du Pur « Je Suis » sont plus fréquentes. Celle-ci peut même être recherchée systématiquement, par exemple à l'aide du Mantra « Ko-ham » — qui suis-

1. Louis Massignon, *La passion de Hallaj,* Gallimard, 1975, t. 1, p. 168.

je ? — préconisé par Ramana Maharshi, cette question qui devrait nous conduire de désidentification en désidentification à l'appréhension du « Je suis » essentiel.

Maharshi ne dira-t-il pas par ailleurs :

> « Tout le Vedânta est contenu dans deux passages de la Bible : " Je suis Celui qui suis " et " Reste tranquille et sache que je suis Dieu "[1]. »

Mais le grand texte qu'il convient de citer et qui synthétise bien cette tradition du Vedânta, c'est celui de Çankara, le Nirvanashatkari :

> « Çivoham — Je suis Çiva (— Je suis Dieu — Je Suis) —
> Je ne suis ni l'esprit, ni l'intellect, ni la pensée, ni le sens du moi.
> Je ne suis ni l'ouïe, ni le goût, ni l'odorat, ni la vue,
> Je ne suis ni l'espace, ni la terre, ni le feu, ni l'air,
> Je suis Intelligence et Félicité pures,
> Je suis Çiva, je Suis.
>
> Je ne suis pas le souffle vital ni les cinq vents (*pânca vâyuh*),
> Je ne suis ni les sept composantes du corps ni les cinq fourreaux,
> Je ne suis pas les cinq organes d'action,
> Je suis Intelligence et Félicité pures,
> Je suis Çiva, je Suis.
>
> Je ne possède aucune aversion, aucune attirance,
> nulle avidité, nul égarement,
> Je n'éprouve ni orgueil ni envie,
> Je n'ai pas d'obligations, pas d'intérêts, pas de désirs,

1. *L'Enseignement de Ramana Maharshi,* Albin Michel, p. 119.

pas d'affranchissements à souhaiter,
Je suis Intelligence et Félicité pures,
Je suis Çiva, je Suis.

Pour moi n'existent ni les bonnes actions,
ni les souillures, ni le plaisir, ni la souffrance,
Point non plus n'existent les incantations rituelles,
les lieux saints, les Vedas ou l'acte sacrificiel,
Je ne suis ni la jouissance, ni ce dont on peut jouir,
ni non plus l'agent de la jouissance,
Je Suis Intelligence et Félicité pures,
Je suis Çiva, je Suis.

Je ne connais ni la mort, ni le doute,
ni les distinctions de caste,
Point de père, ni de mère,
Je n'ai jamais pris naissance,
Je n'ai aucun ami, aucun parent,
point de maître, point de disciple,
Je suis Intelligence et Félicité pures,
Je suis Çiva, je Suis.

Je suis sans déterminant, sans forme,
Par mon ubiquité, je ne suis pas sans relation
avec tous les organes des sens.
Je ne connais ni l'affranchissement ni la servitude,
Je suis Intelligence et Félicité pures,
Je suis Çiva, je Suis.

Lorsqu'on fait lire ce texte à des psychiatres contemporains, ils n'ont aucune peine à y découvrir tous les symptômes d'une maladie mentale grave :

Se prendre pour l'Intelligence et la Félicité pures, se prendre pour Dieu, cela ne peut être que délire mégalomaniaque. N'éprouver ni envie ni désir, considérer le bien et la souillure comme une même chose, n'avoir subjectivement ni père ni mère, n'est-ce pas la description que l'on fait de l'enfant autiste ou du schizophrène, coupés du Réel, enfermés dans leur monde intérieur ?

Il est vrai que ce texte peut être dangereux s'il est lu en référence avec l'état de conscience de l'homme ordinaire. Il décrit, en effet, un état de conscience « non ordinaire », « non normosé ». Mais il ne s'agit pas d'une régression dans le pré-personnel comme pourrait le penser un penseur freudien, mais d'une ouverture au Trans-personnel.

Certaines recherches de la psychologie contemporaine sont utiles à ce propos pour distinguer ce qui peut être l'expérience d'un ego destructuré ou le Chant du « Soi » réalisé.

Si c'est l'ego qui s'empare des paroles de Çankara, pour se les approprier, il est sûr qu'il va devenir fou, et être dans un état d'inflation dangereux pour lui-même et l'entourage. Mais si l'ego s'efface et laisse monter en lui les paroles du « Soi », la Réalité de l'Être Infini qui l'habite, « Sat-Chit-Ananda », il s'approchera de la réalisation du « Jnâna-Yoga » (Yoga de la Connaissance).

Désidentification ne veut pas dire dissociation, l'appréhension de l'Éternel ne doit pas nous « couper » ou nous dissocier de l'espace-temps, mais au contraire le contenir.

Cette expérience de Çankara et des Grands Rishis de l'Inde, nous la retrouvons à notre époque chez Sri Nisargadatta, né en 1897 à Bombay, et décédé, dans le vieil immeuble où il avait vécu, en septembre 1981.

Il gagnait sa vie comme fabricant et vendeur de petites cigarettes indiennes. A trente-sept ans, il fut le disciple d'un maître qui lui conseilla de ne s'occuper que d'une seule chose : « Tu n'es pas ce que tu crois être. Trouve ce que tu es ! Observe le sens du " Je Suis ", découvre ton véritable Soi. »

« J'ai fait ce qu'il m'a dit de faire. Tout temps gagné, je le consacrais à m'observer en silence. Cela opéra en moi un changement rapide et profond. Il ne me fallut pas plus de trois années pour réaliser ma véritable nature. » Cette « véritable nature » se révèle en lui comme la Présence d'un « Je Suis » qui n'est pas celui du « moi ordinaire », mais celui-là même de l'Être qui contient toutes choses :

> « L'univers entier (*mahgadakash*) n'existe que dans la conscience (*chidakash*), alors que " je suis " est dans l'Absolu (*paramakash*). Dans l'Être Pur, la conscience s'éveille. Dans la conscience, le monde apparaît et disparaît.
>
> Tout ce qui EST, est moi. Tout ce qui EST, est mien. Avant tout commencement, après toute fin, Je suis. Tout a son être en moi, dans le " Je Suis " qui brille en tout être vivant. Même le non-être est impensable sans moi. Quoi qu'il arrive, je dois être là pour en être le témoin[1]. »

Et quand on lui demandait comment parvenir à la réalisation de ce « Je Suis » — qui est notre être véritable — il répondait :

> « Attachez-vous à la sensation " Je Suis " à l'exclusion de toute autre chose. Quand le mental devient complètement silencieux, il brille d'une nouvelle lumière et il vibre de nouvelles connaissances. Cela vient tout à fait spontanément, vous n'avez qu'à vous attacher à " Je Suis ". C'est comme sortir du sommeil ou d'une extase et de se sentir reposé, sans savoir cependant pourquoi et comment on se sent si bien. De même, dans la réalisation, vous vous sentez complet, achevé, libéré du complexe désir-peur, sans être toujours à même d'expliquer ce qui est arrivé, pourquoi et comment. Vous ne pouvez exprimer cet

1. Nisargadatta : *Je Suis*, Éd. Les Deux Océans, 1982, p. 29.

état que négativement : rien ne va mal en soi.
Ce n'est que par comparaison avec le passé
que vous savez en être sorti.
Autrement, vous n'êtes que vous-même[1]. »

Faut-il dire que ces expériences de Nisargadatta, de Çankara, de Hallaj sont les mêmes que celle exprimée dans le « Je Suis » de Ieschoua de Nazareth ?

Il ne s'agit pas de comparer, mais de mettre en résonance ces différents « Je Suis ».

Il n'y a pas d'autre réalité que la Réalité.

Si le « Je Suis » aimant du Christ est Réel, on doit retrouver sa Présence dans toute expérience authentique : la Lumière, la Vérité, l'Amour ne sont la « propriété » d'aucune tradition particulière.

« Le Logos est la Lumière qui éclaire tout homme venant dans ce monde », dit le Prologue de Saint Jean.

Voir cette Lumière briller dans les visages les plus différents ne peut que nous réjouir et nous inviter — quel que soit notre chemin — à devenir chaque jour davantage ce que nous sommes, et témoigner dans la forme qui nous est propre du « Je Suis » Essentiel, commun à tous les vivants.

« Là où “ je suis ”, je veux que vous soyez aussi. »

« Là où je suis ce que je suis » dans le Temps et dans l'Éternité, adhérer et goûter à la Présence de Celui qui EST.

1. *Ibid.*, p. 351.

ÉLÉMENTS DE BIBLIOGRAPHIE FRANÇAISE

Allégée des grands ouvrages de référence supposés connus (par exemple : les différentes éditions de la Bible et du texte de saint Jean, du Talmud de Jérusalem et de Babylone, des grands textes intertestamentaires : bibliothèque de Nag-Hammadi et de Qumran, etc.), ainsi que des articles de revues.

ALLO, *L'Évangile Spirituel de St. Jean*, Paris, 1944.

ATLAN HENRI, « Niveaux de significations et athéisme de l'écriture », in *La Bible au présent*, Gallimard, Coll. Idées, 1982.

AUERBACH ÉMILE, *Mimesis, la représentation de la réalité dans la littérature occidentale*, Gallimard, Biblio des Idées, 1968.

AUGUSTIN ST., *Homélies sur l'Évangile de St. Jean*, n°s 71-72, 1969-1977.

BANON DAVID, *La Lecture infinie*, Seuil, 1987.

BARTH K., trad. fr., *Introduction à la théologie évangélique*, Éd. Labor et Fides.

BARTHES ROLAND, *Le bruissement de la langue*, Seuil, 1984.

— *Le Plaisir du texte*, Points Seuil, 1973.

— *L'Aventure sémiologique*, Seuil, 1985.

BLANCHOT MAURICE, *L'Entretien infini*, Gallimard, 1969.

BOISMARD, *Le prologue de St. Jean*, Paris, 1953.

BONSIRVEN J., *Exégèse rabbinique et exégèse paulinienne*, Beauchèsne, 1938.

— *Le Témoin du Verbe*, Toulouse, 1956.

BOUYER LOUIS, *Le Quatrième Évangile,* Casterman, 1956.
BRAUN F., *Jean le Théologien dans l'Église ancienne,* Gabalda, 1955.
— *Jean le Théologien et les grandes traditions d'Israël,* Gabalda, 1964.
— *Jean le Théologien, sa théologie,* Gabalda, 1972.
BROWN R., *La Communauté du disciple bien-aimé.* Cerf, 1983.

CHARLIER CÉLESTIN, *Jean l'Évangéliste,* Le Thielleux, 1978.
CHOURAQUI A., *La Bible,* DDB, 1985.
COHEN ALBERT, *Le Talmud,* Payot, 1976.
CULLMANN O., *Le Milieu johannique,* Delachaux et Niestle, 1976.

DANIÉLOU JEAN, *Philon d'Alexandrie,* Fayard, 1957.
DERRIDA JACQUES, *La Voix et le phénomène,* P.U.F., 1967.
— *De la grammatologie,* Minuit, 1967.
DODD C. H., *L'Interprétation du Quatrième Évangile,* Cerf, 1975.
— *La Tradition historique du Quatrième Évangile,* Cerf, 1987.
DUBOURG BERNARD, *L'Invention de Jésus, L'hébreu du Nouveau Testament,* Gallimard, 1987.
DUFOUR LÉON, *Lecture de l'Évangile selon saint Jean,* Seuil, 1988, t. 1.
DUPONT J., *Essais sur la christologie de St. Jean.* DDB, 1951.
DUPONT-SOMMER A., *Les Écrits esséniens découverts près de la mer Morte,* Payot, 1959.
DUPUY BERNARD, « Heidegger et le Dieu inconnu », in *Heidegger et la question de Dieu,* Grasset, 1980.

ECO UMBERTO, *L'Œuvre ouverte,* Points Seuil, 1965.

FESTUGIÈRE A. J., *Observations stylistiques sur l'Évangile de St. Jean,* Klincksieck, 1974.
FEUILLET, *Le mystère de l'amour divin dans la théologie johannique,* Gabalda, 1972.
— *Le Prologue du Quatrième Évangile,* DDB, 1967.
— *Études johanniques,* Paris, 1962.
FOUCAULT MICHEL, *Naissance de la clinique.* P.U.F., 1963.
— *Les Mots et les choses,* Gallimard, 1966.
— *L'Ordre du discours,* Gallimard, 1976.

GADAMER HANS GEORG, *Vérité et Méthode,* Seuil, 1976.
GRANT, *La Gnose et les origines chrétiennes,* Seuil, 1964.
GRELOT, *Évangiles et tradition apostolique,* Cerf, 1984.

HEIDEGGER, *Acheminement vers la Parole,* Gallimard, 1967.
HESCHEL ABRAHAM, *Dieu en quête de l'homme,* Seuil 1968.
HUBY J., *Mystiques pauliniennes et johanniques,* Paris, 1947.
HUNTER A. M., *St. Jean, témoin du Jésus de l'histoire,* Cerf, 1968.

JAUBERT ANNIE, *Approches de l'Évangile de Jean,* Seuil, 1976.

LACAN JACQUES, *Écrits,* Seuil, 1966.
LAGRANGE, *Évangile selon St. Jean,* Gabalda, Paris, 1947.
LE COUR PAUL, *L'Évangile ésotérique de St. Jean,* Dervy Livres, 1983.
LÉVINAS E., *Totalité et infini,* La Haye, 1971.
— *L'Au-delà du verset,* Minuit, 1982.
— *Transcendance et intelligibilité,* Labor et Fides, 1984.
LION A., *Lire St. Jean,* Cerf, 1974.
LOISY, *Le Quatrième Évangile,* Paris, 1903.
LUBAC HENRI, *Exégèse médiévale,* Aubier, 1959-1964, 4 vol.

MESCHONNIC HENRI, *Le signe et le poème,* Gallimard, 1975.
MUSSNER F., *Le langage de St. Jean et le Jésus de l'histoire,* DDB, 1969.

NÉDONCELLE MAURICE, « Remarques sur l'intersubjectivité d'après Martin Buber et Emmanuel Levinas », in *Mélanges,* A. Neher, Maisonneuve, Paris, 1975.
NEHER ANDRÉ, *De l'hébreu au français,* Klincksieck, 1969.
— *L'exil de la parole. Du silence biblique au silence d'Auschwitz,* Seuil, 1970.

ORIGÈNE, *Commentaire sur St. Jean,* S. C. Cerf, vol. : 120, 157, 222, 290.
ORTIGUES EDMOND, *Le discours et le symbole,* Aubier, 1962.

PERROT C., *La lecture de la Bible dans la synagogue,* Hildesheim, 1973.
PHILON D'ALEXANDRIE, *Œuvres,* Cerf, 1961-1973.
— « Colloque de Lyon. » Éd. C.N.R.S., 1967.

QUISPEL G., *Jean et la gnose, dans l'Évangile de Jean,* Louvain, 1958, Rech. bibl. III.

RICŒUR PAUL, *Événement et sens,* Aubier, 1971.

SAUSSURE FERDINAND DE, *Cours de linguistique générale,* Payot, 1969.

SCHOLEM, *Les grands courants de la mystique juive,* Payot, 1968.

SIRAF COLETTE, *La lettre hébraïque et sa signification,* Éd. du C.N.R.S., 1981.

STEINBERGER GÜNTER, *La symbolique du bien et du mal selon St. Jean,* Seuil, 1970.

STEINER GEORGE, *Après Babel, une poétique du dire et de la traduction,* Albin Michel, 1978.

— *Martin Heidegger,* Albin Michel, 1981.

THOMAS ST., *Commentaire sur l'Évangile de St. Jean,* Rimont 71390 Buxy, 1978, t. 1, 2.

TRESMONTANT, *Évangile de Jean,* Œil, Paris, 1987.

TRIGANO SHMUEL, *Le récit et la disparue. Essais sur l'identité juive,* Les Essais, 1977.

— *La demeure oubliée. Genèse religieuse du politique,* Lieu commun, 1984.

VAN DEN BRUSCHE JEAN, *Commentaire de l'Évangile spirituel.* DDB, 1967.

TABLE DES MATIÈRES

« *Spiritualités vivantes* »
Collection fondée par Jean Herbert

au format de poche

1. *La Bhagavad-Gitâ*, de Shrî AUROBINDO.
2. *Le Guide du Yoga*, de Shrî AUROBINDO.
3. *Les Yogas pratiques (Karma, Bhakti, Râja)*, de Swâmi VIVEKÂNANDA.
4. *La Pratique de la méditation*, de Swâmi SIVANANDA SARASVATI.
5. *Lettres à l'Ashram*, de GANDHI.
6. *Sâdhanâ*, de Rabindranâth TAGORE.
7. *Trois Upanishads (Ishâ, Kena, Mundaka)*, de Shrî AUROBINDO.
8. *Spiritualité hindoue*, de Jean HERBERT.
9. *Essais sur le Bouddhisme Zen*, première série, de Daizetz Teitaro SUSUKI.
10. — *Id.*, deuxième série.
11. — *Id.*, troisième série.
12. *Jnâna-Yoga*, de Swâmi VIVEKÂNANDA.
13. *L'Enseignement de Râmakrishna*, paroles groupées et annotées par Jean HERBERT.
14. *La Vie divine*, tome I, de Shrî AUROBINDO.
15. — *Id.*, tome II.
16. — *Id.*, tome III.
17. — *Id.*, tome IV.
18. *Carnet de pèlerinage*, de Swâmi RAMDAS.
19. *La Sagesse des Prophètes*, de Muhyi-d-dîn IBN 'ARABÎ.
20. *Le Chemin des Nuages blancs*, d'ANAGARIKA GOVINDA.
21. *Les Fondements de la mystique tibétaine*, d'ANAGARIKA GOVINDA.
22. *De la Grèce à l'Inde*, de Shrî AUROBINDO.
23. *La Mythologie hindoue, son message*, de Jean HERBERT.
24. *L'Enseignement de Mâ Ananda Moyî*, traduit par Josette HERBERT.

Nouvelles séries dirigées par
Marc de Smedt

25. *La Pratique du Zen*, de Taisen DESHIMARU.
26. *Bardo-Thödol. Le Livre tibétain des morts*, présenté par Lama ANAGARIKA GOVINDA.

27. *Macumba. Forces noires du Brésil*, de Serge BRAMLY.
28. *Carlos Castaneda. Ombres et lumières*, présenté par Daniel C. NOËL.
29. *Ashrams. Grands Maîtres de l'Inde*, d'Arnaud DESJARDIN.
30. *L'Aube du Tantra*, de Chogyam TRUNGPA et H. V. GUENTHER.
31. *Yi King*, adapté par Sam REIFLER.
32. *La Voie de la perfection*, de BAHRÂM ELÂHI.
33. *Le Fou divin. L'enseignement secret d'un maître kurde en Iran*, de Drugpa KUNLEY.
34. *Santana, l'enseignement de Maître Goenka en Inde*, de Dominique GODRÈCHE.
35. *Dialogues avec Lanza del Vasto*, par René DOUMERC.
36. *Techniques de méditation et pratiques d'éveil*, de Marc de SMEDT.
37. *Le Livre des secrets*, de BHAGWAN SHREE RAJNEESH.
38. *Zen et arts martiaux*, de Taisen DESHIMARU.
39. *Traité des Cinq Roues (Gorin-no-Sho)*, de Miyamato MUSASHI.
40. *La Vie dans la vie. Pratique de la philosophie du sâmkhya d'après l'enseignement de Shrî Anirvân*, de Lizelle REYMOND.
41. *Satori. Dix ans d'expérience avec un Maître Zen*, de Jacques BROSSE.
42. *Discours et sermons*, de HOUEÏ-NÊNG, traduit par Lucien HOULNÉ.
43. *Tao Te King*, de Lao TSEU.
44. *Questions à un Maître Zen*, de Taisen DESHIMARU.
45. *Les Contes des arts martiaux*, recueillis par Pascal FAULIOT et présentés par Michel RANDOM.
46. *Essais sur les mystiques orientales*, de Daniel ODIER et Marc de SMEDT.
47. *Zen et vie quotidienne*, de Taisen DESHIMARU.
48. *Le Désert intérieur*, de Marie-Madeleine DAVY.
49. *La Sagesse de l'éveil*, textes présentés par Marc de SMEDT.
50. *L'Esprit guide, entretiens avec Karlfried Durckheim*, par Frantz WOERLY.
51. *Les Appeleurs d'âmes. L'Univers chamanique des Indiens des Andes*, de Sabine HARGOUS.
52. *Le Chemin de la Lumière, la Voie de Nur Ali Elâhi*, par BAHRÂM ELÂHI.
53. *L'Art de la réalisation*, de CHANDRA SWAMI.
54. *Le Trésor du Zen*, de Maître DOGEN, traduit et commenté par Taisen DESHIMARU.
55. *Aphorismes*, de TCHOUANG TSEU, présentés par Marc de SMEDT.
56. *L'Esprit caché de la liberté*, de Tarthang TULKU.
57. *Métanoia. Phénomènes physiques du mysticisme*, d'Aimé MICHEL.
58. *L'Enseignement de Ramana Maharshi*, traduit par A. DUPUIS, A. PERRELI et J. HERBERT.
59. *Le Bol et le Bâton*, cent vingt contes Zen racontés par Maître Taisen DESHIMARU.
60. *Traité de l'amour*, d'Ibn 'ARABÎ, introduction, traduction de l'arabe et notes de Maurice GLOTON.
61. *L'Évangile de Thomas*, traduit et commenté par Jean-Yves LELOUP.
62. *L'Enseignement du Dalaï-Lama*, de Tenzin GYATSO, traduit par G. TULKU, G. DREYFUS et A. ANSERMET.
63. *La Montagne vide, anthologie de la poésie chinoise*, traduction de Patrick CARRÉ et Zéno BIANU.
64. *Mystères de la sagesse immobile*, de Maître TAKUAN, traduction et présentation de Maryse et Masumi SHIBATA.

65. *La Sagesse du désert, aphorismes des Pères du désert,* de Thomas MERTON, traduction de Marie TADIÉ.
66. *La Pratique du yoga intégral,* de Shrî AUROBINDO, textes groupés, traduits et préfacés par Jean HERBERT.
67. *L'Autre Rive,* textes fondamentaux du Zen commentés par Maître Taisen DESHIMARU. Présentation par Evelyne de SMEDT.
68. *Méditation et santé selon les traditions et médecines chinoises,* de Gérard EDDE.
69. *Métaphysique et psychologie,* de Shrî AUROBINDO.
70. *Le Mesnevi. 150 contes soufis,* de DJÂLAL, AL-DÎN RÛMÎ.
71. *Initiation et sagesse des contes de fées,* de Dennis BOYES.
72. *Initiation aux Livres des Morts égyptiens,* de Fernand SCHWARZ.
73. *Ivre de Tao. Li Po, voyageur, poète et philosophe, en Chine, au VIIIe siècle,* textes réunis et présentés par Daniel GIRAUD.
74. *Futuwah, traité de chevalerie soufie,* traduit et introduit par Faouzi SKALI.
75. *Qui suis-je ? La quête sacrée,* de Jean KLEIN, traduction par Agnès LOWY.
76. *Évangile de Jean,* traduction et commentaire par Jean-Yves LELOUP.

La composition
et l'impression de ce livre ont été effectuées
par l'Imprimerie Bussière
pour les Éditions Albin Michel

Achevé d'imprimer : mars 1989
N° d'édition 10615. N° d'impression 7393
Dépôt légal : avril 1989

Imprimé en France